KB212006

팬덤 경제학

데이비드 미어먼 스콧·레이코 스콧 지음

정나영 옮김

팬을 무기로
강력한 브랜드를 만드는
9단계 브랜딩 전략

미래의창

서문

by 토니 로빈스

고객이 열정과 흥분을 공유할 수밖에 없도록 충분한 가치를 제공하는 것이 바로 경쟁을 약화시키고 높은 고객 충성도를 창출하는 기업의 핵심 전략이다. 나는 이를 '열렬한 고객, 팬으로 만들기'라고 부른다. 그리고 이것은 내가 전 세계에서 진행하는 '비즈니스 마스터리Business Mastery' 세미나에서 가르치는 일곱 가지 힘 중 하나다.

데이비드와 레이코가 '팬덤' 고객이라고 부르는 사람들은 충성도가 높다. 그들은 팬이 무엇인지 잘 알고 있고, 다른 고객과는 전혀 다른 방식으로 가치를 제공해야 한다는 것을 안다. 그저 만족하는 고객은 언제든 브랜드를 떠날 수 있다. 그러므로 우리는 기업에 대한 패노크라시를 구축하기 위해 필요한 모든 일에 집요하게 매달려야 한다. 브랜드의 존재가 고객의 거듭되는 감탄을 불러일으키는 문화를 만들어야 한다.

고객을 위해 다른 누구보다 더 많은 것을 하고 더 많은 가치를 만들어내고자 하는 집요한 노력은 내가 소유하고 성장시킨 33개 회사의 비결이기도 하다. 우리는 현재 총 매출 50억 달러 이상의 규모와 1,200명 이상의 직원을 보유하고 있다. 고객의 만족만으로는 충분하지 않기에 고객과 함께 성장하려고 노력한다. 우리는 우리의 제품이나 서비스와 사랑에 빠지는 실수를 범하지 않는다. 우리는 우리의 고객들과 사랑에 빠졌다.

이 모든 것은 나 자신에게서 시작된다. 스스로가 비범한 삶을 살며 자신보다 더 높은 가치를 제공하고자 하는 사명감을 갖고 있을 때 비로소 고객, 비즈니스 파트너, 직원들을 끌어들이는 에너지와 열정을 발산하게 되는 것이다.

기업 문화에 속한 모든 사람은 더 많은 열성 팬을 만들어낼 수 있는 힘을 가진 팬 중 하나다. 두 사람으로 구성된 회사라면 둘 다 '팬덤'인 문화를 구축할 수 있는 것이다. 1만 명 또는 10만 명으로 구성된 조직이라면 개개인 각자가 문화를 구축하는 일에 참여하고 있는 것이다. 그러므로 기업은 직원들이 평생의 충성도를 창출하는 어려운 일을 해나갈 수 있도록 그들에게 권한을 부여하고 동기를 부여해야 한다.

데이비드 미어먼 스콧은 나의 친애하는 친구이며 몇 년 동안 나는 그의 아이디어를 실제로 구현했다. 10여 년 전, 그는 소셜 미디어의 혁명을 예고한 최초의 인물 중 하나였다. 지금 그는 비즈니스 마스터리 세미나에서 대표 마케팅 강연자로 있으며 전 세계의 많은 청중들이 그의 유익하고 재미있으며 통찰력 있는 강연을 좋아한다. 고객에게 도달하는 새로운 방법에 대해 그보다 더 많이 아는 사람은 없다. 그는 비즈니스 마스터리 커뮤니티에 기업가가 시장에 참여하고 사업을 성장시키는 방법을 재창조하는 전략을 소개하기도 했다.

이 책의 저자 데이비드와 레이코는 패노크라시를 통해 새로운 지평을 열고 있다. 패노크라시는 기업을 성공적으로 이끌 강력한 문화를 구축하는 전략에 대한 심층적인 분석이다. 또한 커뮤니티와 공유를 중시하는 새로운 세대에 대한 통찰을 담고 있다. 데이비드와 레이코는 기업이 지금 당장 구현할 수 있는 놀라운 아이디어들을 이 책에서 공유하고 있다. 예를 들면 기업이 할 일을 고객들이 스스로 만들어가도록 하거나 고객의 이야기를 함께 축하하고 기념한다든지 하는 것들 말이다.

모든 조직은 패노크라시에서 얻은 아이디어들을 구현함으로써 성공할 수 있다. 이 책을 읽음으로써 당신은 이미 팬덤을 구축하여 기업을 차별화하는 데 필요한 것들을 해나가고 있는 것이다.

1부

왜 팬덤인가

1
★
팬덤, 시대와 세대를 초월하다

by 데이비드와 레이코

데이비드 이야기

2007년 9월, 나는 매사추세츠주 케임브리지에 위치한 신생 마케팅 소프트웨어 기업의 경영기획팀과 만났다. 이 기업의 전 직원이 내가 쓴 《마케팅과 PR의 새로운 규칙The New Rules of Marketing & PR》을 읽었다며 나를 초대한 것이다. 그들은 중소기업을 위한 소프트웨어 개발 당시, 트렌드와 기술에 관해 큰 도움을 받았다고 했다. 그런 이야기를 듣고 어떻게 초대에 응하지 않을 수 있겠는가?

공유 사무실 한쪽에 있는 비좁은 회의실에 들어서자 회사의 CEO이자 공동 창업자인 브라이언 핼리건Brian Halligan은 이렇게 말했다. "데이비드, 당신을 꼭 만나보고 싶었습니다. 당신의 책에 나온 내용이 바로 우리가 이 회사를 만든 목적이었습니다. 우리의 관점과 무척 비슷해서 놀라웠어요." 그때만 해도 거의 모든 마케팅 담당자가 고전적인 형태의 광고와 방문판매 영업사원을 뽑는 데에 돈을 쏟아부을 때였다. 이에 반해 내가 쓴 《마케팅과 PR의 새로운 규칙》은 미래지향적인 마케팅 전략에 대한 새로운 관점을 소개한 책이었다.

나는 브라이언을 포함한 회사의 직원들과 마주 앉아 물었다. "사업 아이디어는 어떻게 얻게 되었습니까?" 브라이언은 이렇게 답했다. "우리는 MIT 슬론 비즈니스 스쿨의 MBA 프로그램 동기입니다. 그러다 보니 사람들이 제품과 서비스를 구매하는 방식이 얼마나 극적으로 변화하는지에 대해 늘 이야기하죠. 요즘 사람들은 무언가를 구매하거나 이용하려 할 때 제일 먼저 구글을 이용합니다. 말하자면 웹 콘텐츠는 광고보다 더 중요한 역할을 하고 있는 거죠. 당신이 책에서 이야기한 것처럼 말이에요. 그래서 기업들이 검색엔진에서 잘 찾아지도록 하면 되겠다는 생각으로 졸업 후 스타트업을 만들었습니다. 바로 인바운드 마케팅이죠."

"타이밍이 아주 좋았네요. 사람들이 그 중요성을 깨닫기 시작했거든요." 내가 가방에서 노트북을 꺼내며 대답하려 하는데, 브라이언이 갑자기 노트북을 가리키며 말했다. "잠깐만요. 이 스티커들은 뭐죠? 이것에 대해 먼저 말씀해주세요." 나는 노트북의 알루미늄 케이스를 자기화해서 나의 세계관과 열정을 표현하곤 한다. 쉽게 말하자면 노트북은 내가 사랑하는 것들을 보여주는 하나의 광고판인 셈이다.

"이 스티커는 뭐예요?" 브라이언이 물었다. 일본어로 쓰인 스티커를 알아보는 사람은 많지 않아서 그의 질문에 깜짝 놀랐다. "고등학교 때 여름 교환학생으로 일본에 처음 갔습니다. 1987년부터 1993년까지 거주했죠. 제 아내가 일본인이기도 합니다." 브라이언은 매우 놀란 것 같았다. "저도 1990년대에 몇 년 동안 일본에서 살았어요."

그의 손가락은 이내 다른 스티커를 향했다. "낸터킷Nantucket (미국 매사추세츠주 동남 해안 앞바다에 있는 작은 섬-옮긴이)과는 또 어떤 관계가 있나요?" 섬의 윤곽만 드러낸 낸터킷 스티커는 정말 작았다. 브라이언이 이걸 알아봤다면 그는 그 섬에 가본 적 있거나 알고 있는 것이 분명했다. "낸터킷에 집이 있었어요. 혹시 당신도?" 나는 이미 답을 예상했음에도 그에게 물었다. 브라이언은 고개를 끄덕였다. "지난 몇 년간 거기에 갔었습니다. 정말 희한하네요. 혹시 우리 잃어버린 형제 아닐까요? 둘 다 낸터킷에 갔었고 일본에 살았었고 마케팅의 새로운 미래를 일찍 발견했으니까요." 그는 웃으며 말했다.

그러더니 갑자기 "혹시 스틸리Stealie? 당신도 혹시 데드헤드Deadhead(미국의 전설적인 록 밴드 그레이트풀 데드의 팬을 지칭하는 말-옮긴이)?" 브라이언의 말은 적중했다. 참 기이한 일이었다. 스틸리가 무엇인지 안다면 그는 분명 그레이트풀 데드Grateful Dead의 열혈 팬일 것이다. 많은 사람들이 그레이트풀 데드의 1976년 앨범 〈스틸 유어 페이스Steal Your Face〉 커버에 그려진 반은 붉은색, 반은 푸른색으로 된 해골 심볼을 알지만 이를 '스틸리'라고 부르는 사람은 팬들뿐이기 때문이다. "당연하죠. 그레이트풀 데드 콘서트에 수십 번도 더 갔는 걸요. 제가 가장 좋아하는 밴드예요." 나도 모르게 신이 나서 대답 했다. "저도 그 밴드를 가장 좋아해요. 콘서트에 오십 번도 넘게 갔 어요." 브라이언이 덧붙였다. 브라이언의 동료들은 그레이풀 데드 에 빠진 우리의 대화를 신기하다는 듯이 듣고 있었다.

"몇 주 후에 오르페움Orpheum 극장에서 하는 필 레시Phil Lesh 콘서트에 갈 건가요?" 내가 브라이언에게 물었다. 레시는 그레이트 풀 데드의 창립 멤버이자 베이시스트다. 1995년 밴드 멤버 제리 가 르시아Jerry Garcia가 사망하고 밴드가 해체된 후, 나머지 멤버들은 각 자 밴드를 만들어 콘서트 투어를 하곤 했다. "당연히 가야죠. 아직 확정은 아니지만요." 나는 그 순간 브라이언의 '데드헤드 코드'를 알아차렸다. 그는 가고 싶었지만 티켓을 구하지 못한 것이다. "저한 테 여분의 티켓이 있는데 같이 갈래요?" 단 몇 분 만에 나와 브라이 언은 전혀 모르던 사람에서 오래된 친구가 된 것 같았다.

2007년 가을에 열렸던 필 레시의 첫 콘서트 이후 브라이언 과 나는 수많은 공연에 함께 갔다. 심지어 각자의 그레이트풀 데드 의 팬덤을 합쳐서《그레이트풀 데드에게 배우는 마케팅 전략: 전례 없 는 우상이 된 밴드로부터 기업이 배울 수 있는 것들Marketing Lessons from the Grateful Dead: What Every Business Can Learn from the Most Iconic Band in History》 을 함께 출간했고 열정적으로 마케팅했다.

첫 미팅 이후, 브라이언은 나를 허브스팟HubSpot 자문위원회의 창립 멤버로 초빙했다. 노트북에 허브스팟 스티커를 붙일 때 정말 흥분됐다. 이후 수년 동안 브라이언을 포함한 허브스팟팀과 긴밀하게 일해왔으며 2019년에 허브스팟이 6억 5천만 달러의 이익을 달성하는 데 물심양면으로 도왔다. 인바운드 마케팅 소프트웨어 업체인 허브스팟은 현재 뉴욕 증권거래소에 상장되었으며 전 세계에 지사를 두고 있다. 이 모든 것은 브라이언과 내가 공동의 언어, 공동의 관심사, 공동의 팬덤을 발견했기에 가능한 것이었다. 우리는 지금도 우리가 사랑하는 음악에 대한, 그리고 우리의 일에 대한 서로의 열정을 함께 나누고 있다.

레이코 이야기

며칠 동안 나는 아즈라 라자Azra Raza 박사를 만나는 일로 긴장해있었다. 라자 박사는 뉴욕시 컬럼비아 의과 대학의 골수이형성 증후군센터 소장이며 나의 새로운 지도교수가 될 사람이었다. 2013년, 컬럼비아 대학에서 2학년을 막 마치고 의사가 될 꿈에 부풀어 있었던 나는 그해 여름 연구직 자리가 그 꿈을 이루기 위한 또 하나의 발판이 될 것이라 생각했다. 솔직히 말해 지원서와 이력서에 추가될 경력 정도로 여겼다.

이전에 일했던 연구실에서 겪은 무시와 멸시에 대비해 그녀의 연구실로 처음 찾아갔던 날, 나는 과거의 경험에서 배운 대로 스스로를 냉정하고 척박한 환경에 어울리는 학구적인 인격체로 끼워 맞췄다. 마치 냉정한 과학자 역할 오디션을 보러 온 배우처럼 행동했다.

라자 박사의 연구실은 개인 도서관 같았다. 의학 저널뿐 아니라 역사책과 자서전, 소설책 등이 책장에 가득했다. 순간 책장에 가득 차고도 흘러넘친 책들이 바닥에 켜켜이 쌓여있던 어린 시절 집으로 되돌아간 느낌이었다. 부모님은 그들이 사랑하는 모든 책을 내게 물려주셨다. 내 눈은 책장에 꽂힌 수많은 책 제목 사이를 휘젓고 다녔고 손가락은 책장을 넘기고 싶어 안절부절못했다. 황홀한 기분에 젖은 나는 내 소개를 하는 것조차 잊고 있었다.

황홀경에 빠져 멍하니 바라만 보고 있는 내게 그녀가 물었다. "시를 좋아하나요?" 나는 무슨 말을 해야 할지 몰랐다. 지난 2년간 학부 실험실에서는 전혀 들어본 적 없는 질문이었기 때문이다. 그곳에서 과학과 예술은 엄연히 별개의 영역으로 섞일 수 없는 것이었다. 당시 내가 알기로는 그랬다. 그래서 나는 무의식중에 그 두 영역을 모두 원하는 나의 이면을 계속 억눌러왔던 것이다. 이전의 면접들에서 언어와 문학을 사랑하는 것은 마이너스 요소로 이에 대한 열정을 드러내지 않아야 한다고 배웠고, 과학자에게는 어울리지 않는 일이라 생각했다.

"좋아합니다." 나는 대답했다. 라자 박사는 책장에서 책 한 권을 꺼내 들고는 내가 알아들을 수 없는 언어로 읽어내려갔다. 그리고는 영어로 번역해서 들려주었다. 그녀가 나를 향해 읊어내는 단어들이 마치 음악처럼 들렸다. "제가 좋아하는 글이에요. 번역해 보고 있죠." 그녀가 말했다. "아름답네요." 내가 대답했다. 그녀는 웃으면서 내게 앉으라는 손짓을 했다. 처음 만난 사이였지만 이날 우리는 책과 과학에 대해 무수히 많은 이야기를 나누었다. 마치 이전에도 늘 그녀와 이런 대화를 나눠왔던 것처럼 대화는 편안했고 그 방을 영원히 떠나고 싶지 않았다.

두 번의 여름을 라자 박사의 연구실에서 보내면서 나는 문학에 대한 그녀의 (자칭 집착에 가까운) 열정을 확인했다. 그리고 그 열정이 어떻게 그녀를 더 나은 의사로 만들었는지도 알 수 있었다. 열정은 방해요소가 아니었던 것이다. 그것은 나와 라자 박사를 처음 소통하게 한 것처럼 사람들을 더 깊이 있게 연결해주는 방법이었다.

아랍어와 우르두어(파키스탄의 3개 공용어 중 하나-옮긴이)를 영어로 번역하고 싶어 하는 그녀의 열정은 환자의 질병을 이해하는 일에도 영향을 미쳤다. 그녀는 오랜 환자들에게 지난주에 봤던 영화 〈한나 아렌트Hannah Arendt〉에 대해 쉴 새 없이 이야기하면서 환자들에게 좋아하는 영화가 무엇인지 물었다. 그녀는 무엇이 그들을 기쁘게 하는지 늘 궁금해했다. 환자들에 대한 그녀의 관심은 끝이 없어 보였다. 그녀는 이렇게 말했다. "그들이 누구이고, 무엇을 사랑하는지 모른다면 그들과 함께할 수 없어요. 우리는 병이 아닌 사람을 치료하는 것입니다." 나는 이것이 '내러티브 의학Narrative Medicine★'이라는 것을 이때 처음 알게 되었다.

라자 박사는 내가 자신과 같은 열정을 키워나가도록 도왔다. 나는 그녀에게 의학뿐만 아니라 예술이 어떻게 과학에 영향을 줄 수 있는지에 대해 깊은 가르침을 받았다. 그녀는 내가 사랑하는 관심사를 단순한 취미생활로 치부하지 않고 일에 활용할 수 있도록 늘 격려했다. 진정한 자아로서 직업적 삶에 충실하다는 것은 나를 더 나은 의료 서비스 제공자로 만들 뿐 아니라 더 행복한 사람으로 만들었다. 관심사를 공유하는 멘토를 두었다는 것이 스스로를 이해하는 방식마저 바꾸어놓은 것이다.

2015년에 컬럼비아 대학을 졸업한 나는 그때의 경험을 보스턴 의과 대학으로 고스란히 가져와 의대 2년 차에 '내러티브 의학'에 대한 강의계획서를 만들어 학생들을 가르쳤다. 라자 박사가 개발한 방법을 토대로 나만의 새로운 방법을 만들어냈고 이를 기반으로 내 길을 찾아낸 것이다.

이 경험은 내 아버지 데이비드와 브라이언 핼리건의 협력과 비슷하다. 이는 열정을 공유하는 것이 어떻게 오랜 관계를 만들고 직업적 성공을 가져오는지를 보여준다. 팬이 된다는 것은 공통의 관심사를 가진 다른 사람들과 이를 공유하며 친밀한 관계를 맺

★ 인간관계로 엮인 이야기를 임상 현장이나 의학 연구와 치료에서 활용하는 의학적 접근법이다. 실제 의사와 환자가 자신의 경험을 이야기하거나 영화나 음악 등을 이야기하며 환자를 질병이 아닌 온전한 인간으로 이해하는 과정이다.

는 것으로 그 행동의 결과는 다른 사람들이 거울삼을 수 있는 모델이 되기도 한다.

• • •

아버지와 딸로서의 우리는 엄연히 다르다. 그러나 세계를 바라보는 시각은 신기하리만큼 닮아 있다. 지난 몇 년간 우리가 경험한 것들에 관해 이야기하면서 우리의 열정과 우리가 살아가는 팬덤의 세계가 삶에 얼마나 중요한 역할을 하는지를 깨닫고 놀라움을 금치 못했다. 아버지는 서핑을 좋아한다. 물 위에서 즐기는 것, 그리고 다른 서퍼들과 교류하는 것이 삶의 긴장을 풀어주고 정신을 맑게 해준다고 한다. 그의 딸인 나 역시 같은 이유로 팬 아트(연예인이나 소설 속 주인공 등 좋아하는 대상을 그림으로 그리는 일-옮긴이)를 그리고 이를 공유하는 것을 좋아한다. 그리고 우리는 기업이 팬덤을 가질 때의 성장이 이와 유사하다는 것을 깨달았다.

　세계는 변화한다. 그 본질을 이해한다면 모든 종류의 사람들, 즉 밀레니얼과 Z세대는 물론 모든 인종과 성향의 사람들과 어떻게 접촉할 것인지 이해하는 것이 얼마나 중요한지 알 수 있다. 그것이 우리가 이 책을 저술한 이유다.

　이 책에서 우리는 고객과의 근접성, 업무 효율, 대가 없이 제공되는 선물, 기업 경영의 투명성 등 기업이 팬을 만들 수 있는 주요 요소들을 깊이 있게 다루었고, 인터뷰, 성공 사례, 다양한 전략들을 통해 대기업, 중소기업, 비영리 단체, 기업가, 식당, 예술가, 음악가,

교사, 의료 전문가, 보험 설계사를 포함한 모든 유형의 단체가 어떻게 팬 문화를 활용하고 팬들과 깊이 있는 관계를 맺을 수 있는지를 살펴보았다.

저녁 식사를 함께하며 우린 서로의 경험을 이야기했다. 그리고 독자들이 이 책에서 찾고자 하는 아이디어들을 정리하기 시작했다. 우리는 취미와 열정이 어른이 되고 일을 시작한 후에도 사라지지 않는다는 것을 깨달았다. 또한 '성인'이나 '전문성'에 대한 사회의 통념이 취미와 열정의 역할을 점차 모호하게 할 수도 있다고 생각했다. 이것이 우리가 이 책을 쓰기로 한 두 번째 이유다.

좋아하는 만화책에 대해 밤새 친구들과 수다를 떨면서도 딸 레이코는 자신의 공부를 소홀히 하지 않았고, 아버지 데이비드는 라이브 음악을 통해 만난 사람들과 일뿐만 아니라 인간적으로도 깊은 우정을 이어나갔다.

일 외에 다른 무언가를 사랑한다는 것은 생각이 비슷한 사람들과 중요한 관계를 맺는 것을 가능하게 한다.

나아가 앞서 언급했듯이 팬과 팬덤 문화를 이해해야 하는 또 다른 중요한 이유는 같은 관심사를 가진 사람들에게 자신을 노출시키는 것은 인간의 삶을 더 행복하게 만들기 때문이다. 팬덤은 다른 사람들과 좋아하는 것을 함께 즐길 수 있도록 해주고 진정한 자아를 찾아 성공적인 삶을 살 수 있는 환경을 만들어준다.

이처럼 사람들이 회사, 제품, 아이디어, 또는 아티스트에게 열정을 갖게 되는 경로와 이유를 이해한다면 기업은 중요한 사업 전략을 얻게 될 것이다. 즉, 기업은 열성적인 팬을 기반으로 팬덤 문화를 만들어야 성공적인 비즈니스를 이룰 수 있다.

2
★
사람을 연결하는 힘
by 레이코

2013년 4월 15일 오후, 보스턴 마라톤 결승선 근처인 코플리 광장 Copley Square에는 사랑하는 사람을 응원하는 사람들과 구경하는 사람들로 인해 더 많은 군중이 몰려들었다. 당시에 나는 그곳에서 수백 킬로미터 떨어진 뉴욕의 한 대학에 다니고 있었지만 어릴 때부터 자라온 보스턴은 내게 항상 고향과 같았다.

　이날은 애국의 날Patriots Day★로 1년 중 내가 가장 좋아하는 날이다. 아마도 그날이 보스턴의 본질을 담고 있기 때문일 것이다. 그

★　　미국 독립 전쟁의 포문을 연 렉싱턴 콩코드 전투를 기념하는 미국의 국경일이다. 이날의 실제 사건을 다룬 영화 〈패트리어트 데이〉가 2017년에 국내에서도 개봉되었다.

런데 매사추세츠 사람들 외에 미국 독립 전쟁의 첫 전투가 일어난 날이 법정 휴일로 정했다는 사실을 대부분 모를 것이다(마이애미, 매사추세츠, 위스콘신주의 국경일-옮긴이). 매사추세츠 사람들은 이날만큼은 모든 일을 멈추고 독립 전쟁 재연, 퍼레이드, 보스턴 마라톤 등 다양한 행사에 참여한다. 애국의 날은 늘 고향에서 커피를 마시며 행군 악대의 유니폼을 입고 축제를 준비하던 이른 아침을 떠올리게 해 학교에 있어도 고향에 있는 듯했다.

그런데 그날 오후, 두 개의 가정용 압력밥솥이 폭발하면서 축제는 순식간에 아수라장으로 변했다. 이 사고로 세 명이 죽고 250명 이상이 다쳤다. 이 사건은 사람들의 입에서 입으로 옮겨지고 키보드 위에서 오르내렸다. '폭발, 신원미상의 용의자들, 경찰의 대응, 사상자들, 비명, 사이렌 소리, 그리고 대혼란…' 수많은 뉴스가 쏟아져 나왔다. 친구 몇몇이 마라톤에서 뛰고 있었고 더 많은 친구들이 마라톤을 구경하고 있었다. 나는 페이스북을 뒤져 친구들로부터 산발적으로 올라오는 소식들을 찾아냈다. "안전함. 2시 30분에 결승선을 지났고 집으로 가는 길임", "콤가Comm Ave에 있었는데 거기는 위험하지 않았어." 사람들은 이렇게 자신의 상황을 소셜 미디어를 통해 알렸다.

나는 지인들이 모두 무사하다는 것을 확인하고 나서야 침착해질 수 있었다. 하지만 불안감은 여전했다. 멀리 떨어진 뉴욕에서 전해 들은 친구들의 무사하다는 소식은 떨어져 있는 거리만큼이나 와닿지 않았다. 디지털 근접성은 불안감을 떨치기엔 충분치 않았다.

범인 추적이나 경찰 대변인의 발표에 관한 어떤 뉴스도 내 불안감을 해소할 수 없었고, 소셜 미디어를 통해 전해지는 공포와 혼란은 오히려 나를 심적으로 더욱 불안하게 만들었다. 내게 필요한 것은 이 비극적 사건이 빨리 끝나서 보스턴 사람들과 함께 있는 것, 그리고 그들과 관계를 맺으며 모두 굳건하게 잘 지내고 있다는 것을 스스로 상기시키는 것이었다.

보스턴 레드삭스: 도시를 하나로 모으다

보스턴 출신에게 도시의 의미에 관해 물어본다면, 대다수는 세계 최고의 스포츠 도시라고 말할 것이다. 2000년 이후, 보스턴 스포츠 팀은 총 12번의 우승을 거머쥐었다. 패트리어츠Patriots가 미식축구에서 여섯 번, 레드삭스Red Sox가 야구에서 네 번, 셀틱스Celtics가 농구에서, 브루인Bruins이 하키에서 각각 한 번의 우승을 차지했다. 이 기록들만 보더라도 쉽게 알 수 있을 것이다. 그러나 보스턴 사람들의 스포츠에 대한 자부심은 비단 이런 기록 때문만은 아니다. 이는 보스턴의 문화적 정체성과 관련이 더 깊다.

　폭탄 테러 후 범인 수색은 교외로까지 그 범위가 넓혀졌다. 뉴스에서는 '테러리즘', '용의자', '봉쇄', '총격' 등 강도 높은 단어를 사용했고, 나는 홀로 이 비극을 감당하기보다는 도시를 다시 하나로 묶어줄 무언가를 찾고 있었다. 그렇지 않으면 비극의 여파는 오래도록 계속될 것 같았다. 다행히도 핸드폰과 TV 뉴스를 통해 멀리서 지켜만 보던 나와 다른 보스턴 사람들을 하나로 묶어줄, 가장 안정적이고 결속력 있는 무언가가 그 혼란 속에서 기적적으로 등장했다.

4월 19일 금요일, 보스턴 레드삭스는 캔자스시티 로열스Kansas City Royals와의 홈경기를 취소해야 했다. 도시는 여전히 봉쇄 중이었고, 도주한 나머지 용의자를 도주 나흘 만인 그날 저녁에 체포한 것이다. 폭탄 테러로 기소된 두 명의 용의자가 모두 체포되고 나서야 도시는 마침내 정상적인 일상으로 돌아갈 수 있었다. 하지만 진짜 온전히 정상적인 일상으로 돌아간 것은 아니었다. 소셜 미디어를 중심으로 '보스턴은 강하다#BostonStrong'라는 해시태그가 퍼져나갔지만, 사람들은 그 이상을 필요로 했다. 그들은 같은 생각을 가진 사람들과 얼굴을 마주하며 한마음으로 자신들이 사랑하는 이 도시를 응원하고 싶어 했다.

테러 이후 일주일이 채 지나지 않아 레드삭스는 펜웨이 파크Fenway Park에서 비극적 사건 이래 첫 스포츠 경기를 치렀다. 수만 명의 관중이 미국에서 가장 오랜 역사를 자랑하는 보스턴의 홈구장으로 몰려들었고, 수백만 명이 이를 TV로 지켜보고 있었다. 레드삭스는 이 경기가 도시를 하나로 결속시킬 기회임을 깨달았다. 펜웨이 파크에 모인 3만 5천 명이 넘는 환호하는 군중 앞에 레드삭스의 팬덤인 레드삭스 네이션Red Sox Nation이 '빅파피Big Papi'라는 애칭을 붙여준 보스턴 레드삭스의 스타 선수 데이비드 오티즈David Ortiz가 마이크를 잡았다.

"괜찮아요. 괜찮습니다, 보스턴. 오늘 우리가 입은 이 티셔츠는 레드삭스가 아닙니다. 이건 보스턴입니다. 매니노Menino 시장, 패트릭Patrick 주지사, 그리고 지난 한 주간 훌륭하게 일해준 모든 경찰 관계자들에게 감사의 인사를 하고 싶습니다. 이게 우리 도시입니다. 누구도 우리의 자유를 좌지우지할 수 없습니다. 힘냅시다. 고맙습니다!"

그 짧은 연설과 그날의 경기 이후 모든 것이 바뀌었다. 레드삭스는 단순히 하나의 스포츠팀이 아닌, 보스턴 사람들을 결속시킨 그 이상의 것이 되었다. 누군가는 야구 경기가 그저 하찮은 오락거리에 지나지 않는다고 생각할 수도 있지만, 이 경기는 슬픔에 빠진 도시를 폭탄 테러에서 벗어나게 하는 중요한 역할을 했다. 그리고 이는 이후 몇 년 동안 도시 안에 울려 퍼진 결집의 외침이 되었다.

지역 야구팀의 팬이 되는 것은 자신의 도시를 자랑스럽게 여기는 것과 같은 의미다. 보스턴 기획개발원 연구의 '2018 보스턴 경제Boston's Economy 2018' 보고서에 따르면 2013년부터 2016년까지의 보스턴 경제 성장률은 미국 전체 평균치를 넘어섰으며, 2016년 총 도시 생산량은 1,190억 달러로 추산되었다. 실업률은 지속적으로 감소해 2013년 7%에서 2017년에는 3.1%에 그쳤고, 전체 일자리는 전국 평균보다 더 빠르게 증가했다.

레드삭스는 '보스턴 스트롱'의 에너지를 월드 시리즈까지 이어갔다. 그들은 세인트루이스 카디널스St. Louis Cardinals와의 여섯 번의 결승 경기에서 모두 이겼고 승리로 가득 찬 이 도시의 스포츠 역사에 또 한 번의 우승컵을 안겼다. 이는 더 이상 하나의 자랑거리이거나 통계 수치가 아니다. 스포츠 팬덤은 비극적 사건으로 타격을 입은 도시의 회복력을 높이고, 승리는 보스턴 사람들의 저력을 보여줬다.

팬이란 무엇인가?

폭탄 테러 이후의 공포와 혼란을 잠재울 수 있었던 레드삭스의 비밀은 무엇일까? 레드삭스에는 있고, 언론 매체나 정부 기관에는 없었던 것은 무엇이었을까?

그들에게는 팬이 있었다. 레드삭스는 팬덤과 공유하고 있던 가치를 힘든 시기의 혼란을 극복하는 데에 활용한 것이다. 사실 스포츠 '광팬'으로 묘사되곤 하는 팬에 대한 고정관념은 그다지 매력적이지는 않다. 스포츠 팬이라 하면 맥주를 마셔 불룩해진 배, 소파에 쏟은 과자, 시끄럽게 틀어놓은 TV에 욕을 퍼부으며 주변을 귀찮게 하는 40대 중반의 중년 남성을 떠올릴 것이다. 아니면 부모님 집 지하에 살면서 콜 오브 듀티Call of Duty나 월드 오브 워크래프트World of Warcraft 같은 비디오 게임을 하는 사회성 떨어지는 30대 백수, 이건

너무 구식인가? 그렇다면 던전 앤 드래곤Dungeons & Dragons 게임을 하면서 주사위를 던지는 건 어떤가? 우리에게 익숙한 전형적인 '팬'의 모습은 이렇다.

방에 도배한 연예인의 얼굴을 끈적한 눈빛으로 바라보며 소셜 미디어 사용자명을 온통 '핫보이러버05HotBoyLovr05' 같은 것으로 해놓는 10대 소녀도 있다. 그녀는 자신이 좋아하는 연예인의 정보를 수집하기 위해 블로그를 운영하고 뱀파이어 로맨스 소설을 읽는다. 그녀가 흥분해서 내지르는 비명은 주변 사람들을 종종 놀라게 한다. 이런 그녀가 사회에 충분한 기여를 하고 있다고 생각할 수 있을까?

팬덤에 대한 이런 고정관념은 〈빅뱅이론The Big Bang Theory〉이나 〈기숙사 대소동Revenge of the Nerds〉과 같은 드라마나 영화에 나오는 사회 부적응자의 모습이다. 많은 사람들이 팬덤이라고 하면 지하에 숨어 살거나 말도 안 되는 상상의 나래를 펼치는 10대나 오타쿠를 떠올린다. 진짜 이런 극단적인 사람들만 팬이 되는 것일까? 다른 사람들이 보기에는 하찮은 취미생활에 시간과 노력을 들이는 사람들이 성실하게 커리어를 쌓으며 자기 계발하는 사람보다 의미 없는 삶을 산다고 할 수 있을까? 그들은 좋아하는 것에 열정적으로 마음을 쏟는 자신의 모습이 다른 사람들이 어떻게 생각할지 신경 쓰이지 않는 것일까? 어쩌면 우리는 고정관념 속의 그 하찮은 사람이 될까 두려워하는 것은 아닐까? 꼬리에 꼬리를 물었던 팬덤에 대한 내 생각은 많은 사람들이 자신이 좋아하는 것을 제대로 즐기지 못하고 있다는 결론에 도달했다.

　　사람들은 모두 관심사를 가지고 있으며, 다른 사람들과 관계를 맺기 위해 이를 이용한다. "어젯밤에 그 경기 봤어요?"처럼 점심시간에 잠깐 묻는 말일 수도 있고, 다음 주에 개봉될 새로운 마블 영화의 초대권일 수도 있다. 이렇듯 관심사는 서로를 연결해준다. 즉, 팬덤은 사람들을 연결한다. 이것이 우리가 갈망하는 진짜 '인간관계'다.

디지털 시대의 인간관계

인터넷은 전 세계 사람들이 더 쉽게 교류할 수 있게 했다. 페이스북과 같은 소셜 미디어나 유튜브와 같은 콘텐츠 유통 서비스를 통해 사람들은 다른 사람들과 쉽고 간편하게 소통한다. 소셜 미디어 초기에는 네트워크에 참여하는 것이 마치 가상의 모임 같았다. 친구들과 쉽게 만나고 어떻게 지내는지 안부를 물어보면서 학교나 직장을 떠나고 나서도 연락하며 지낼 수 있었다. 게시물을 올리고, 공유하며 '좋아요'를 누르는 일들이 즐거웠다. 멀리 떨어져 사는 지인들과 연락하며 지내거나 오랫동안 보지 못한 사람들과 다시 연락하는데에 효과적이었다.

　　하지만 오늘날 이 모든 것은 전혀 다른 이야기가 되었다. 페이스북과 같은 소셜 미디어가 사용하는 알고리즘은 우리가 원하는 것을 보여주지 않는다. 기술은 친구, 가족, 동료들과 교류하게 하겠다는 애초의 약속과 달리 주주들에게 이익이 되는 방향을 선택했다. 친구에게 온 메시지 대신 광고가 잔뜩 들어 있는 스팸 메일과 성취감 있는 생산적인 삶을 살아가는 데 필요한 정보 대신 온갖 가짜 뉴스들을 쏟아붓고 있다.

더 심각한 것은 사기꾼들이 사람들의 두려움을 배가시킬 편파적인 정보를 네트워크에 퍼뜨려 사람들을 끌어들이고 새로운 것을 만들어내는 방법을 알아냈다는 것이다. 대다수의 사람은 무료로 소셜 네트워크를 이용하는 것의 대가가 개인정보 유출임은 알고 있다. 하지만 그렇다고 해서 우리의 깊은 내면의 생각이나 비밀 혹은 중요한 메모들을 훔쳐 고액을 지불하는 자에게 되팔도록 허용한 것은 아니다.

그 결과 디지털 세상은 양극화되고 냉정한 곳이 되었다. 이제 사람들은 온라인을 통한 사회적 교류가 더는 자신을 위한 것이 아니라는 것을 알고 있다. 결국 사람들은 온라인상에 나타나지 않거나 사생활을 지키기 위해 자신을 통제하는 쪽을 택했다.

우리는 진 트웬지Jean M. Twenge, 가브리엘 마틴Gabrielle N. Martin, 키이스 캠벨W. Keith Campbell이 2018년에 쓴 보고서에서 한 가지 흥미로운 사실을 발견했다. 100만 명이 넘는 미국의 중·고등 학생들을 대상으로 한 연간 설문 조사 결과, 인터넷 커뮤니케이션을 더 많이 하는 학생들의 행복감이 더 낮은 것으로 나타났다. 보고서에서는 스마트폰 사용이 급증한 2012년 이후 심리적 웰빙(자존감, 삶의 만족도, 행복도로 측정)이 급격히 감소했다고 밝혔다. 이는 청소년들에게만 해당하는 내용이 아니다. 많은 사람들이 온라인 커뮤니케이션 증가에 따른 스트레스 증가를 경험하고 있다.

사람들이 진정한 인간관계에 목말라 있을 때
현실은 피상적인 온라인 커뮤니케이션 쪽으로
너무 멀리 가버렸다.

이러한 디지털 세계의 술수에 좌절감을 경험한 우리는 무언가 잘못되고 있다고 느꼈다. 이것이 이 책의 시작이다. 우리는 중요한 문화적 변화의 정점에 서 있는 것이다.

과거에도 이와 유사한 문화적 변화를 경험한 바 있다. 1950년대 초, 미국인들은 가공식품에 열광했다. 스완슨의 'TV 디너Swanson TV dinners', 프링글스의 '신기한 감자칩Pringles Newfangled Potato Chips'과 같은 가공식품과 맥도날드 등 패스트푸드의 인기가 폭발적으로 증가했다. 미디어는 길어진 식품 유통 기한과 간단해진 요리법이 모두의 삶을 편리하게 해줄 것이라는 뉴스를 연일 쏟아냈다.

그러나 가공식품이 건강에 좋지 않다는 것이 알려지면서 최근 큰 변화가 일어났다. 많은 미국인들이 음식에 대해 전혀 다른 시각을 갖게 된 것이다. 이제는 할아버지 할머니에게서 배운 건강하고 자연 친화적인 방법으로 장을 보고 요리를 한다. 신선한 야채를 찾아 헤매고 농산물 직판장에서 장 보는 것을 즐기며 방목해서 키운 닭이 낳은 달걀을 사기 위해 더 큰 비용을 지불한다.

사람들과의 소통도 이와 유사한 변화를 보이고 있다. 그동안 소셜 미디어를 통해 생산된 관계에 너무 깊이 빠져들었다고 깨달으면서 진실되고 진정한 인간관계로 되돌아가고 있는 것이다. 보스턴이 위기에 처했을 때 온라인의 존재는 사람들을 크게 위로하지 못했다. 사람들에게 도움이 된 것은 좋아하는 스포츠팀에 대한 열정으로 하나가 된 지역 공동체의 힘이었다.

혼란스러운 디지털 시대에 기업이 대응하는 방식은 소셜 미디어와 온라인 채널에서 더 크게 소리 지르고 더 집요하게 밀어붙이는 것이다. 소셜 미디어로 인해 콘텐츠 배포가 너무 쉬워지면서 기업은 장기적인 전략 없이 엄청난 수의 광고성 메일만 더 자주 보내고 있다. 트윗을 쓰고 보내는 데에 걸리는 시간은 고작 1~2분 정도다. 그들은 더 많은 비디오, 더 많은 트윗, 더 많은 링크드인 초대를 보내서 사람들의 이목을 끌려고 한다. 하지만 이런 방식은 해결책이 될 수 없다. 변화를 가지려면 더 많은 용기가 필요하다.

디지털 세계에서 삶은 점차 혼란스럽고 피상적으로 변화한다. 그 안에서 우리는 진정한 인간관계라는 강력한 것을 놓치고 있다. 앞으로는 통계에 의존하는 세상이 되지 않도록 친밀감, 따뜻함, 공감대를 만드는 일에 가장 많은 투자를 해야 할 것이다.

부족한 인간관계로 인한 욕구 불만을 해소할 방법은 의외로 간단하다. 각자가 가장 열정을 가지고 있는 부분들을 개발하고 육성하면 된다. 아버지와 나에게는 친구들과 콘서트에 가거나 북클럽에 가는 것, 혹은 코믹 콘Comic Con(만화 관련 문화 행사-옮긴이)에서 코스프레를 하는 것이 그런 것들이다. 누군가에게는 달리기를 하거나 골프를 치거나 십자수를 하고 연극을 보고 좋은 와인을 수집하는 일이, 또 누군가에게는 토요일 오후 시간을 미술관이나 박물관에서 보내고 글쓰기 교실에 참여하거나 학회에 가거나 요가나 헬스를 하고 정원을 가꾸며 낚시하는 일이 그런 것일 것이다.

이렇듯 팬덤은 어디에나 있다. 그리고 그것이 기업, 아티스트, 기타 단체들이 성공적으로 사람들을 끌어모을 수 있는 열쇠다. 팬덤은 여러 세대에 걸쳐, 흥미나 목적, 구매력 등에 따라서, 그리고 사람들을 모여들게 하는 주제에 따라서 다양하게 존재한다. 앞으로 누구와 관계를 맺든 간에 팬덤을 이해하는 것은 성공의 초석이 될 것이다.

이처럼 공동의 노력을 통해 의식적으로 사람들을 결속시키는 행위를 '패노크라시Fanocracy'라고 부른다. 즉, 조직이나 개인이 팬들을 존중하고 그들 사이의 의미 있는 관계를 의식적으로 키워나가는 행위를 말한다. 규칙Rule이라는 의미의 그리스어인 kratos에서 온 접미사 '-cracy'는 대중문화뿐만 아니라 학계에서도 특정 종류의 사람들이나 특정한 원칙에 따라 운영되는 통치 체계를 의미한다. 패노크라시는 팬이 통치하는 문화이며, 오늘날 급부상하고 있는 비즈니스 전략이다. 사람이 상품보다 더 중요해지는 시대가 도래한 것이다.

위대한 일을 이루기 위해 함께 힘을 모을 때
패노크라시가 활성화된다.

진정한 팬덤을 이루는 가장 근본적 요소는 의미 있고 활동적인 인간관계다. 이 근본적 요소가 기업이 고객과 관계를 맺는 방식의 변화를 보여준다. 이는 솔직하고 도움이 되며 투명한 관계라 할 수 있다. 이러한 관계는 고객을 열정적인 팬이 되도록 하는 경험의 토대가 된다. 보스턴을 결속시켜 레드삭스를 응원하고 승리에 이르게 한 것 역시 패노크라시였던 것이다.

패노크라시는 어려운 시기에 서로 도움이 되는 긍정적인 힘을 바탕으로 사람들이 함께 생각하고 느끼고 행동하도록 한다. 패노크라시가 사람들에게 힘을 주는 방식은 한 개인의 힘으로는 달성할 수 없다. 의학계에서는 환자와 의사 사이에 건강한 상호 작용이 이루어졌을 때 나타나는 치유력Healing Force을 의미한다. 삶을 영위하는 것은 일과 놀이에서 모두 기쁨을 느낄 수 있을 때만 가능한 것이다.

마음이 맞는 사람들과의 관계가 구축되면 사업에서의
성공 가능성이 높아질 뿐만 아니라 진정한 기쁨을 누릴 수 있다.

함께한다는 것

승리의 도시인 보스턴에서 자랐음에도 불구하고 나는 어릴 적부터 스포츠를 좋아하는 사람은 아니었다. 친구들은 학교에 갈 때도 좋아하는 스포츠팀의 유니폼을 입었고 늘 선수들에 대해 신나게 이야기하곤 했지만, 그 시절 나는 다른 것에 빠져 있었기 때문에 이런 친구들의 열띤 토론은 내게 그다지 중요한 일이 아니었다. 심지어 열렬한 야구팬인 남편과도 스포츠에 대해 대화하는 법이 없다. 그는 광적으로 뉴욕 양키스의 최근 라인업에 대한 스포츠 뉴스를 읽는 사람이다. 지금 생각해보면 거만하게도 스포츠팀의 팬이 되는 것을 하찮은 일로 여겼던 것 같다. 시간 낭비 아닌가? 대체 스포츠 관련 데이터로 무엇을 할 수 있다는 말인가?

　의과 대학 근무를 위해 보스턴으로 다시 돌아왔을 때, 도시에 뿌리를 둔 스포츠 문화에 관심을 갖게 되었다. 그제야 많은 사람들에게 스포츠가 단순한 경기 이상이라는 것을 알아보기 시작한 것이다. 스포츠는 곧 문화다. 내가 현재 근무하고 있는, 그리고 보스턴 마라톤 폭발 사고의 희생자들이 처음 보내졌던 보스턴 메디컬 센터Boston Medical Center에서는 지금도 레드삭스나 셀틱스 로고가 있는 'BMC 팀' 셔츠를 입는다. 도시 주변의 술집에서는 그 유명한 연설과 함께 데이비드 오티즈의 사진이 걸려있다. 이것이 패노크라시다.

　나는 하키에 푹 빠져있다. 20대 중반까지 TV에서든 사람들을 통해서든 하키 경기를 한 번도 본 적 없던 나는 나를 아는 모든 사람이 놀랄 정도로 보스턴 브루인스Boston Bruins의 팬이 되었다. 하키 규칙을 배우고, 선수들의 이름과 기록을 알아가면서 마침내 승리의 도시인 보스턴의 일부가 된 것 같았다. 내가 본 첫 경기에서 브루인스는 연장전까지 가는 접전 끝에 득점했고, 나는 홈구장인 TD 가든을 가득 채운 수천 명의 브루인스 팬들과 그 기쁨을 함께했다.

물론 예상치 못한 일도 있다. 공통의 화제를 가져본 적도, 함께 즐길 만한 일도 없었던 시아버지와 같은 관심사가 생긴 것이다. 갑자기 우리 집에 두 명의 브루인스 팬이 생긴 것이다. 우리는 만날 때마다 지난 경기에 관해 말하고 다음 경기에 대해 이야기를 나눈다. 그는 내 생일에 브루인스 티셔츠를 선물했고 나는 다음 경기에 자랑스럽게 그 티셔츠를 입고 갔다. 이번 시즌도 함께 응원할 것이다. 팬덤이 항상 도시 전체를 하나로 결속시킬 필요는 없다. 때로는 두 사람을 하나로 묶는 것만으로도 충분하다.

3

★

비즈니스의 시작은 고객에서부터

by 데이비드

나는 웹 호스팅 및 도메인 등록 회사의 또 다른 직원을 다시 기다려 야 했다. 일주일도 되지 않는 기간 동안 여섯 번째 직원이다. 수십 번 이메일을 보냈고 몇 번 안 되는 답장을 받았지만, 매번 다른 사람 으로부터 온 답장이었다. 그들의 답장은 내 문제를 전혀 해결하지 못했다. 당시 내 인터넷 도메인 중 한 개는 회사 직원들조차 이전에 겪어보지 못한 데다가 어떻게 고치는지도 전혀 알 수 없는 매우 이 례적인 상황에 처해 있었다. 내 문제는 끝이 보이지 않을 정도로 이 부서에서 저 부서로, 이 직원에서 저 직원으로 옮겨졌다.

2년 전, 이 호스팅 회사와 처음 거래했을 때 담당자가 내 계 정을 잘못 설정했던 것이다. 그 직원은 내 계정을 2년 후 갱신 시점이 되면 갱신 이전에 변경하지 않는 한 계정에 있는 이메일 기록을 포함한 모든 데이터를 삭제하는 서비스 유형으로 등록한 것이다. 하지만 그 누구도 그걸 어떻게 바꾸는지 몰랐다(나는 이 사실을 전혀 믿을 수 없었다). 이 문제는 가볍게 다룰 만한 내용이 아니었다. 갱신 시점은 빠르게 다가오고 있었고, 나는 다가오는 재앙을 피하기 위해 회사에 문을 두드렸다. 하지만 그 누구도 내가 직면했던 디지털 재앙에 대한 즉각적인 해결책을 줄 수 없었다.

각 담당자는 충분히 친절했고 적극적으로 도와주려 했다. 하지만 나는 매번 이 문제를 처음부터 다시 설명해야 했고 다른 담당자가 이미 알고 있는 내용, 그들이 이전에 시도해본 방법들, 다음에 벌어질 것 같은 일들을 설명하는 데만 10분에서 20분 정도를 소비했다. 게다가 각 담당자가 '문제를 조사'하는 동안 매번 '잠시 기다려야' 했다. 하지만 돌아온 답은 자신들이 바로 해결해줄 수 없는 부분이라 문제를 확대해야겠다는 말뿐이었다. 문제가 해결되지 않았는데 그 누구도 문제를 책임지고 해결하려 하지 않았다. 문제를 바로잡을 수 있는 전문성이나 후속 조치조차 없었다. 나는 점점 더 짜증이 났고, 너무 화가 났다.

이 회사는 어째서 내 문제를 담당하고 결론 내릴 수 있도록 직원을 배정하지 않았던 것일까? 그렇게 했다면 나를 돕는 것뿐 아니라 나를 돕기 위해 여러 직원이 몇 시간씩 애를 쓰지 않아도 되었을 것이다. 왜 회사 자원을 그렇게 쓸데없이 낭비하는 것일까? 나는 24개가 넘는 인터넷 도메인을 보유하고 있고, 그 서비스에만 1년에 수천 달러를 소비한다. 나와 거래하기 위해 수십 개의 웹 호스팅 및 도메인 등록 회사가 경쟁하고 있는데 이 회사는 왜 나에게 단 하나의 상품을 판매하는 것을 넘어 더 장기적인 관계를 맺으려고 하지 않는 것일까? 어떻게 이 회사가 나와의 거래를 앞으로도 계속 유지하고 싶어 한다고 생각할 수 있겠는가?

제품, 그 이상의 것

지난 50년간 비즈니스는 전 세계 경영대학들이 가르치는 예측 가능하고 이상적인 모델을 따르고 있었다. 즉, 회사는 많은 소비자를 끌어들일 제품과 서비스를 개발하고 TV, 라디오, 신문, 잡지, 광고용 우편물 등 주요 미디어를 통해 소비자에게 마케팅한다. 단순히 제품 및 서비스의 판매를 촉진하는 것이 회사의 역할이었다. 이 비즈니스 모델에서 고객 서비스는 가능한 한 적은 비용으로 제어해야 하는 요소다. 하지만 이것은 모든 사람이 같은 신문을 읽고, 같은 TV 프로그램을 보고, 같은 동네 가게에서 장을 보고, 같은 치약으로 양치질을 하던 과거에나 효과적인 방법이다.

　오늘날에는 웹의 부상으로 인해 누구나 원하는 정보를 원하는 때에 정확히 찾아볼 수 있게 되면서 소비자가 제품과 서비스를 찾아보는 방식과 구매하는 방식에 변화가 생겼다. 모든 소비자는 거의 완벽한 정보를 갖게 되었다. 그들은 온라인을 통해 제품과 서비스에 대한 다른 소비자들의 의견을 볼 수 있고, 전 세계 어디에서든 단 몇 초 만에 물건을 살 수 있다. 경쟁은 이제 전혀 다른 형태를 띠고 있는 것이다.

> 과거에는 경쟁이 보이지 않는 어딘가에 있었다.
> 그러나 이제 경쟁은 어디에나 있다.

2장에서 레이코가 언급했듯이, 우리는 새롭게 펼쳐진 디지털 세상 속에서 패노크라시를 이끌어낼 가장 중요한 요소인 진정한 인간관계의 힘을 간과하고 있다. 웹 호스팅 회사는 나와 그 어떤 관계도 맺으려 하지 않았다. 심지어 같은 사람과 두 번 이상 말해본 적도 없다. 회사에게 나는 그저 문제 해결 서비스를 기다리는 12,286번째 고객일 뿐이었다. 어떻게 내가 문제 해결을 돕던 담당자들과 정서적 유대감을 느낄 수 있겠는가?

이것은 기업이 할 수 있는 쉽고도 강력한 의식의 전환이다. 고객과의 관계를 구축한다는 것은 팬덤을 만들 수 있다는 것을 의미한다. 단순히 제품만 판매하는 것은 소비자가 더 싸고 더 편리한, 혹은 문제 해결 방법을 알고 있는 다른 브랜드로 쉽게 이동하도록 만든다. 만일 내가 호스팅 회사에서 적극적이고 결단력 있는 단 한 사람만 만났더라도 오랫동안 이 회사에 나의 파트너가 있다는 정서적 유대감을 느꼈을 것이다.

어떤 사람들은 자신의 비즈니스나 직업이 팬을 구축하는 데에는 적합하지 않다고 생각할 수 있다. 예를 들어 소프트웨어 회사의 마케팅 담당자, 회계사, 의사, 변호사, 기술 영업 담당자, 예술가, 가구 매장 주인, 보험 영업 사원, 혹은 다른 여러 분야의 전문가들이 그렇게 생각할 것이다. 그러나 모든 종류의 비즈니스는 고객들과 개별적인 관계를 구축함으로써 패노크라시를 만들 수 있다. 실제로 패노크라시의 가장 흥미로운 예는 생필품에 해당하는 제품이나 서비스를 판매하는 회사들이다. 앞서 언급한 웹 호스팅 서비스도 그 중 하나다.

> 고객과의 관계 구축은
> 제품 및 서비스 판매보다 더 중요하다.

우리는 성공한 다양한 업종의 기업들이 우리가 주목하고 있는 방법으로 비즈니스를 성장시켰다는 것을 발견하고 흥분을 감추지 못했다. 이런 기업들은 동종 산업군에서도 매우 이례적인 방법으로 성공을 거두었다. 다음에서 이와 관련된 몇몇 기업을 살펴보도록 하겠다.

미언디스: 팬티도 구독해서 이용하세요

팬을 만드는 일에 어울리지 않을 것 같은 이 회사의 이름은 미언디스^{MeUndies}다. 일단 이 회사의 온라인 쇼핑몰을 보라. 나는 온라인 쇼핑몰이 마음에 쏙 들어 미언디스의 팬티를 구매했다. 마이크로 모달 원단은 놀라울 정도로 부드러웠고 신축성이 좋았을 뿐 아니라 디자인 또한 훌륭했다. 그래서 몇 개를 더 구매했는데, 그러고 나서야 구독 서비스에 대해 알게 됐다. 이 회사의 구독 서비스는 소비자들로 하여금 새 속옷을 구매하는 일이 즐거운 경험이 되도록 한다. 미언디스는 멋진 속옷 디자인을 온라인 기술과 결합해 팬을 구축하기에 적합하게 디자인되어 있는 회사다. 고백하건대 나는 매달 새 팬티를 고르는 날을 기다리고 또 기다린다.

구독 서비스 이용자는 첫 단계에서 팬티의 종류, 사이즈, 디자인 스타일(클래식, 대담한, 혹은 진취적인)을 선택한다. 그런 다음 원할 때마다 플랫폼에 로그인해서 여덟 개나 열 개 정도의 새로운 디자인 종류를 고를 수 있다. 마우스를 한 번만 클릭하면 매달 같은 날 새로운 속옷이 배송된다. 프린트 디자인도 정기적으로 바뀐다. 어떤 제품은 한정판으로 판매해 바로 사지 않으면 구매 기회가 없고, 구독자에게만 독점적으로 제공되어 일회성 구매자는 구매할 수 없는 제품도 있다.

대부분의 회사는 '10% 할인', '무료 배송', '더 빠르고, 더 좋고, 더 새롭고, 더 저렴하다'는 식의 제품 광고와 소셜 미디어 광고를 만들어내느라 바쁘다. 때문에 디지털 세계는 점점 더 혼란스러워지고 있고 소비자들을 압도하고 있다. 제품과 서비스에만 집중한 나머지 인간과 그들의 삶을 간과하게 된 것이다. 그런데 미언디스를 만난 이후 나의 삶의 변화를 한번 보라. 속옷을 사러 오프라인 매장에 가는 걸 꺼리던 내가 다음 달에 배송될 속옷 디자인을 고르는 일을 고대하고 있지 않은가.

미언디스의 창업자이자 회장인 조나단 쇼크리안Jonathan Shokrian은 이렇게 말한다. "우리는 고객과 공감대를 형성하고 그들의 의견을 경청하는 브랜드를 만들어가고 있습니다. 고객들은 우리의 가족이며 그들이 우리 브랜드와 정서적인 유대관계를 맺고 있다고 느낍니다. 이는 속옷 시장에서 오랫동안 간과되어온 부분입니다."

인스타그램과 같은 소셜 미디어들은 기업의 매출 성장에 있어 중요한 역할을 한다. 미언디스의 인스타그램@meundies 팔로워는 현재 40만 명이다(2021년 1월 기준, 이하 동일). 속옷 브랜드라는 점을 감안하면 많은 수의 팔로워를 보유하고 있다. 이 계정의 가장 흥미로운 점은 커플 속옷이다. 미언디스에서는 남녀 모두 같은 프린트가 디자인된 속옷을 살 수 있다. 그래서 미언디스의 인스타그램에는 커플 속옷을 입고 커플 사진을 찍은 고객들의 사진이 자주 올라온다. 이는 인스타그램에서 하나의 유행처럼 퍼져나가면서 많은 팬을 확보하게 해줬고, 더 많은 커플 속옷 사진들이 올라오게 만들었다.

온라인 쇼핑몰 업체들은 팬을 만들 수 없다고 호소하곤 한다. 이유는 고객과 교류할 기회가 많지 않다는 것이다. 하지만 온라인 구독을 통해 속옷을 판매하는 이 독특한 기업은 구독 고객만을 위한 속옷, 커플 속옷 등 속옷 마니아들이 소셜 네트워크를 통해 좋아하는 상품을 보거나 보여줄 수 있는 기회를 제공한다. 이런 참신한 방법으로 팬을 만들고 있는 것이다. 고객에게 브랜드가 성장해 가는 과정에 참여할 수 있는 기회를 제공하면 고객은 브랜드에 정서적 투자를 할 가능성이 커진다.

쇼크리안은 이렇게 말한다. "우리는 속옷을 판매하지만, 속옷 이상의 것을 상징합니다. 사람들이 대담한 삶을 살 수 있도록 힘을 실어주죠. 정말 중요한 것은 우리가 추구하는 가치와 라이프 스타일입니다." 나는 그의 말에 전적으로 동의한다. 앞서 언급한 웹호스팅 회사와 달리 나는 미언디스에게 이해받고 있는 것처럼 느껴졌다. 가끔은 그들이 나를 더 잘 이해하기 위해 매일 밤을 새워 새로운 방법들을 개발하고 있는 것은 아닌가란 생각도 든다. 그들이 최근에 내건 '더 강해지고 있는 900만의 행복한 엉덩이들'이라는 슬로건마저 마음에 쏙 들었기 때문이다.

팬이 지배하는 세상에서 성공하려면 고객과의 관계가 제품이나 서비스보다 더 중요하다는 것을 알아야 한다. 진정한 팬덤을 만드는 가장 기초적인 요소인 진솔한 인간관계는 모든 회사가 만들 수 있다. 심지어 고객을 직접 만나지 않고 그들과 전화 통화조차 하지 않는 회사도 충분히 가능하다.

해거티 보험사: 중요한 것은 제품이나 서비스가 아니라 사람이다

클래식 자동차 전문 보험 회사인 해거티 보험사Hagerty Insurance의 CEO 매킬 해거티McKeel Hagerty는 "보험은 형편없습니다. 아무도 보험을 사고 싶어 하지 않아요. 그건 재미없거든요"라고 말했다. 이 업계의 누구나 그렇듯이 보험 상품에 관해 이야기하기보다는 매킬은 기가 막히게 창의적인 아이디어부터 제시했다. 바로 클래식 자동차 주인과 회사 간에 인간관계를 구축해서 보험을 판매하는 것이다.

매킬은 이렇게 말했다. "돌아보면 우리에게 있었던 기회는 단지 보험이 아니었습니다. 그것은 자신의 자동차에 대한 사람들의 열정을 보호하는 것이었습니다. 자동차를 발명할 필요도, 사람들의 열정을 만들 필요도 없습니다. 그저 이를 둘러싼 정신Spirit을 결합하기만 하면 됩니다. 이것이 우리의 핵심 아이디어입니다. 이것이 우리가 고객들과 더욱더 정서적이고 관계 지향적인 인연을 맺고 있는 방법이며 팬을 확보하고 유지하는 수단입니다."

> 고객과 유대감을 형성하려면
> 그들이 좋아하는 것에 관심을 가져야 한다.

전국 각지에서 매년 100회가 넘게 열리는 자동차 쇼에서 해거티 직원들은 그곳을 방문한 자동차 애호가들에게 다양한 이벤트를 제공한다. 그들은 자동차를 평가하는 세미나를 열고 (자동차 소유자의 가족인) 청소년들에게 자동차 대회를 평가하는 프로그램을 제공한다. 연인들은 그들이 선호하는 빈티지 자동차를 타고 결혼 서약을 할 수 있다. 해거티 직원들이 직접 신랑 신부의 들러리가 되어 그 순간을 촬영해준다.

자동차 쇼에 참석할 때마다 매킬은 어떻게 하면 클래식 자동차 애호가들과 유대 관계를 구축할 수 있을지 생각한다. 고심 끝에 그는 매우 기발하고 독특한 스마트폰 앱을 생각해냈다. "수년간 자동차 경매에 참석하면서 재미있는 사실을 하나 발견했습니다. 보통 실제로 자동차를 구매하는 사람은 10명 정도에 불과합니다. 다른 수백 명의 사람은 경매라는 스포츠를 구경하는 관중이죠." 그는 말한다. "그들은 인쇄된 경매 카탈로그를 받아 들고 낙찰봉을 두드리는 순간을 기다립니다. 그리고는 카탈로그에 낙찰가를 받아적죠. 그들만의 집계표인 셈이죠. 대부분의 사람이 그렇게 하고 있다는 것을 알게 되었을 때, 그 일을 보다 쉽고 편리하게 할 수 있도록 도와줄 앱이 필요하다는 것을 깨달았습니다."

해거티 인사이더Hagerty Insider는 무료 클래식 자동차 경매 추적 앱으로 경매에 나올 자동차를 검색하거나 과거 경매 낙찰 가격을 리뷰하고, 관심 있는 차량 목록을 만드는 등 경매와 관련된 여러 기능을 제공한다. 클래식 자동차 소유주가 앱에 자신의 차량 정보를 등록하고 차량의 시장 가치 변동 사항을 업데이트할 수 있는 기능도 포함하고 있다. 매킬은 첫 달에만 약 2만 건이 다운로드되었다면서 "이제 사람들은 그들이 참가한 경매뿐 아니라 과거 비슷한 경매에서 받은 낙찰가와 같은 날 진행되는 모든 자동차 경매를 확인할 수 있습니다"라고 말했다. 동시에 개최되는 경매를 확인할 수 있다는 것은 클래식 자동차 시장에서 매우 중요한 기능이다. 매년 1월 주말 동안 바렛-잭슨Barrett-Jackson, 본햄스Bonhams, 구딩Gooding, 알엠 소더비RM Sotheby 등의 주요 경매 업체들이 애리조나주 스코츠데일 Scottsdale에서 동시에 경매를 진행한다. 그래서 모든 경매에 참석하는 것이 불가능하다. 하지만 해거티 인사이더를 이용하면 모든 경매 거래가 어떻게 진행되고 있는지 한눈에 확인할 수 있으며 경매에 참여하고 있는 해커티 이름도 종종 볼 수 있다.

매킬은 말한다. "우리는 고객이 우리 내부에 있기를 원합니다. 클래식 자동차를 소유하는 것과 이에 대한 지식은 전혀 차원이 다른 이야기입니다. 사람들은 서로 과시하기도 하고 서로의 지식을 공유하기도 합니다. '그거 알아? 그 자동차가 1965년에는 이런 옵션을 갖고 있었다는 것 말이야'라고 이야기하는 것이죠. 열정이라는 측면에서 보면 이는 화폐나 매한가지입니다. 물론 우리는 이 모든 차를 보험에 가입시키고 싶습니다. 하지만 이보다 사람들이 해거티를 자동차에 대한 그들의 지식을 향상시키는 허브로 생각하기를 원합니다. 그리고 해거티로 인해 자동차 운전자가 되는 것이 더 즐겁도록 돕고 싶습니다."

그는 멈추지 않을 것이다. 2019년, 해거티는 해거티 드라이버스 클럽Hagerty Drivers Club이라는 새로운 공동체를 구상했다고 발표했다. 이 클럽에 가입하면 연간 45달러 비용으로 수상 경력에 빛나는 해거티 잡지 구독권, 평가 도구의 프리미엄 사용권, 회원 전용 이벤트, 자동차 관련 제품과 서비스에 대한 할인, 긴급 출동 서비스 등의 혜택을 얻게 된다. 6만 명의 기존 해거티 플러스 고객에게는 무료로 클럽 사용 권한을 부여하며 다른 보험 회사의 고객들도 해거티 드라이버스 클럽에 가입할 수 있다. 매킬은 "우리의 목표는 해거티 드라이버스 클럽을 회원 수 600만 명 규모로 성장시키는 것입니다. 이 놀라운 숫자는 거의 모든 사람이 당신을 알아야 얻을 수 있는 숫자입니다"라고 말한다.

그런데 전기 자동차와 무인 자동차에 대한 일부 클래식 자동차 애호가들의 관심이 점점 높아지면서 많은 사람들이 운행 방식에 큰 변화가 일어난 지금, 50년 전 혹은 100년 전에 생산된 클래식 자동차의 투자 가치에 대해 우려하기도 한다. 하지만 도로 위에서의 권리를 인정받기 위해 해거티 드라이버스 클럽을 중심으로 수많은 사람들이 여전히 연대하고 있다. "우리는 해거티 드라이버스 클럽이 자동차에 열정을 가진 사람들의 허브이자 구심점이 될 것으로 기대합니다. 운전을 좋아하는 사람들은 사람이 운전하는 차량과 무인 자동차가 도로를 공유하는 방법에 관해서도 이야기하고 싶어 할 겁니다."

그런데 클래식 자동차 애호가들과 관계를 구축하는 해거티 드라이버스 클럽, 자동차 쇼 참석, 콘테스트 심사, 어린이와 가족의 참여 촉진, 앱 구축, 평가 도구 제공 등 지금까지 설명한 그 어떤 방법도 해거티 보험 상품을 판매하는 것과 직접 관련된 것은 없다. 그러나 이런 방법들은 매킬과 해거티 직원들이 기존 고객 및 잠재 고객과 강한 인간관계를 구축하는 데에 도움이 된다. 이것이 해거티가 패노크라시를 구축하는 방법이다.

고객 팬덤은 기업 패노크라시
기초가 될 수 있다.

여기서 우리가 가장 주목해야 할 것은 많은 사람들이 부정적으로 생각하는 상품인 자동차 보험을 판매하는 해거티가 수많은 팬을 보유하고 있다는 점이다. 그렇기 때문에 관계를 기반으로 비즈니스를 창출하는 것은 모든 산업 분야에서 핵심적인 성공 전략이 될 수 있다. 심지어 소비자들이 공공연히 혐오하는 산업에서도 마찬가지다.

해거티 역시 '모두가 싫어하는' 상품을 중심으로 팬덤을 구축했다. 이러한 노력은 회사의 수익성 향상에 크게 기여했다. 그들은 창업 이래 처음으로 두 자릿수 성장률을 기록한 가장 큰 클래식 자동차 전문 보험사가 되었으며, 앞으로 2억 명의 신규 고객을 추가로 확보할 것으로 예상하고 있다. 사람들이 모일지 여부를 결정하는 것은 기업에 달려있다. 성공하기 위해서는 다른 사람들의 관점에서 관찰하고 다른 사람들과 함께 일하는 방식을 이해하는 데에 능숙해져야만 한다. 이는 모든 조직이 수행할 수 있는 간단하면서도 강력한 방법이다. 매킬은 이에 대해 이렇게 설명한다. "우리는 팬을 만들 수 있는 방법을 찾아 나섰습니다. 특히 이 일은 입소문을 통한 성장 동력이므로 매우 중요한 전략입니다. 물론 우리가 이에 꽤 능하다는 것도 알고 있었죠. 무엇보다 우리는 팬을 만드는 일이 즐겁습니다."

디지털 제품과 서비스의 급부상으로 인해 점차 경쟁이 심화되고 있는 전통적 비즈니스에서 관계를 구축하는 것은 매우 가치 있는 요소가 된다. 많은 분석가들과 언론인들은 온라인 쇼핑으로 인해 지역 매장들이 사라지고 있으며 디지털 음악 플랫폼으로 라디오 방송국과 음반 제작사 등의 음악 산업이 큰 어려움을 겪고 있다고 지적한다. 이는 맞는 말이다. 디지털 음악 플랫폼과는 경쟁하기 어려운 시대다. 하지만 지금까지 지켜본 바와 같이 피할 수 없는 디지털 시대에 굴복하지 않고 성공을 거둘 수 있는 기회는 분명히 존재한다.

오픈 하우스 파티: 스트리밍 서비스를 능가하는 라디오 쇼

일부 전통적인 산업 분야는 새로운 디지털 제품과 서비스가 등장하면서 경쟁이 심화되어 산업 분야 전체가 사라질 위기에 처했다. 인터넷 웹 사이트를 통해 클릭 몇 번이면 항공권, 호텔 숙박권, 렌터카를 구매할 수 있게 된 지금, 이는 여행사에 어떤 의미일까? 인터넷 검색으로 자동차의 정확한 가격을 확인할 수 있게 되었는데, 가격 흥정에 능숙한 자동차 딜러들은 이에 어떻게 대처해야 할까? 음악, 영화, 책 등을 소비하는 새로운 방법들이 등장한 현시대에 기존 기업들은 사라지지 않기 위해 어떻게 적응해야 할까?

30년간 수백 개의 라디오 방송과 웹 스트리밍을 통해 전 세계에 '오픈 하우스 파티Open House Party'라는 라이브 쇼를 주최해온 존 개러비디언John Garabedian은 이렇게 말했다. "판도라Pandora, 스포티파이Spotify, 애플 비트Apple Beats와 같은 음악 스트리밍 서비스와 경쟁하려면 라디오는 노래 이상의 것을 제공해야 합니다. 경쟁에서 '끈질기게' 살아남아 많은 청중을 끌어들이고 유지하기 위해서는 말이죠." 실제로 마돈나, 에미넴, 레이디 가가, 케이티 페리 등 세계적인 스타들이 수년간 오픈 하우스 파티에 참석했다.

이 쇼의 정수는 소수의 관객과 스타들이 함께하는 토요일 밤의 파티에 있다. 청취자들은 쇼의 일부가 되어 라이브 쇼에 전화를 건다. 그들은 주파수를 맞추고, 공연을 듣고, 관객의 흥분을 함께 느끼면서 인터넷에서 올라오는 청취자들의 신청곡을 통해 인기 있는 음악을 알게 된다. 많은 음악 팬들에게 있어 오픈 하우스 파티는 단순히 스트리밍 서비스를 통해 재생 목록에 있는 음악을 듣는 것 이상으로 재미있는 일인 것이다. 여기에는 뜻이 같은 사람들과의 교류가 전제되어 있다.

오픈 하우스 파티에서 재생되는 모든 음악은 청취자의 신청곡에 의해 결정되기 때문에 쇼의 방향은 전적으로 팬들에 의해 좌

우된다. 이런 방법으로 쇼는 토요일 밤에 사람들이 실제로 듣고 싶어 하는 음악을 방송할 수 있다. 또한 팬들과의 직접적인 관계 덕분에 오픈 하우스 파티를 들으면 요즘 뜨는 새로운 곡과 가장 대중적인 인기를 누리는 곡을 알 수 있다. 특히 어떤 곡들이 사람들의 관심에서 사라졌는지, 사람들이 어떤 곡들에 질려버렸는지를 구분할 수 있다.

"그저 음악을 틀어놓는 스트리밍 서비스와 달리 라디오는 설득력 있고 재미있어야 합니다. 그래야 사람들이 쇼나 방송을 그냥 '듣기'만 하는 게 아니라 정말로 좋아하게 만들 수 있습니다." 개러비디언은 이에 덧붙여 "좋은 라디오는 청취자들에게 충성해야 할 이유를 제공합니다. 뛰어난 방송국은 청취자가 아닌 팬을 끌어들이죠"라고 말한다.

그는 토요일 밤에 수백 개의 라디오 방송국에서 열린 오픈 하우스 파티를 듣는 수백만 명의 음악 애호가들을 모아 패노크라시를 구축했다. 물론 이 팬들도 주중에는 디지털 스트리밍 서비스를 통해 자신의 음악 재생 목록을 들을 것이다. 하지만 토요일 밤에 파티하고 싶을 때면 라디오 주파수를 맞춘다.

온라인 서비스로 인해 치열해진 경쟁 속에서 개러비디언과 같은 사람들은 포기하지 않고 팬들과 직접적인 관계를 맺을 방법을 고안해냈다. 오픈 하우스 파티에 열광하는 음악 팬들에게 음악이란 상품(노래) 그 이상의 의미를 갖는다. 그들에게 오픈 하우스 파티는 음악을 즐기고 음악에 관해 이야기하는 것을 좋아하는 라이프 스타일을 가진 다른 사람들과의 교류의 장이다. 이처럼 사람들이 실시간으로 모여 제품을 함께 소비하는 방식을 통해 기업은 디지털 솔루션이 할 수 없는 방식으로 팬과 관계를 맺을 수 있다.

다른 기업들도 온라인 기업과의 경쟁 속에서 패노크라시를 구축하기 위해 동일한 접근 방식을 이용할 수 있다. 서점을 예로 들어보자. 최근 오프라인 서점의 최대 경쟁자는 대폭 할인된 가격으로 책을 판매하고 다음 날까지 (심지어 주문 당일) 무료로 배송해주는 서비스를 제공하는 온라인 서점이다. 그러나 이런 온라인 서점이 제공할 수 없는 것은 책을 좋아하는 사람들과 개인적인 관계를 구축하고 공유하는 것이다.

브루클린 북스미스: 책 애호가들의 커뮤니티

브루클린 북스미스Brookline Booksmith의 소유주이자 관리자인 피터 윈 Peter Win은 "제가 얼마나 많이 사람들에게 전화했는지 모릅니다. 그들은 우리 서점에 오고 싶어 했어요"라고 말했다. 보스턴 교외의 쿨리지 코너Coolidge Corner에 위치한 브루클린 북스미스는 1961년에 '순수 예술만을 탐색합니다'라는 슬로건을 걸고 영업을 시작했다. 오늘날 이 서점은 45명의 직원을 고용하고 있으며 200평 규모의 매장을 운영하고 있다.

"사람들이 저희 서점에서 돈을 쓰고 싶어 한다는 것은 경이로운 일입니다." 우리가 브루클린 북스미스를 방문한 것은 12월의 어느 토요일 오후였다. 서점 안은 손님들로 붐볐고 세 명의 계산원 앞에 줄 서 있는 사람들만 해도 20명이 넘었다. 브루클린 북스미스가 번창하고 있다는 것에는 의심의 여지가 없었다.

"커뮤니티는 수많은 소상공업, 특히 독립 서점에 있어 매우 중요한 역할을 합니다." 원은 말한다. "우리는 단지 책을 팔고 재입고시키는 일만 하는 것이 아닙니다. 책에 관해 이야기하기 위해 이곳에 있습니다. 관계를 맺고 대화를 나누는 일들은 우리가 커뮤니티를 구축하는 방법 중 하나입니다. 책은 온라인이나 다른 곳에서도 살 수 있습니다. 때로는 더 싸기까지 하죠. 그러나 이 서점에 들어오면 사람들과 책에 관해 이야기하고 좋은 책을 추천받을 수 있습니다. 어쩌면 내가 그런 책을 원하고 있었다는 것조차 몰랐을 수도 있습니다. 심지어 그 책에 대해 전혀 들어본 적이 없었을 수도 있습니다. '책 읽기를 좋아한다면 이 책을 한번 읽어보세요'라고 말하는 누군가와 마주칠 수도 있죠. 우리는 매일 거리에서 그리고 보스턴 전역에서 책에 대한, 혹은 우리가 판매하는 다른 상품들에 대한 이야기를 나눕니다."

지금도 서점이 번창하고 있다는 것은 브루클린 북스미스가 팬을 얼마나 잘 구축했는지를 보여준다. 최근 미국 시장에서는 온라인 서점이 급부상함에 따라 보더스Borders와 월든북스Waldenbooks 등의 대형 서점 체인이 사라졌다. 소매점 수가 가장 많은 반즈앤노블Barnes & Noble은 한때 700개가 넘는 매장을 운영했지만, 현재 약

600여 개의 매장만 운영 중이다. 달튼^{Dalton} 브랜드의 서점들은 모두 문을 닫았다. 비용을 생각하면 수천 권의 책이 있는 대규모 서점을 운영하는 것은 지속 가능한 사업이 되기 어려울 것이다. 그럼에도 불구하고 브루클린 북스미스는 여전히 매우 성공적으로 사업을 영위하고 있다.

브루클린 북스미스의 잘 정리된 서가를 탐색하면서 우리는 책 표지마다 '저자 서명'이라는 스티커가 붙어 있음을 알고 깜짝 놀랐다. 서점 앞에 진열된 '추천' 서적에는 저자가 서점을 방문해 책에 관해 이야기하고 책에 서명한 날짜가 적혀 있다. 서점의 내외부에서 팬들이 저자를 만난 경험을 이야기하고 다음번 북클럽 모임에 좋은 책을 추천받는 등 흥미로운 대화가 이루어지고 있는 것이다. 즉, 브루클린 북스미스는 단순히 책을 판매하는 곳이 아니라 지역 공동체의 허브 역할을 한다.

원은 매년 100여 명의 작가를 서점에 초청해 이벤트를 연다. 대부분 중고 서적을 판매하는 서점 지하 공간에서 이를 개최한다. 사랑받았던 수만 권의 중고 책들과 책 애호가들에 둘러싸인 북토크에는 친근하고 아늑하며 따뜻한 무언가가 있다. 원은 이렇게 설명한다. "우리는 분야에 상관없이 작가들과 사람들을 끌어들입니다. 문학 소설, 미스터리, 공상 과학, 동화와 청소년 도서의 작가들뿐 아니라 멋진 논픽션 작가들도 초청합니다." 특히 그는 큰 인기를 끌고 있는 신인 작가를 초대하는 일을 좋아한다. "이곳과 같은 작은 공간에서 좋아하는 작가를 만난다는 것은 독자들에게 최고의 경험입니다. 몇 년 전, 제이디 스미스Zadie Smith와 데이비드 미첼David Mitchell이 첫 책을 출간했을 때 20명에서 25명 정도의 사람들과 함께 모여 낭독했던 것이 기억납니다. 정말 멋졌습니다. 이제는 수백 명의 열성 팬을 보유한 작가들이라 이들이 정기적으로 모이는 것은 거의 불가능하죠." 일류 작가가 낭독이나 강연을 하고 싶어 하면 윈은 길 건너편에 있는 1933년에 지어진 아르 데코풍(1920~30년대 유행한 기하학 무늬와 강렬한 색채가 특징인 장식 미술 - 옮긴이) 영화 상영관인 쿨리지 코너 극장에서 이벤트를 개최한다. 그는 덧붙였다. "록산 게이Roxane Gay, 마이클 온다치Michael Ondaatje, 제이슨 레이놀즈Jason Reynods와 같은 작가들은 어디에서든 200명에서 500명 이상의 독자들을 끌어모을 수 있거든요."

브루클린 북스미스는 가끔 연예인 수준의 유명한 작가들을 초청해 북토크 없이 저자 사인회만 개최하기도 한다. 윈은 "유명인들은 가장 많은 그리고 가장 요란한 고객들을 끌어들입니다"라고 말한다. "최근 몇 년간 민디 케일링Mindy Kaling, 닐 패트릭 해리스Neil Patrick Harris, 앤디 코엔Andy Cohen, 그리고 유튜브 스타 조이 그래세파Joey Graceffa와 같은 사람들을 서점으로 초청해서 사인회를 열었습니다. 사인회에는 600명에서 800명 정도 되는 사람들이 몰려들었습니다. 서점 전체뿐만 아니라 서점 정문 앞을 지나 거리까지 줄을 섰습니다. 사람들은 기쁨에 겨워 비명을 지르거나 눈물을 흘리고 10대 소녀처럼 설레하며 엄청나게 많은 셀카를 찍었죠." 행사에 관계된 서점들과 고객들은 처음 접해본 이 흥미로운 경험을 다른 사람들과 나누었을 것이다.

원에 따르면 저자 초청 행사는 많은 양의 책을 판매하고 행사에 참여한 사람들의 커뮤니티를 구축하는 것 외에 또 다른 역할을 한다. 팬을 보유하고 있는 작가들이 자신의 소셜 미디어를 통해 보스턴 방문 일정을 발표하면 팬들은 좋아하는 작가를 만나기 위해 브루클린 북스미스로 몰려든다. 이에 대해 원은 이렇게 말한다. "작가의 팬 중에는 브루클린 북스미스에 와본 적 없거나 들어본 적도 없는 사람들이 많습니다. 그런 사람들이 우리 서점에 대해 알게 되고 우리 서점의 팬이 되는 기회가 되기도 하죠."

브루클린 북스미스의 아래층 공간은 북클럽이 모이는 장소로도 활용되고 있다. 지역 북클럽 중 하나가 10년 넘게 이곳에서 모임을 가져왔으며 서점은 클럽이 읽은 책들을 그들의 홈페이지에 올려둔다. 이 클럽의 가장 큰 매력은 브루클린 북스미스와는 그 어떤 제휴나 소속 등의 관계에 있지 않다는 것이다. 원은 "매장에서 일하는 누구도 클럽에 관여하지 않습니다. 그들은 클럽 자체로만 운영되며 모임을 하기 위해 서점을 사용합니다. 이는 책 애호가들이 같은 관심사를 가진 사람들과 만날 수 있는 기회가 됩니다. 서점 입장에서는 책을 좋아하는 사람들을 끌어들여 책에 관한 대화를 나누도록 하는 하나의 방법이기도 하죠. 클럽은 다양한 책을 선택합니다. 때로는 소설, 때로는 논픽션, 때로는 전혀 새로운 그 어떤 것이 되기도 하죠. 모임이 끝날 때마다 그들은 투표를 통해 다음에 읽을 책을 고르고 우리에게 알려줍니다. 그러면 그 책을 몇 권 더 가져다 놓죠.

그렇다고 해서 클럽 회원들이 이 서점에서 책을 사야 하는 것은 아닙니다."

원은 브루클린 북스미스의 실소유주다. 그는 사람들이 그와 교류하고 자신의 지식을 활용하기를 원한다. 아마 그와 함께한다면 단 2분 만에 책에 대한 그의 열정을 알 수 있을 것이다. 그는 서점의 홈페이지에 자신의 이메일 주소를 올려두었다. 그는 "저는 서점의 주인이지만 매장에 머물며 책을 팔고 계산대에서 계산을 합니다"라고 말한다. "제가 여기에 있다는 것을 사람들이 아는 것이 중요합니다. 책을 좋아하는 사람들이 이 서점에서 좋은 경험을 하고, 지속적으로 책을 좋아하며, 서점의 팬이 되도록 언제나 서점에서 노력하고 있습니다. 그래서 사람들은 언제라도 여기에 와서 책을 찾아보고 그들이 몰랐던 책을 추천받을 수 있다는 것을 잘 알고 있습니다. 요즘 같은 때에 성공하려면 고객과의 관계를 구축하기 위해 노력해야 합니다."

오프라인 상점은 가게 안에서 색다른 경험을 할 수 있는 독특한 기회를 제공한다. 이러한 전통적인 형태의 상점들은 소비자의 필요와 요구를 파악해서 고객이 제품이나 서비스를 구매하는 것뿐 아니라 구매하기까지의 특별한 경험으로 고객을 열렬한 팬이 되게 만든다.

사람들은 서로 직접 만나거나, 전화상으로, 혹은 온라인 커뮤니케이션을 통해 브루클린 북스미스와 같은 가게, 해거티 보험사나 미언디스 등의 회사, 또는 오픈 하우스 파티를 즐기는 음악 애호가들과 관계를 구축한다. 이러한 관계들은 팬을 만들고 여기서 만들어진 팬은 시장의 '치열한 경쟁'의 해결책이 되어준다.

고객에 대한 진정한 관심이
거래를 패노크라시로 전환시킨다.

기업들은 거래 촉진과 비용 절감을 주요 업무로 알고 있지만, 이는 잘못된 생각이다. 사실 그들이 해야 할 일은 팬덤을 만드는 것이다. 거래에서 팬덤으로의 전환은 기업이 유사한 제품을 제공하는 다른 기업들과 시장에서 경쟁할 때 더 강력한 힘을 발휘하게 해준다. 경쟁 기업이 단순히 제품을 판매할 때 평생 팬이 될 고객들과 지속적인 관계를 구축함으로써 성공할 수 있는 것이다. 물론 이 과정에서 고객이 원하는 것과 필요로 하는 것들을 예측할 수 있는 고객에 대한 진정한 관심이 기본이 되어야 한다.

• • •

관계의 측면에서 나에게 가장 강력한 인상을 준 것은 루마니아의 한 레스토랑이었다. 이 레스토랑은 훌륭한 음식과 아름다운 경관을 가진 다른 레스토랑들과 크게 다르지 않다고 여길 수 있지만, 이곳에서 경험한 일은 전혀 다른 이유로 모든 여행객이 선호하는 추천목록의 맨 위에 놓이게 되었다. 이 잊을 수 없는 경험에 대해 짧게 이야기하고자 한다.

유카리와 부카레스트Bucharest를 방문하기 전, 보스턴에서 7,300킬로미터나 떨어진 이 도시에서 어느 식당을 예약해야 할지 난감했다. 강연 일정으로 가는 거긴 했지만 유카리가 동행하게 되어 나는 매우 설렜다. 새롭고 흥미로운 장소에서 그녀와 함께 즐거운 시간을 보내기를 고대했다.

유카리와 나는 둘 다 미식가로 세계 곳곳의 훌륭한 레스토랑의 팬이다. 이는 그녀에게서 배운 팬덤이다. 우리가 처음 만난 이후 그녀가 가장 좋아하는 일 중 하나는 독창적인 요리사가 최고의 음식을 만드는 멋진 레스토랑을 찾는 일이다. 그녀는 몇 년이 지나도 식당에서 먹었던 음식에 대해서는 정확히 기억한다. 우리가 방문했던 도시를 이야기하기 시작하면 그녀는 그곳에서 그녀가 좋아했던 레스토랑과 먹었던 음식에 관해 이야기를 늘어놓을 것이다. 레스토랑 팬으로서 트립어드바이저TripAdvisor와 같은 여행 사이트에 올라와 있는 후기를 검토하고 구식 여행안내서까지 참고했다. 우리는 수십 개의 다른 도시와 전 세계 100개가 넘는 레스토랑을 방문하기 전에 항상 이런 과정을 거쳤다.

부카레스트의 레스토랑: 사소하지만 특별한 경험

유카리와 나는 '아티스트Artist'라는 레스토랑이 모든 이들의 추천 목록 상위에 있다는 것을 알고 곧바로 예약을 했다. 부카레스트에 도착하자마자 호텔 컨시어지에 레스토랑을 추천해달라고 했는데, 그가 언급한 첫 번째 식당 또한 아티스트였다. 예약을 하고 와 다행이라 생각했다.

우버를 기다리는 동안 우리는 흥분을 감추지 못했다. 아티스트는 현대화된 오래되고 멋진 빌라에 있었다. 우리가 선택한 테이스팅 메뉴(한 접시에 다양한 메뉴를 시식해볼 수 있도록 구성된 식사-옮긴이)는 매우 훌륭했다. 아름다운 장소와 맛있는 음식을 제공하는 레스토랑은 많이 가봤지만 모든 사람이 추천하는 아티스트만의 또 다른 요소는 무엇이었을까? 이를 알아내기 위해서는 마지막 코스 요리가 나올 때까지 기다려야만 했다.

디저트가 나올 때 셰프 파울 오픈캄Paul Oppenkamp은 우리 테이블로 직접 와 자신을 소개했다. 나는 우리의 식사를 완벽하게 만들기 위해 나왔다는 그의 말에 매우 놀랐다. 우선 달콤한 바질과 박하가 절구에 담겨 나왔다. 셰프는 허브 믹스에 약간의 액화 질소를 부어 아름다운 연기와 쉬익하고 바람이 빠지는 멋진 소리를 연출했다. 그는 녹색의 잎들이 부서지도록 빨리 저으라고 알려주었다. 그러고 나서 오이 아이스크림을 퍼서 허브에 넣고 다시 한번 빠르게 저은 다음 먹으라고 했다. 우리가 함께 만든 디저트를 한 입 먹자 그는 미소 지었다.

아이스크림은 맛있었다. 그러나 이는 그 이상이었다. 셰프 파울이 우리 테이블에 함께 했던 것이 그날의 경험을 더욱 특별하게 만들었다. 이 저녁 식사는 루마니아에서 가장 기억에 남는 일이 되었다. 아티스트의 아름다운 음식과 장식만을 이야기하는 것이 아니다. 셰프 파울과의 관계에서 비롯된 우리의 새로운 팬덤을 이야기하는 것이다.

고객을 팬으로 만드는
9단계 전략

4

★

평소보다 더 가까이 다가가라

by 데이비드

나는 뮤직 페스티벌을 좋아한다. 며칠 동안 수십 개의 밴드가 야외에서 하는 연주, 수만 명의 관중으로 가득 찬 이벤트, 낮과 밤으로 이어지는 라이브 뮤직에 열광하는 마니아들의 축제! 하루에 다섯 개에서 열 개의 공연을 볼 수 있고, 오랫동안 좋아한 노래를 듣고, 새로운 아티스트의 노래를 만나고, 무엇보다 가장 중요한 것은 음악을 좋아하는 친구들과 어울릴 수 있다.

　몇 년 전 샌프란시스코의 아웃사이드 랜드Outside Lands 뮤직 페스티벌에서 음악은 많이 들었지만, 한 번도 라이브 공연을 본 적 없었던 세인트 빈센트St. Vincent의 공연을 고대하고 있었다. 다른 대규모 뮤직 페스티벌과 마찬가지로 아웃사이드 랜드는 서로 다른 공연들이 몇 개의 무대에서 동시에 이루어지는 구조여서 한 무대가 공연을 준비할 때 바로 옆 다른 무대에서는 공연을 한다. 팬들은 무대에서 무대를 옮겨 다니며 음악을 계속 들을 수 있다.

나는 세인트 빈센트의 무대가 시작되기 한 시간 전에 도착해서 수십 명의 하드코어 팬들 사이에 서 있었다. 사람들의 행렬은 계속 이어졌고 근처 무대의 공연이 끝나자 세인트 빈센트를 보기 위해 수천 명의 사람이 몰려들었다.

이번 공연은 과거의 공연들과 유튜브 영상에 달린 후기 그대로 매우 훌륭했다. 중앙에 서 있는 애니 클락Annie Clark(세인트 빈센트의 본명-옮긴이)과 그녀의 여성 베이스 연주자인 토코 야스다Toko Yasuda가 입은 인상적인 검은색 의상과 흰색 기타는 멋진 대조를 이루고 있었다. 전자음악에서 영향을 받은 춤 추기 좋은 곡들이었고 강렬한 록 기타 솔로가 섞인 흥미로운 음악이었다. 그들의 안무는 매우 독특했는데, 그녀와 야스다는 전곡을 연주하는 동안 상체는 움직이지 않고 같은 스텝을 반복해서 밟으며 춤을 췄다. 그러다 그 일이 일어났다.

세인트 빈센트: 무대 밖으로 한 발짝 더 가까이

세인트 빈센트는 갑자기 무대에서 내려와 기타 솔로를 연주하며 내 앞까지 다가왔다. 기타가 손에 닿을 정도로 그녀는 아주 가까이 왔다. 그 넓은 공연장에서 사진 찍기 가장 좋은 위치에 내가 있다는 것이 놀라울 따름이었다. 심지어 전문 사진 기사들보다 더 좋은 자리였다. 전문 사진 기사들이 세인트 빈센트의 어깨 너머로 그녀 앞에 있는 관중들의 얼굴을 찍는 동안 내 주변의 다른 관중들도 그 순간을 찍고 있었다. 내가 본 수백 개의 라이브 공연 중 이 순간은 가장 잊을 수 없는 기억으로 남았다. 주변에 있던 사람들도 마찬가지였을 것이다. 사진 기사들 또한 멋진 가수가 열성적인 팬들과 함께하는 친밀한 장면을 포착할 수 있다는 것에 흥분했다. 세인트 빈센트는 그렇게 1분 정도 관객들과 함께하다 무대로 돌아갔다. 나는 손가락을 몇 번 움직여서 그 순간을 트위터와 인스타그램에 올렸고, 친구들로부터 수많은 댓글을 받았다.

세인트 빈센트가 관객에게로 향했던 순간은 페스티벌을 다룬 주요 미디어와 소셜 미디어에 가장 많이 언급된 내용 중 하나였다. 실제로 《롤링 스톤》은 '아웃사이드 랜드 2015: 10개의 돋보이는 공연들' 기사에 세인트 빈센트를 포함했고, 그녀가 관객들과 교감했던 그 순간의 사진을 실었다. 물론 사진의 중앙에는 내가 있었다. 이 당시 했던 기업 강연에서 패노크라시를 어떻게 실행할 것인지를 이야기할 때마다 나는 이 사진을 보여줬다. 내가 지어낸 이야기가 아니라는 농담 섞인 말과 함께 말이다. 이 사진 한 장으로 내가 얼마나 굉장한 괴짜 라이브 뮤직 팬인지를 입증할 수 있게 되었다.

이처럼 팬덤은 좋아하는 일을 열정적으로 한 결과이며 그 열정을 불러일으켜 다른 사람들과 나눈다면 조직적인 현상을 만드는

것을 가능하게 한다. 이것이 바로 패노크라시다. 사람들은 자신의
경험을 공유하고 싶어 하고, 이는 유대감을 형성하게 한다. 그리고
그 유대감은 인간관계를 맺도록 도와준다. 그래서 사람들은 자신의
열정을 공유하기 위해 좋아하는 밴드나 연극, 오페라, 게임 등을 다
른 사람들에게 소개하고 싶어 한다.

근접성에 따라 관계 맺는 방법이 달라진다

세인트 빈센트는 자신의 공연을 보러 와준 팬들에게 다가가 그들을
열광시켰으며, 이를 소셜 미디어에 공유하게 만들었다. 이것은 매우
간단하지만 자주 간과되는 디지털 시대의 역동성, 즉 물리적 근접
성Physical Praximity 때문이다. 그렇다면 인간관계를 맺는 데에 있어 사
람들이 주변에 있다는 것은 무엇을 의미하는 걸까? 물리적 근접성
이 어떤 차이를 만들어내는 걸까? 문화 인류학자 에드워드 홀Edward
T. Hall은 이 같은 질문에 대한 답을 갖고 있다.

　　홀 박사는 인간의 공간 사용을 간단한 방법으로 정의했다.
홀은 1950년대 국무부의 포인트 포 훈련 프로그램Point Four Training
Program의 책임자로서 국제 기술자들과 행정관들에게 문화적 경계
를 넘어 효과적으로 의사소통하는 방법을 가르치는 일을 맡았다.
1966년에 발간된 그의 책《숨겨진 차원The Hidden Dimension》에서는 사
람들이 다양한 종류의 공간 경계를 유지하는 방법과 이것이 동료와

의 관계부터 도시 설계 방식에 이르기까지 어떤 맥락에서든 다른 사람과 관계를 맺는 방식에 어떤 영향을 미치는지에 관해 설명했다. 만약 더 효과적인 의사소통을 원한다면 자신과 다른 사람 사이의 물리적 공간을 의식적으로 관리하는 방법을 배워야 한다. 단순히 가까이에 있거나 멀리 있거나, 혹은 가까워질수록 더 좋은가의 문제가 아니라 각 근접성의 차이를 정확하게 예측하고 관리해야 최적의 결과를 도출할 수 있다.

홀 박사는 이를 네 가지로 나눠 설명했다. 첫째, '공공 거리'는 다른 사람들로부터 4미터 이상 떨어진 거리로, 이는 사람 간의 정교한 상호 작용이 부족한 거리다. 두 번째는 지인 간의 상호 작용을 위한 '사회적 거리'로, 1미터에서 4미터, 그다음은 친구나 가족 간의 상호 작용을 의미하는 '개인적 거리'로, 0.5미터에서 1미터, 그리고 포옹하고 만지고 속삭일 수 있는 '친밀한 거리'는 그보다 더 가까운 것으로 분류했다. 즉, 사람들은 4미터, 1미터, 혹은 0.5미터 떨어져 있는지에 따라 결정적으로 다른 감정을 느끼게 되는 것이다.

인간의 삶에서 가장 의미 있는 상호 작용은 사회적 그리고 개인적 공간에서 발생한다. 그렇다면 경기장이나 스타벅스에서 혹은 영화관이나 콘서트장에서 서로 가까이에 있는 사람들은 어떨까? 그들은 서로의 사회적 공간 안에 머물며 무의식중에 긍정적이고 안전한 방법으로 인간관계를 느낄 수 있다.

타인과의 근접성은 감정을 공유하는 것과 관련이 깊으며
기업이 비즈니스를 얼마나 잘하는지에 큰 영향을 미친다.

홀 박사의 근접성 이론에 대해 닉 모건Nick Morgan 박사는 이렇게 설명했다. "홀 박사의 연구는 최근 우리가 신경 과학을 토대로 연구하고 있는 것 중 하나로, 인간이 어떤 상황에서든 물리적으로 같은 공간에 있게 되면 무의식중에 다른 모든 사람의 위치를 추적한다는 것과 관련하여 특히 중요합니다." 모건 박사는 커뮤니케이션 컨설팅 회사인 퍼블릭 워드Public Words의 대표이며《강력한 신호: 다른 사람을 설득하고 개인의 영향을 극대화하는 주도적 그룹의 미묘한 과학Power Cues: The Subtle Science of Leading Groups, Persuading Others, and Maximizing Your Personal Impact》의 저자다.

그는 팬덤 문화가 어떻게 형성되고 성장하는지, 그리고 이러한 유대가 사람들에게 얼마나 중요한지와 유사한 맥락에서 인간의 상호 작용 방식을 연구하고 있다. "인간은 친구들로 이루어진 집단, 안전하다고 느끼는 사람들의 집단에서 함께 모여 있고 싶어 하며 그들과 감정을 나누고 싶어 하는 종입니다. 그래서 사회적 혹은 개인적 공간에서 사람들과 함께 있을 때 가장 행복감을 느끼며 함께 웃고, 울며 다양한 종류의 감정을 느낍니다. 이것이 사람들이 집에 있는 거대한 TV 화면으로 더 가깝고 더 분명하고 더 편안하게 축구 경기를 볼 수 있는 시대에 살고 있음에도 여전히 축구 경기장에 가는 이유입니다. 그들은 감정과 흥분을 공유하는 스릴 넘치는 경험을 원합니다. 공공 영역에서 사회적 영역으로, 사회적 영역에서 개인적 영역으로 더 가까워질수록 인간이 공유하는 감정의 힘은 더욱 강력해집니다. 이렇게 감정을 공유하는 것은 인간에게 매우 중요하지만, 그동안 인류의 개인주의 사상을 지지하는 사람들에 의해 오해받고 과소평가되어왔습니다"라고 모건 박사는 말한다.

우리는 모건의 말에 주목해야 한다. 사람들은 혼자 있고 싶어 하지 않는다. 함께 있고 싶어 한다. 가까이 다가갈수록 공유하는 감정의 힘은 더욱 강해진다. 근접성의 영향력은 단지 편의성이나 유용성의 문제가 아니다. 이는 교환하는 모든 것의 감정적 영향력이다. 인간은 가까운 사람들에게 더욱 강력한 감정적 영향력을 갖도록 서로 연결되어 있다.

팬은 무언가를 따르려는 계산적이고 지적인 결정 때문이 아닌 그들의 열정, 감정, 즐거움 때문에 만들어진다. 그러므로 생계를 위한 일이든, 제품이나 서비스를 판매하고 마케팅하고자 하든, 그 어떤 것이든 팬층을 성공적으로 구축하려면 인간관계를 발전시키고 육성하기 위한 창의적인 방법을 생각해야 한다. 이때 근접성의 중요성을 기억하라. 이것이 제품이나 서비스에 관심 있는 잠재적 팬을 어떻게 끌어들이고 유지할 것인지에 대한 이해를 도울 것이다.

스타벅스: 같은 생각을 가진 사람들을 연결하다

스타벅스 고객은 음료를 즐기며 무료 와이파이를 사용할 수 있다. 좌석이 편안하고 주차 공간 또한 충분하다. 누군가를 만나기에 편리한 장소임이 분명하다. 그러나 전형적인 스타벅스의 모습은 열두어 명의 사람들이 각자, 서로의 근처에 함께 앉아 있는 모습이다.

소셜 네트워크에 대한 불만과 동시에 스타벅스의 매출은 2015년 191억 달러에서 2018년에는 247억 달러로 증가했다. 단 3년 만에 거의 30%가 증가한 것이다. 이유가 무엇일까? 우리는 스타벅스가 같은 생각을 가진 사람 간의 물리적 근접성을 팔고 있기 때문이라고 생각한다. 한 예로, 스타벅스에서 한 기업가를 만났던 적이 있다. 그녀는 스타벅스에서 다른 사람들과 모여 앉아 있는 것이 혼자 있는 것처럼 편안해서 나와의 미팅이 끝난 후에도 그곳에 머물러 있었다. 평범하고 특별할 것이 없어 보이지만 그녀의 행동에는 매우 중요한 의미가 담겨 있다. 이는 그녀를 포함한 많은 사람들이 사무실 대신 스타벅스와 같은 장소에서 업무를 보거나 공부를 하는 이유를 설명한다.

디지털 세상에서 간과되고 있는 핵심 요소와 스타벅스가 잘 되는 이유는 아웃사이드 랜드에서 세인트 빈센트 공연의 인상적인 순간을 나와 함께 공유했던 많은 사람들이 경험한 의심할 여지 없는 그 무언가의 가치 때문이다. 이것은 소셜 네트워크가 절대 제공할 수 없고 간과하기 쉬운 것으로, 모든 인간에게 있어 가장 중요한

'다른 사람들과 직접 관계를 맺는 것'이다.

뮤직 페스티벌은 같은 생각을 가진 사람들이 같은 음악을 즐기며 함께하기 위해 만든 일시적인 공동체 같은 것이다. 공연이 시작되기를 기다리는 동안 그들은 자발적으로 커뮤니티를 형성하고, 주변 사람들과 대화를 나누며, 같은 관심사를 공유함으로써 금세 친밀한 관계를 형성할 것이라는 사실을 잘 알고 있기 때문에 처음 만난 사이지만 모두가 자연스럽게 대화를 나눈다. 마치 오랫동안 알고 지낸 사이처럼 누군가가 "세인트 빈센트 본 적 있어요? 어땠어요?"라고 물으면 다른 사람이 끼어들며 말한다. "오늘 다른 멋진 공연이 있었나요? 내일은 누구 공연 볼 거예요?"

대면 상호 작용은
행복감과 목적의식을 향상시킨다.

마찬가지로 스타벅스의 경영진은 전 세계 2만 4천 개의 매장에서 근접성을 높이는 일에 노력을 기울인다. 실제로 그들은 투자자들에게 "훌륭한 커피, 진정한 서비스, 커뮤니티와의 관계에 대한 스타벅스의 열정은 언어와 문화를 초월합니다"라고 말한다. 스타벅스는 커피 그 이상의 의미를 갖고 있다. 스타벅스의 성공은 비슷한 생각을 가진 사람들에게 편안하고 안전한 근접성을 판매하는 데에서 나온다.

팬덤 역시 우리 모두가 갈망하는 것의 핵심적인 본질, 즉 비숫한 관심사를 가진 다른 사람들과의 관계의 중요성을 시사한다. 뮤직 페스티벌과 스타벅스로 모여드는 사람들처럼 전 세계 어디에서든 친숙한 환경에서 취향이 비슷한 다른 사람들과 어울릴 수 있는 기회를 만들어야 한다. 터프 머더Tough Mudder나 스파르탄 레이스 Spartan Race★처럼 격렬한 신체적 경쟁을 하는 대회의 참가자들은 동지애를 경험하는 것이 얼마나 중요한지에 대해 언급하곤 한다. 다른 사람들과 서로 밧줄을 타고 벽을 오르려고 애쓸 때 참가자들은 고통스러운 동시에 행복감을 느낀다. 북클럽 참가자들도 종종 토론하는 책보다 다른 사람들과 함께 어울리는 것을 더 즐긴다.

백만장자의 마술사: 관객을 끌어들이는 법

백만장자의 마술사 스티브 코헨Steve Cohen이 롯데 뉴욕 팰리스 호텔의 객실에서 챔버 매직Chamber Magic 쇼를 할 때 나는 맨 뒷줄에 앉아 있었다. 그의 공연은 대호황 시대 맨해튼의 살롱 엔터테인먼트를 재현한 것으로, 그 시대를 재현하기 위해 쇼는 화려한 그림과 금박 천장으로 장식된 아름다운 19세기 화실처럼 꾸며졌다. 코헨은 턱시

★　익스트림 스포츠의 한 종류로 진흙탕 달리기와 장애물 달리기를 의미한다. 터프 머더는 2019년 우리나라 보령머드축제와 계약을 맺었지만, 2020년 코로나로 인해 개최되지 못했다. 2010년 미국에서 처음 개최된 스타르탄 레이스는 2013년부터 아시아 최초로 우리나라에서도 해마다 열리고 있다.

도를 입었고 공연을 보러온 관객들 역시 세련된 정장 차림이었다. 그곳에 앉아 있으니 모차르트가 수십 명의 관객을 위해 연주했던 비엔나 궁전이 떠올랐다.

챔버 매직 쇼는 20년 동안 진행된 주말 공연으로, 관객 대부분은 입소문이나 소셜 미디어, 혹은 주류 미디어 보도를 통해 쇼를 보러왔다. 객실에는 64명의 관객이 앉을 수 있으며, 16개의 의자가 놓인 네 개의 열이 있다. 각 줄의 양쪽 끝에서 마지막 네 개의 의자는 셰브런(V형 무늬-옮긴이) 스타일로 육각형을 반으로 자른 것처럼 놓여있어서 쇼를 보는 모든 사람이 몸을 돌리지 않고도 코헨을 마주 볼 수 있다. 두 번째 줄까지는 무대와 비교적 가깝지만 세 번째와 네 번째 줄은 4미터 이상 떨어져 있다. 즉, 세 번째 줄의 관객들은 코헨의 '공공의 공간'에 있는 것이다. 그들은 코헨과 직접적인 감정적 유대를 형성하기에 충분하지 않은 거리에 있게 된다.

그러나 코헨은 능숙하게 이 문제를 해결했다. 그는 쇼 중간중간에 세 번째, 네 번째 줄에 앉은 관객들을 자신의 공연에 참여시켰다. 한번은 코헨이 세 번째 줄에 앉은 한 남자에게 다가가 카드 한 벌을 건네주며 마술에서 쓰이는 손기술을 보여주었다. 공연 중에 여러 번 뒷줄에 앉은 사람들을 무대로 불러내 그의 옆에 서서 어깨 너머로 마술을 지켜보게 했다.

쇼의 모든 마술은 관객들과 직접적으로 상호 작용하면서 진행되었다. 때때로 12명 혹은 그 이상의 사람들이 마술에 참여했다. 코헨은 자주 관객석으로 가까이 다가가 의도적으로 도움을 청하곤 했는데, 관객의 한 사람으로서 나는 쇼의 일부가 된 것처럼 느껴졌다. 맨 뒷줄에 앉았음에도 다른 관객과 마찬가지로 코헨의 사적인 공간 안에 들어갈 기회가 있었기 때문이다. 그가 의도적으로 자신의 쇼에 근접성을 형성한 것은 감정적 교류를 통해 팬들과 강력한 관계를 구축하기 위함이다. 이것이 코헨이 20여 년 동안 성공한 이유다. 그의 '도와달라'는 요청에 무대 위로 올라가 코헨 바로 옆에 설 수 있다는 것은 매우 놀라운 경험이었다. 이날 이후 나는 코헨과 깊은 관계를 맺었고, 몇 년이 지난 지금도 여전히 그 관계를 유지하고 있다.

일반적으로 연극, 무용, 음악 또는 스탠드업 코미디와 같은 전형적인 무대 공연을 볼 때 관객은 보통 공연자와 4미터 이상 떨어져 있는 공연자의 공공의 공간에 있게 된다. 신경학자들에 따르면 그 거리에서 인간의 무의식적 뇌는 상대가 친구인지 적인지 알아채지 못하기 때문에 멀리 떨어져 있을 때는 강한 사적 관계를 갖거나 느끼지 못한다.

공공의 거리는 4미터 정도의 길지 않은 거리부터 시작된다. 하지만 대형 무대 공연은 그 거리가 30미터나 그 이상에 이르기도 한다. 공원에서 산책하는 등 일상생활에서의 공공의 공간에는 어쩔 수 없이 많은 사람들이 존재하긴 하지만, 사실 그들은 우리에게서 수백 또는 수천 미터 떨어져 있을 수도 있다. 무의식적으로 그들에게 주의를 기울이지 않기 때문이다. 즉, 4미터보다 가까이에 있는 사람들과 무언가를 공유하는 경험이 중요한 것이다.

따라서 예술가, CEO, 기업가, 관리자, 정치인, 교사, 부모, 배우자, 친구 등이 팬덤을 구축하기 위해서는 다른 사람들과 잠깐이라도 4미터 미만의 관계를 유지할 방법을 찾아야 한다. 이는 코헨이 깊이 이해하고 있는 것으로, 우리 모두에게 중요한 교훈을 남긴다. 코헨은 "어떤 사람들이 쇼에 참여하고 있지 않은지를 계속 지켜봐야 한다"라고 말한다. "저는 관객들이 바로 제 옆에 있다는 것, 저를 지켜보고 있다는 것을 언제나 명심합니다. 그리고 그들이 가장 좋은 위치에서 쇼를 보고 있다는 것을 상기시켜줍니다. 물론 관객과 가까이 있는 것은 눈속임을 쓰기 어렵게 하지만, 이런 상황을 관리하는 것은 이제 익숙해졌습니다."

그는 모든 마술의 세부 사항을 관리해서 관객들과의 근접성을 좁힐 수 있는 기회를 가능한 한 자주 만든다. 최근에 관객들과 개인적 거리를 두지 않는 특정한 마술이 있다는 것을 발견했다면서 이렇게 말했다. "관중 세 명의 결혼반지를 빌려 체인으로 연결하는 마술이 있습니다. 저는 사람들에게 반지가 실제로 연결되었는지를 확인하도록 합니다. 그리고 그 연결을 끊으면 마술이 끝납니다. 하지만 저는 그 대신 관객을 제가 쥔 주먹으로 다가오게 합니다. 그리고 반지가 여전히 그 안에 있다는 것을 느끼게 합니다. 그런 다음 '풀려라'라고 생각하라고 말하죠. 그러면 그들은 반지를 빼내려 시도하고 반지를 푸는 데 성공하게 되죠. 이처럼 제 곁에서 누군가가 어떤 행동을 하게 되면 이 작은 변화가 전체 경험을 바꾸어놓습니다. 사람들은 자신들이 반지의 연결을 풀었음을 기억하게 되죠. 이들은 월요일에 사무실에 출근해서 사람들에게 "제가 그 공연에서 반지의 연결을 끊었어요" 혹은 "모자를 들어 올려서 커다란 벽돌을 만들어낸 사람이 누군지 알아요? 그게 저예요"라고 말하며 자신의 경험을 공유할 겁니다. 워터쿨러^{Water Cooler}★ 시간을 갖게 되는 것이죠."

코헨은 관객들이 트립어드바이저나 옐프^{Yelp}와 같은 정보 리뷰 서비스 업체에 올린 후기를 꼼꼼히 읽고 같은 맥락이거나 비슷한 내용의 후기들을 찾아봤다고 한다. 많은 후기들의 공통점은 '상호 작용'과 '친밀한' 같은 단어들을 사용한다는 것이었다. 이를 통해 그는 자신이 관객과 교류하는 방식이 관객에게도 의미 있는 경험이었다고 확신하게 되었다. "저는 마케팅 비용이 없습니다"라고 코헨은 말한다. "제 마술쇼에 온 50만 명이 넘는 사람들은 미디어를 통해 알게 되거나 다른 사람들의 입소문을 듣고 옵니다. 제게 있어 쇼는 단지 마술에 관한 것이 아닙니다. 경험에 관한 것입니다."

그러나 나는 코헨의 공연이 전적으로 관객에 관한 것이라고 말하고 싶다. 그는 공연이 끝날 때면 모든 사람이 어떤 식으로든 쇼에 참여했을 정도로 각각의 관객이 자신과 가까워지는 특별한 기회를 즐길 수 있도록 하는 데에 거의 강박적으로 집중한다.

그날 밤 관객들이 일어나서 오랫동안 기립 박수를 칠 때 그

★ 회사 내에 물을 마시며 쉴 수 있는 휴식 공간을 충분히 크게 만들면 근로자 간 사내 의사소통이 활발해진다는 효과를 말한다.

는 쇼의 끝을 알리는 카드 마술을 보여주었다. 정말 인상적인 순간이었다. 그 순간 나는 다른 모든 관객과 함께 영원히 스티브 코헨의 팬이 된 것이다.

레저용 차량이 만든 새로운 라이프 스타일

사회적 공간이나 개인적 공간에서 뜻이 맞는 사람들과 함께하는 것의 중요성은 아무리 강조해도 지나치지 않는다. 기업에게 이것은 시장과 소통하는 방법의 기초가 되어 소비자를 하나로 모으는 방법을 알려준다. 쉽게 말해 기업은 소비자가 4미터 내에서 함께할 수 있는 독특한 기회를 만들어야 한다.

> 개인적인 상호 작용은 사람들을 인간답게 만든다. 그리고
> 그 인간다움이 충성스러운 패노크라시 구축을 가능하게 한다.

이것이 바로 레저용 차량Recreational Vehicle, RV 산업 전체가 젊은 고객층을 RV 라이프 스타일로 끌어들이기 위해 해온 일이다. 그들의 전략은 다음과 같다.

2008년에 시작된 경기 침체는 RV 산업에도 치명적이었다. 2007년 미국에서 38만 5천 대의 RV가 판매되었지만 2008년에는 판매량이 20만 대로 급감했다. 많은 제조업체들이 파산하며 상황

은 매우 심각해 보였다. 이에 RV 협회^{RV Industry Association, RVIA}는 'Go RVing'이라는 마케팅 캠페인을 시작했다. 이는 RV 라이프 스타일의 팬을 늘리고 인식을 높이는 매우 창의적인 방법이었다. 협회의 회원인 전체 RV 제조업체는 판매되는 모든 RV 차량에 'RVIA 마크'를 부착하기 위해 차량의 크기에 따라 35달러에서 150달러의 비용을 지불해야 했다. 소비자가 딜러로부터 RV 차량을 구매할 때 RVIA 마크 비용은 청구서와 차량 측면에 붙은 스티커에 기재된다.

RVIA가 벌어들인 수익 중 1천만 달러에서 1,500만 달러가 매년 'Go RVing' 광고 캠페인에 투자된다. 그들은 웹 사이트^{GoRVing. com}를 운영하고, 《내셔널 지오그래픽》을 포함한 여러 인쇄 매체에 RV를 광고한다. 젊은 층을 끌어들이기 위해 페이스북이나 인스타그램과 같은 소셜 네트워크에 투자할 뿐만 아니라 잠재 고객의 관심을 끌기 위해 새로운 네트워크에도 투자한다. 2017년에는 처음으로 인쇄 매체나 TV보다 디지털 광고에 더 큰 비용을 투자했다. 그들이 광고에 사용하는 이미지는 캠핑을 즐기는 젊은 야영객들의 모습으로 캠핑이 주는 즐거운 인간관계, 재미, 동지애에 초점을 맞추고 있다.

뉴 잉글랜드 RV 딜러 협회의 밥 자가미^{Bob Zagami} 이사는 이렇게 말했다. "우리는 가족을 데리고 캠핑장으로 가라고 말합니다. 오늘날 사람들은 옆집에 사는 이웃과 이야기하지 않습니다. 직장에서도 사람들과 거의 이야기하지 않죠. 사람들로부터 스스로를 격리시키고 있는 것입니다. 그러나 캠프장에 가면 아무도 당신이 누구인지 신경 쓰지 않습니다. 그저 자연의 일부처럼 야외에 있고 싶고, 가족과 친구들과 함께 있고 싶어 하는 한 사람일 뿐입니다. 캠핑장으로 들어서자마자 아이들은 곧 여섯 명의 새로운 친구들을 만들어 주위를 뛰어다니고 그네를 타고 다른 많은 것들을 하면서 놀지만 때가 되면 가족들의 자리로 잘 찾아옵니다. 아이들은 그곳이 안전하다고 느끼며 가족이 옆에 있다는 것을 알고 있습니다. 그동안 당신은 배우자와 앉아서 편안한 대화를 나눌 수 있습니다. 당신 또한 아이들이 안전하고 즐거운 시간을 보내고 있다는 것을 알기 때문이죠. 그리고 단 몇 시간 안에 텐트 오른편에 있는 사람들은 물론 왼편에 있는 사람들도 알게 됩니다. 그들이 인사하러 왔기 때문이죠. 이것이 이곳에서 당신이 갖게 될 개인적인 관계입니다."

베이비 붐 세대는 가족 단위로 캠핑을 하는 경향이 있고 전통적인 야영장들은 그들에 맞게 잘 조성되어 있다. 그러나 밀레니얼 세대는 10명에서 20명 단위의 그룹 캠핑을 즐긴다. 자가미는 이렇게 말한다. "차세대 RV 애호가들은 이미 그들만의 소셜 네트워크를 구축했습니다. 캠핑에 대한 그들의 아이디어는 즉흥적이고 광범위합니다. 그들은 페이스북과 트위터를 이용해서 경험을 공유할 친구들을 그룹 단위로 모읍니다. 온라인에서 이렇게 이야기하는 거죠. "이 장소로 토요일 아침 9시쯤 캠핑가려고 하는데 누구 오고 싶은 사람 있나요?" 그러면 갑자기 20명의 사람이 나타나죠. 같은 생각을 가진 사람들이 RV 주위에 모여 앉게 되는 겁니다. 놀라운 변화죠."

밀레니얼 세대는 친구들과 함께하는 활동의 경험을 중시한다. 캠핑은 그들에게 가장 이상적인 활동 중 하나로 그들은 업계 성장의 새로운 동력이 되고 있다. 밀레니얼 세대는 성인 인구의 31%를 차지하고 있는데, 캠핑 인구 중에서는 38%를 차지할 정도다. 특히 젊은 야영자들 사이에서 캠핑 열기가 더 뜨겁다. 2018년 북미 캠핑 보고서에 따르면 밀레니얼 세대의 51%가 내년에 더 많은 캠핑을 계획하고 있다고 응답했다. 젊은 캠프 참가자들은 10명 이상으로 구성된 큰 규모의 캠프를 즐기며 더 큰 모임을 수용할 수 있는 캠핑장을 찾을 가능성이 높다.

대부분의 사람이 캠핑을 생각하면 아마도 대단한 야외 활동, 하이킹, 낚시, 혹은 동물들과 가까이에 있는 이미지를 떠올릴 것이다. 실제로 이것이 야영자들에게 상품과 서비스를 마케팅할 때 기업이 초점을 맞춘 전통적인 이미지다. 그러나 RVIA와 다른 기관들이 수행한 연구 결과에 따르면 사람들에게 가장 중요한 요소는 캠핑의 사회적 측면인 것으로 나타났다. 야영을 즐거운 경험으로 만드는 것은 다른 야영자들과의 사회적 공간 내에 있는 것이다. 캠프 그라운드 오브 아메리카Kampgrounds of America, KOA가 지원하는 캠프 참가자에 대한 연례 설문 조사인 북미 캠핑 보고서North American Camping Report에서도 응답자의 반 이상이 캠프를 원하는 가장 큰 이유는 가족이나 친구들과 더 많은 시간을 갖기 위해서라고 했다. 모닥불을 지피고 둘러앉아 가족, 친구, 그리고 새로 사귄 지인들과 이야기를 주고받는 일에는 마법과 같은 힘이 있다. 캠핑은 사람들과 평소보다 가까운 거리에서 오랜 시간 함께할 수 있게 하며 독특한 방식으로 사람들을 연결한다. 그리고 그 중심에는 팬덤이 있다.

KOA : 캠핑이 갖는 사회적 의미

"캠핑장의 본질은 사회적이라는 것입니다. 캠핑에 참여했을 뿐만 아니라 밤에는 모닥불 주위에 모여 앉아 같은 장소에 있는 전 세계 각지에서 온 친구들을 사귀게 됩니다." KOA의 토비 오루크^{Toby O'Rourke} 회장은 이렇게 말했다. 500개가 넘는 캠핑장을 보유하고 있는 KOA는 북미에서 가장 크고 체계적으로 캠핑장을 운영한다. "캠핑은 로비에 있는 사람들과 대화 한마디 하지 않는 호텔에 가는 것과는 다릅니다. 캠핑장에서는 사람들을 만납니다. 맥주를 마시며 새로운 장비에 대한 이야기를 나누거나 강아지와 노는 등 많은 대화가 오가죠. 우리는 캠핑장을 미국에 마지막으로 남아 있는 작은 도시라 이야기합니다. 그만큼 캠핑장은 매우 편안하고 사회적인 환경입니다."

캠핑장은 친구나 가족뿐만 아니라 서로 만나본 적은 없지만 비슷한 관심사를 가진 사람들과 공공의 거리에서 사회적 거리까지 더 근접한 거리로 가까워지게 만드는 환경이다. 이것이 바로 관계된 모든 사람에게 더 큰 정서적인 의미를 심어주는 팬 문화의 전형이다.

오루크는 캠핑장들이 큰 규모의 그룹으로 캠핑을 즐기는 밀레니얼 세대에 적응하고 있으며 KOA는 그들의 관심을 끌 수 있는 더 많은 요소들을 활용하고 있다고 밝혔다. 현재 KOA 캠핑장에서 가장 인기 있는 구조는 대규모의 캠핑 그룹이 15개 정도의 텐트나 RV 야영지를 합쳐서 한 그룹의 식사 공간 및 캠프파이어 공간으로 사용하는 구조다. 캠핑을 좋아하는 밀레니얼 세대에게 이상적인 구조인 것이다.

밀레니얼 세대에 다가가기 위해 KOA는 소셜 미디어를 통한 마케팅에 초점을 맞춰 그들의 예약을 유도한다. 특히 사진을 이용해 캠핑으로 얻게 되는 인간관계에 대한 이야기를 전한다. "KOA의 연구에 따르면 밀레니얼 세대는 대규모 그룹 캠핑을 즐깁니다. 그래서 그룹 캠핑 사진을 주로 활용합니다." 오루크는 덧붙였다. "우리는 전문 모델을 고용하지 않습니다. 실제 야영자들을 찍죠. 캠핑장을 걸어 다니며 말합니다. "여러분, 사진 좀 찍어도 될까요?" 그리고는 캠핑장에서 캠핑을 즐기고 있는 자연스러운 사람들의 모습을 사진에 담습니다."

RV 업계에서 우리와 이야기를 나눈 모든 사람은 야영할 때 한뜻을 가진 사람들이 가까운 근접성을 가지는 것이 중요하다고 말했다. 실제로 RV 라이프 스타일에서 발견되는 물리적 근접성의 중요성과 모든 연령대가 캠핑을 좋아하는 방식에 대한 깊은 이해와 이에 대한 적응은 전체 산업에 놀라운 결과를 가져왔다. 2008년에 20만 대라는 저조한 매출에서 2017년에는 미국에서만 50만 4천 대의 새로운 RV가 판매되었다. 이는 경기 침체 이전에 판매된 38만 5천 대보다 12만 대나 더 많은 수치다. 여기에는 밀레니얼 세대가 선호하는 작은 팝업 트레일러부터 100만 달러에 이르는 14미터의 디젤 모터 주택에 이르기까지 모든 RV를 포함하고 있다.

자가미는 "성장이 엄청났습니다"라고 말한다. "RV 차량을 빨리 제공할 수가 없을 정도입니다. 6개월에서 9개월 치 주문량이 밀려있고, 제조업체마다 사람이 부족해 구인 광고를 낼 정도죠." 이는 비슷한 관심사를 가진 사람들이 서로 관계를 맺기에 용이한 환경을 제공함으로써 팬을 모아 팬 중심 구조를 구축하고 성장시킨 업계의 노력이 낳은 놀라운 결과다. RV가 보여준 고객과의 근접성이라는 아이디어는 팬덤을 구축하고자 하는 모든 기업이 구현할 수 있으며 그들도 이를 통해 진정한 패노크라시를 창출할 수 있다.

조쉬의 무지개 달걀: 윤리적 소비 의식

조쉬 머레이Josh Murray는 호주 빅토리아의 마케돈 산맥 지역에 위치한 작은 마을 케리Kerrie에서 농장을 운영하는 부모님과 함께 살면서 집안일을 도와 다양한 품종의 암탉 24마리를 돌봤다. 그때 조쉬 나이는 아홉 살이었다. 그의 어머니는 어린 조쉬가 암탉을 돌보는 일을 즐기고 있다는 것을 알고, 조쉬에게 암탉이 나은 달걀을 팔면 이득을 볼 수 있다는 것을 가르쳐주었다. 조쉬는 어머니의 제안이 좋은 아이디어라고 생각해 달걀을 모으기 시작했다. 그리고 이웃을 돌아다니며 12개의 달걀을 4달러에 팔았다.

조쉬는 더 많은 닭을 키우며 주말마다 지역 농산물 시장에 나가 달걀을 팔기 시작했다. "랜스필드Lancefield 시장에서 오전에만 40여 개의 달걀을 팔곤 했습니다. 놀라운 일이었죠"라고 그는 말했다. "몇 달 만에 어머니는 더 많은 닭을 부화시켰고 저는 더 많은 달걀을 얻을 수 있었습니다. 마케돈 산맥 지역 시장은 훌륭했습니다. 매주 토요일이면 시장으로 나갔고 랜스필드, 우드엔드Woodend, 리델Riddell 및 키네톤Kyneton까지 범위를 넓혔습니다."

그 후 조쉬는 이 일을 더 전문적으로 하기로 했다. 첫 단계로 달걀 상자에 붙일 회사의 이름과 상표를 정했다. '조쉬의 무지개 달걀Josh's Rainbow Eggs'이란 이름은 12개의 달걀이 든 상자를 열어본 친구가 파란색, 초록색, 갈색, 흰색, 분홍색 달걀들을 보고는 "무지개 달걀이다"라고 말한 데서 따왔다.

그 당시 조쉬는 1,200마리 이상의 암탉을 소유하고 있었고 이를 관리하기 위해 직원들을 고용했다. 그는 호주산 과일과 채소를 판매하는 대형 시장인 라만나 다이렉트LaManna Direct에서 조쉬의 무지개 달걀을 판매하기 시작하면서 300평의 소매 공간을 확보했고, 이는 사업의 비약적 성장으로 이어졌다. 조쉬가 정통한 기업가로 활동하는 데에 그의 어린 나이는 아무런 방해가 되지 않았다. 조쉬와 그의 어머니가 콜스 슈퍼마켓Coles Supermarkets 본사에서 상품 담당자를 만났던 2014년에 그는 14살이었다. 콜스는 호주 전역에

약 800개의 슈퍼마켓을 운영하고 있는 슈퍼마켓 체인이다.

조쉬는 "매니저는 매우 호의적이었습니다. 우리 지역의 콜스 슈퍼마켓 지점에서 제 달걀을 파는 것에 관해 물었을 때도 그는 전혀 망설이지 않았어요"라고 말했다. "저는 현재 일곱 개의 콜스 지점에 납품하고 있으며 세 개의 울월스Woolworths(호주 최대 슈퍼마켓 체인-옮긴이) 매장과도 거래하고 있습니다. 조쉬의 무지개 달걀은 마케돈 산맥의 거의 모든 슈퍼마켓과 멜버른시의 여러 슈퍼마켓에서 팔리고 있습니다."

2017년 17살의 나이에 조쉬는 멜버른 전역에서 주당 9만 개의 달걀을 판매했다. 그 어떤 평가지표를 봐도 그는 성공한 사업가임에 틀림없다. 그는 다른 곳에서 더 쉽게 달걀을 팔 수 있음에도 여전히 한 달에 한 번 지역 농산물 시장으로 나간다.

달걀은 생필품이므로 조쉬의 달걀이 다른 달걀 공급 업체에 비해 가격대가 훨씬 높다는 것은 사업에 큰 한계점이 되었다. 방목 농장을 운영하는 조쉬는 헥타르당 1,500마리의 암탉을 기르는 반면 다른 농장들은 같은 크기의 농장에서 훨씬 더 많은 암탉을 기를 수 있기 때문이다. 이런 이유로 조쉬의 무지개 달걀은 12개에 7달러까지 가격을 인상했지만 다른 농장들은 여전히 4달러에 달걀을 팔았다. 그런데 소비자들은 왜 3달러를 더 내면서까지 조쉬의 무지개 달걀을 구매하는 것일까? 조쉬는 어떻게 고객들이 팬덤을 형성할 정도로 열정을 키워올 수 있었던 것일까?

그가 아홉 살이었던 사업 시작 초기부터 조쉬는 늘 개인적으로 고객을 만났다. 처음에는 집마다 돌아다니며 이웃들에게 달걀을 팔았다. 그들은 조쉬의 집으로부터 1미터 이내에 있는 이웃들로 모두 젊은 기업가를 만나는 것을 즐거워했다. 몇 년 후 그는 농산물 시장에 초점을 맞추기 시작했는데, 이는 1미터 이내의 개인적 거리 안에서 더 많은 고객을 만날 수 있는 또 다른 기회였다. 매주 수십만 개의 달걀을 팔고 있는 현재까지도 조쉬는 달걀을 판매하는 슈퍼마켓에서 시간을 보내며 팬들과 직접 만나고 있다.

팬덤에서 사람들은 다른 사람들과 감정적 유대관계를 맺는다. 이것은 인간의 타고난 본능이다.

몇 년 동안 매주 고객과 직접 대화를 나눈 경험을 토대로 그는 소비자들이 소위 '윤리적 달걀', 즉 자상하고 다정한 사업 방식에 기꺼이 더 비싼 가격을 지불한다는 것을 알았다. 조쉬는 진정한 방목 방식으로 닭을 기른다. "고객들은 우리가 닭을 올바르게 대한다는 것을 알고 있습니다. 다른 방목형 농장들도 있지만, 사람들은 그들이 닭들을 가둬놓거나 참담한 환경에서 키운다는 것도 알고 있죠. 그래서 우리 농장은 비용이 많이 들어갑니다. 하지만 우리 자신을 위해서, 그리고 고객과 닭을 위해서, 또한 우리 달걀을 판매하는 소매점을 위해서 올바르게 관리하고 있습니다"라고 조쉬는 설명한다.

'윤리적 달걀'은 단지 홍보용 슬로건이 아니다. 이것은 그가 사업을 하는 방식이다. 조쉬는 닭을 키우는 방식을 오픈했다. 경쟁업체들이 법적으로 허용되는 최소한의 범위에서만 '방목 방식'을 수행하고 있는 반면 그는 그보다 훨씬 더 넓은 범위를 사용하며 관련 세부 사항들을 모두 고객에게 공유한다.

"사람들이 달걀을 살 때 4달러짜리 대신 7달러인 저희 무지개 달걀을 선택한다는 것은 비용 면에서의 효용은 고려하지 않는다는 것을 의미합니다. 고객들은 우리가 닭을 어떻게 돌보는지에 대해 지대한 관심을 갖고 있을 뿐 아니라 저와 같은 관점에서 사업을 이해하는 것 같습니다."

온정적인 사업 운영과 투명성은 조쉬에게 분명 훌륭한 사업적 토대가 되었다. 하지만 그의 성공에 가장 핵심적인 요소는 수천 명의 고객과 맺어온 직접적인 관계다. 조쉬가 수많은 고객과 개인적 거리 내에 있었기 때문에 10대 기업가임에도 사업을 크게 성장시킨 팬을 만들 수 있었던 것이다. 조쉬는 팬들로부터 배우고 그들의 이야기에 귀를 기울이며 그에 따라 사업을 수행함으로써 충성스러운 패노크라시를 구축할 수 있었다.

미러링과 팬

지금까지 우리는 팬층을 확보하는 데에 있어 근접한 인간관계가 갖는 중요성을 살펴봤다. 사람들은 쇼보다는 라이브 음악을 더 많이 들으러 간다. 그들은 자신들과 취향이 같은 사람들과의 밀접함을 즐기는 것이다. 스티브 코헨은 자신의 쇼에 온 모든 관객과 직접적이며 개인적인 관계를 맺는다. 그는 5천 회가 넘는 마술쇼를 공연했지만, 쇼를 본 관객들이 쇼에서 얼마나 멋진 경험을 했는지 친구들에게 이야기하면서 입소문을 타 쇼를 홍보할 필요가 전혀 없다. 또한 RV 산업이 그룹으로 캠핑을 하고 싶어 하는 사람들을 끌어들임으로써 10년 만에 시장을 어떻게 두 배 이상 성장시켰는지를 봤다. 그리고 고객들과 개인적으로 만나며 달걀 사업을 성공으로 이끈 10대 사업가와도 이야기를 나눠보았다.

사실 인간은 자신의 주변에 있는 사람들에게 반응하도록 타고났다. 가까이 다가오는 사람들이 괜찮은지 혹은 아닌지를 빠르게 판단하기 위해 무의식적으로 상대를 추적하도록 진화했다. 이러한 기본적인 본능들은 매우 강력해 지하철 플랫폼 같은 곳에서 모르는 사람들과 가까이 있을 때 경계심을 갖게 되는 것이다. 이와 반대로 신뢰할 수 있는 사람들과 가까이 있을 때는 개인적인 관계를 구축하려 한다. 따라서 고객을 4미터 미만의 사회적 거리나 1미터 미만의 개인적 거리 내로 끌어들여 근접성을 구축하면 강한 정서적 유대감을 형성하고 팬을 만들 수 있다.

그렇다면 모든 팬과 직접적으로 개인적인 관계를 맺을 수 없는 기업이나 예술가들은 팬을 만들려면 어떻게 해야 할까? 수천 명의 사람 앞에서 공연하거나 수백만 명의 소비자가 제품을 사용하는 경우에도 우리는 관계의 힘을 이용할 수 있다. 두뇌의 무의식성은 소셜 미디어, 영화, 스크린, 혹은 먼 무대에서 일어난 일이라도 거울신경세포^{Mirror Neuron}를 통해 자신의 경험인 것처럼 반응한다. 거울신경세포는 뇌의 전운동피질과 하두정피질의 세포 그룹이다. 이러한 신경세포는 사과를 베어 물거나, 웃거나, 좋아하는 사람과 가까워지는 등의 특정 행동을 할 때 활성화될 뿐만 아니라 다른 사람이 나와 같은 행동을 하는 것을 지켜볼 때도 활성화된다. 쉽게 말해 주변 사람들이 행복해하고 웃을 때 무의식의 뇌가 자기 자신도 행복하다고 느끼게 해 나도 웃게 되는 것이다.

나는 1년에 수십 번, 종종 수천 명 이상의 사람들 앞에서 강의한다. 하지만 스티브 코헨이 했던 것처럼 사람들을 무대 위로 데려와 개인적 공간 안에 둘 방법은 없다. 대신 강연 중에 몇 번 무대에서 내려와 관객석에 있는 몇 명과 소통한다. 의도적으로 관객의 개인적 공간에 내가 들어가는 것이다. 그러면 거울신경세포의 영향으로 다른 사람이 겪는 경험도 마치 자기 일인 것처럼 느껴 주변 관객들도 내 존재를 느낄 수 있게 된다.

닉 모건 박사는 이것이 마치 연못에 돌이 떨어졌을 때의 잔물결과 같다고 말한다. "간단히 한두 사람과 소통함으로써 관객석의 모든 사람에게 다가가고 진정으로 감동을 주고 감정을 공유할 수 있습니다. 관객에게 다가가 질문을 하거나 견해를 듣고 그중 한 명 옆에 서서 악수하는 등 어떤 식으로든 소통을 한다면 모든 사람이 상호 작용을 하는 것으로 느낄 뿐 아니라 강연장은 갑자기 매우 작고 친밀한 공간이 됩니다."

당신이 어떤 고객과 소통하는 것을 보면
다른 고객들 또한 당신과 소통하는 것처럼 느낀다.

친구와 함께 앉아 식사할 때 당신은 무의식적으로 그들의 행동을 따라 하게 된다. 상대가 와인 잔을 집어 들면 당신은 냅킨을 집어 들 것이다. 상대가 왼쪽을 바라보면 눈의 움직임을 제어하는 뇌의 부위에 있는 거울신경세포로 인해 같은 방향을 바라보게 된다.

우리는 이 흥미로운 개념에 대해 더 알아보고자 UCLA 아만손 러블레이스 브레인 매핑 센터UCLA Ahmanson-Lovelace Brain Mapping Center 경두개 자기자극법 연구소의 소장이자 정신의학 및 생물 행동학 교수인 마르코 야보코니Marco Iacoboni를 만났다. 그는 《미러링 피플: 세상 모든 관계를 지배하는 뇌의 비밀Mirroring People: The Science of Empathy and How We Connect with Others》을 쓴 작가이기도 하다. 야보코니는 이 신기한 개념을 이렇게 설명했다. "제가 당신과 상호 작용할 때 우리는 서로를 다른 두 객체로 나누어 생각합니다. 그러나 실제로 이것은 사람 간의 분열을 막으려고 서로 반대되는 기제를 선택하는 진화의 측면이죠. 특히 대면 상호 작용과 관련해서는 더욱더 그렇습니다. 거울신경세포가 실제로 하는 일은 자기 자신과 다른 사람 사이의 유대를 용이하게 해서 그들이 서로 동전의 양면이 되게 하는 것입니다. 타인과 인간적인 교류를 하는 데에 있어 마법에 가까운 감각을 제공하는 겁니다. 바로 이것이 타인과의 상호 작용의 핵심입니다."

그가 말한 미러링은 바로 맞은 편에 있는 사람에 대한 것만이 아니다. 미러링이 중요한 이유는 강연하거나 화상 회의를 할 때처럼 멀리 떨어져 있는 사람들에 대해서도 뇌가 작동을 한다는 것이다. 때문에 미러링은 소셜 미디어의 긍정적 측면과 부정적 측면 모두를 설명하는 데에도 도움이 된다. 우리는 페이스북이나 인스타그램 게시물의 이미지를 통해 사람들과 관계를 맺을 수 있는데 이는 뇌가 그들의 사진이나 비디오를 통해 그들과 가깝게 느끼도록 하기 때문이다. 이것이 소셜 네트워크에서 사람을 찍은 사진과 비디오가 사람들이 없는 사진이나 단순한 텍스트보다 더 많은 사회적 상호 작용을 가능하게 하고 더 많은 '좋아요'와 공유를 이끄는 이유이기도 하다.

야보코니는 이렇게 설명한다. "소셜 미디어에서 많은 미러링 효과가 일어나기 때문에 미러링을 명확히 이해하는 데 도움이 됩니다. 만약 제가 인스타그램이나 페이스북과 같은 시각적 네트워크에서 당신이 올린 게시물을 본다면 제 두뇌의 창의적 사고 과정이 작동할 것입니다. 이를 통해 저는 당신이 이야기하는 내용뿐 아니라 인간적인 관점에서 당신을 이해할 수 있게 되죠. 하지만 반대로 소셜 미디어에서 이런 대면 연결이 없으면 사람들은 마법과 같은 연대감을 잃게 되고 이는 사람들과 적대적인 관계를 맺기 쉽게 합니다."

나는 미러링의 과학이 라이브 음악 애호가인 내가 콘서트에 열광하는 이유를 설명할 수 있다는 점에서 특히 매료되었다. 야보코니의 설명은 롤링 스톤스의 공연을 떠올리게 했다. 당시 나는 무대에서 한참 떨어진 자리에 있었지만, 믹 재거가 어떤 팬과 손바닥을 마주쳤는데 이는 나까지 흥분하게 만들었다. 야보코니가 이야기한 것처럼 뇌 속에 있는 거울신경세포가 마치 내가 믹 재거와 하이파이브라도 한 것처럼 반응한 것이다.

거울신경세포는 우리가 영화배우나 TV의 등장인물을 '알고 있다'고 느끼는 이유를 설명하는 데에도 도움이 된다. 스크린 가까이에서 그들을 볼 때 뇌는 물리적 근접성으로 인해 우리가 그들의 개인적 공간에 있다고 느끼게 되는 것이다. 이를 통해 사람들은 화면이나 무대에서 보는 배우, 아티스트 및 강연자와 무의식중에 유대관계를 맺게 된다. 이는 자신들이 좋아하는 연예인의 인터뷰나 잡지 기사를 접할 때 팬들이 갖는 긍정적인 반응도 잘 설명한다.

"예술가는 관객석의 모든 사람에게 가까이 다가갈 수 없습니다"라고 야보코니는 말했다. "그러나 몇몇 관객들에게 가까이 다가가는 것만으로도 이들 주변에 있는 사람들, 혹은 더 멀리 있는 관객들에게도 하나가 된 느낌을 줄 수 있습니다. 관객들은 아티스트와 자신 간의 거리나 공간을 메우려고 합니다. 그래서 공연을 볼 때 음악을 연주하는 음악가들에게 공감하려 하죠. 거울신경세포는 이러한 과정에서 매우 중요한 역할을 합니다. 아티스트가 더 성공하려면 자신의 팬들과 그들이 좋아하는 것을 반영하는 상향식 사고가 필요합니다. 그리고 이를 다시 하향식으로 전환해 팬들을 이끌어가는 공연을 해야 합니다."

이제 관객석으로 들어가 몇 가지 질문을 해보자. 그리고 손을 든 사람 중 두어 명에게 다가가 마이크를 건네주며 답을 물어보자. 이런 간단한 행동이 수십 명의 관객의 사회적 공간으로, 소수의 관객의 개인적 공간으로 자연스럽게 들어갈 수 있게 한다. 우리가 거울신경세포를 이해하는 데에 있어 중요한 것은 이것이 타고난 것이라는 점이다. 이는 작동시키거나 무시할 수 있는 것이 아니라 선천적인 것이다. 그러므로 거울신경세포는 기업이 팬을 만드는 데에도 도움이 된다. 고객을 이해하고 그들이 무엇을 필요로 하고 무엇을 원하는지 배움으로써 자연스럽게 기업의 패노크라시를 구축할 수 있다.

셀카: 친밀한 거리로 들어가는 법

브래들리 쿠퍼Bradley Cooper는 엘런 드제너러스Ellen DeGeneres가 진행한 2014년 아카데미 시상식 TV 방송에서 여러 정상급 배우들과 함께 셀카를 찍었고, 이는 〈엘런쇼The Ellen Show〉 트위터 피드를 통해 생중계됐다. 파파라치 사진이 아니었다. 드제너러스와 쿠퍼, 자레드 레토Jared Leto, 제니퍼 로렌스Jennifer Lawence, 메릴 스트립Meryl Streep, 채닝 테이텀Channing Tatum, 줄리아 로버츠Julia Roberts, 브래드 피트Brad Pitt, 루피타 뇽오Lupita Nyong'o, 안젤리나 졸리Angelina Jolie 등 유명 배우들이 우리가 친구들과 하는 것처럼 함께 셀카를 찍은 것이다. 그 장면은 다가갈 수 없는, 다른 세상에 사는 사람이라 여겨졌던 정상급 배우들이 우리와 별반 다르지 않은 현실적이며 친밀한 존재로 느껴지게 했다. 대중에게는 그 모습이 엄청 인간적으로 다가왔다.

이 사진은 팬들 사이에서 너무 유명해져 약 20분 동안 트위터 서버를 다운시켰으며 방송이 끝날 무렵에 가장 리트윗이 많이 된 트윗이 되었다. 셀카 사진은 221,694개의 댓글과 3,390,679개의 리트윗, 2,383,784개의 '좋아요'를 기록했다. 유명인의 인간적인 면모 말고 사람들이 이 순간에 매료된 더 강력한 이유가 있을까?

다른 사람과 함께 셀카를 찍는 것은 타인의 친밀한 공간, 즉 0.5미터 이내의 거리 안으로 들어갈 수 있는 몇 안 되는 기회 중 하나다. 서로 사랑하는 사이가 아니라면 사회적으로 이처럼 다른 사람들과 가까이 있을 기회는 그리 많지 않다. 특히 사진을 찍을 때 몸의 방향을 고려하면 셀카는 매우 중요한 시사점을 갖는다. 두 명 이상의 사람들이 함께 셀카를 찍으려면 서로의 머리를 가까이 맞댄 채 같은 방향을 바라보게 된다. 이 때문에 서로 매우 사적인 공간 안에 머물게 되는 것이다. 또한 같은 방향을 향해 나란히 서 있다는 것은 잠깐이긴 하지만 상대방과 같은 것을 원하고 있다는 강력한 표현이 된다.

어떤 사람들은 셀카를 경박하고 유치한 것으로 생각하지만 그것은 시대에 뒤처진 생각이다. 셀카는 감정을 공유하는 매우 강력하고 직접적인 방법이다. 때문에 유명인에게 셀카를 찍자고 하는 것은 불편하지 않게 그들에게 가까이 다가갈 수 있는 간단한 방법이 될 수 있다. 셀카는 멀게만 느껴지던 좋아하는 작가나 배우, 스포츠 영웅 등에게 친근하게 다가갈 수 있는 좋은 기회다. 이처럼 셀카는 친밀한 근접성의 장벽까지 무너뜨리는 안전하고 즐거운 방법인 것이다.

무엇보다 셀카를 요청하는 일은 굉장히 쉽다. 그들이 거절한다고 해도 손해 볼 것이 없기 때문이다. 나는 만났던 사람들과 셀카를 찍는 것을 좋아한다. 달 표면에 최초로 발을 내디딘 우주 비행사 닐 암스트롱과도 셀카를 찍었는데, 셀카는 이렇게 인생의 한 부분을 기록하기도 한다. 셀카 요청을 받는 사람들에게 한 가지 팁을 주자면, 한 번에 한 사람씩 찍는 것이다. 그렇게 하면 열정적이고 가장 가까운 영원한 내 편인 팬을 만들 수 있다.

한번은 대통령 후보에게 셀카를 찍자고 요청한 적이 있다. 그녀는 셀카를 찍으려고 기다리고 있던 수십 명의 부탁을 멋진 방법으로 들어주었다. 자신이 상대의 핸드폰을 직접 들고, 최고의 각도를 찾아 직접 사진을 찍은 것이다. 그녀는 스마트폰 사용에 능숙했고, 셀카를 찍는데 한 사람당 7초가 채 안 걸렸다. 긴장한 팬들이 핸드폰을 더듬거리며 셀카를 찍는 것보다 훨씬 짧은 시간에 많은 사람들과 셀카를 찍는 좋은 방법이었다. 누가 이런 효율적인 셀카 전략을 갖고 있는 것일까?

그렇다. 힐러리 클린턴이다. 그녀에게 셀카 전략에 관해 물었을 때, 그녀는 지난 수년 동안 수만 장의 셀카를 찍었다고 말했다. 셀카를 찍음으로써 자신을 기다리는 수많은 사람을 빠르게 만족시키는 동시에 지지자들에게 소셜 네트워크에 공유할 수 있는 소스를 제공한 것이다. "힐러리 클린턴이 직접 이 사진을 찍었대!" 이는 매우 유쾌하고 재미있는 팬 구축 기술이다.

오늘날 우리는 페이스북 같은 소셜 네트워크에서 친구들과 소통하는 것과 실제로 내 옆에 앉은 사람들과 소통하는 것의 차이를 비교할 수 없게 되었다. 물론 우리가 살고 있는 거대한 사회적 실험에서 모바일 기기를 이용하는 것에는 아직 한계가 있지만 그럼에도 불구하고 이는 매우 강력한 영향력을 갖는다. 가까이 다가가거나 가까이 머물 수 없는 사람들과 근접성을 공유함으로써 팬덤을 구축할 수 있게 된 것이다.

5

★

당신의 창작물을 놓아버려라

by 레이코

맨해튼의 첼시 인근에 있는 개조된 창고에서 나는 숲을 발견했다. 나무가 울창한 숲을 향할 때 스산하게 휘몰아치는 안개가 나의 시야를 가렸다. 달빛처럼 푸른 그림자 너머로 무언가가 움직였고, 다른 편 출입구, 다른 편 홀에서 나를 바라보던 사람들의 가면이 아주 잠깐 보였다가 이내 사라졌다. 그렇게 나는 숲 속에 홀로 남겨졌다. 나는 이 꿈 속 같은 장소에서 침묵하며 잠시 쉬고 있었다. 음악소리가 점점 커질 때까지 움직이지 않고 서 있었다. 그리고 이제 움직일 때가 되었다고 느껴졌을 때 낯선 감촉과 냄새, 소리로 가득한 미로의 더 깊숙한 곳으로 걸어 들어갔다.

〈슬립 노 모어Sleep No More〉는 셰익스피어의 4대 비극 중 하나인《맥베스Macbeth》를 1930년대의 시대적 배경에 맞게 각색한 대표적인 이머시브 시어터Immersive Theater(관객 참여형 또는 관객 몰입형 공연-옮긴이)다. 영국 극단 펀치드렁크Punchdrunk는 맥키트릭 호텔McKittrick Hotel의 다섯 개 층을 숲과 묘지, 개인 침실과 가게, 그리고 정신병원과 무도회장으로 개조했다. 공연은 호텔 건물 전체에서 동시에 진행되며 관객들에게는 가면이 주어지고 그들이 원하는 이야기의 한 부분을 스스로 알아서 따라가게 한다. 전체 이야기는 처음부터 끝까지 매일 밤 세 번 반복되므로 관객은 한 장면을 각기 다른 각도에서 보거나 다른 층에서 다른 줄거리를 볼 수 있다. 간혹 가짜 문 뒤에 숨겨진 밀실에 갇혀 길을 잃을 수도 있다.

그날 밤 나는 비틀거리며 급히 계단을 내려가는 한 사람을 봤다. 그는 두 발자국 내딛었다가 네 발자국을 물러서는 식의 광적인 춤을 추고 있었다. 그리고는 냄새를 맡은 사냥개처럼 급히 움직였고 나는 무언가에 홀린듯 그를 따라 달려갔다. 그는 누구였을까? 뱅쿼Banquo? 맥더프Macduff? 어렴풋이 기억나는《맥베스》의 내용을 더듬어가며 마지막 문을 통해 어둑한 방으로 들어가는 그를 따라갔다. 그를 따라 방으로 들어간 나는 잠시 멈춰섰다. 연회장으로 꾸며진 방은 천장이 높았고 많은 수의 손님을 수용할 수 있을만큼 넓었다. 그는 무대에 놓인 테이블 위로 올라가더니 모여 있는 사람들을 향해 앉았다. 그제야 나는 꿈 속이 아니라 연극을 보고 있었다는 것을 알아차렸다. 그들은 배우였고, 그 모든 것은 무대였으며, 밤새도록 보았던 사람들은 가면을 쓰고 내 주위에 몰려 있던 관객들이었다.

그리고 문득 내가 보고 있던 것들이 무엇인지 깨달았다. 《맥베스》의 클라이맥스와 각각의 이야기들은 피날레로 향하고 있었다. 문제는 내가 이 장면을 처음에 놓쳤다는 것이다. 책으로 두 번이나 봤던 장면들이었기 때문에 그 일이 이미 일어났다는 것을 알았다. 공연을 탐험하는 중에 이 결정적인 마지막 장면을 놓친 것이다. 맥베스의 죽음, 어떻게 이 장면을 놓칠 수 있단 말인가? 내가 목격하지 못한 다른 장면들은 무엇일까? 구성했던 일련의 사건 지도가 무용지물이 되고 말았다.

〈슬립 노 모어〉: 개인적 해석을 추구하다

그 순간, 나는 이 연극을 경험하려고 노력하고 있다는 사실을 깨달았다. 그동안 브로드웨이에서 처음부터 끝까지 단 한순간도 놓치지 않으려 애쓰며 봐왔던 수많은 다른 연극들처럼 말이다. 그러나 〈슬립 노 모어〉는 이 같은 경험을 지향하지 않았다. 물론 다른 공연들처럼 많은 관객들에 둘러싸여 있었지만 관객들은 각자 자유롭게 움직이고 소통하고 탐색할 수 있었다.

지금껏 나는 마치 이야기에서 단 하나의 답을 찾는 것이 직업이기라도 한 것처럼 공연을 봤다. 하지만 이런 방식은 이 연극에서는 결코 효과적이지 않았다. 너무나 많은 이야기의 맥락과 너무나 많은 새로운 발견이 있었기 때문이다. 연극이 끝날 때 이야기가 마무리되는 느낌을 갖지 못한 채 연회장으로 꾸며진 무대를 빠져나왔지만, 찝찝함보다는 새로운 것이 시작되는 흥분을 느꼈다. 관객들이 흩어지고 이야기가 다시 새롭게 시작될 때 나는 또 다른 배역을 관찰하기 위해 탐색에 나섰다. 오늘 밤, 한 작품을 경험할 수 있는 방법이 무수히 많다는 것을 알게 된 나는 이야기를 새롭게 경험하고 직접 찾아낼 수 있다는 점에 무척 흥분해 있었다.

〈슬립 노 모어〉는 관객들이 직접 가장 흥미롭고 신비로우며 아름다운 것들로 자신의 경험을 만들어가고자 하는 욕구를 자극하고 충족하는 데에 능숙했다. 그들은 관객이 옆에 있다는 것을 모른 척하지 않았고, 관객이 극을 보고 극에 참여하고 있다는 것을 잊지 않았다. 모든 장면을 다 볼 수 없었음에도 손해보는 느낌이 들지 않았던 것은 어떤 특정한 하나의 방식으로 이야기를 즐겨야 한다고 강요하지 않았기 때문이다. 오히려 관객에게 호기심을 가져야 한다는 특권, 즉 다음에 무엇을 찾아야 할지 직접 생각하고 해석하고 선택할 수 있는 자유를 줬다.

〈슬립 노 모어〉의 성공은 많은 제작자들이 간과하고 있는 아이디어에서 비롯되었다. 이 탁월한 아이디어는 하나의 작품에서 전혀 다른 경험을 할 수 있도록 한다. 〈슬립 노 모어〉의 각기 다른 장면에는 극 전반의 퍼즐을 맞출 수 있는 각각의 단서들이 들어 있는데, 이것이 관객을 극장으로 끌어들이고 극을 통해 관객이 더 많은 경험을 할 수 있도록 만든다. 극에 대해 생각하고, 다른 사람들과 이야기를 나누며 새로운 시각으로 극을 탐색하도록 한 것이다. 그들은 관객에게 처음과 끝이 있는 정적인 연극이 아닌 일종의 놀이터를 만들어 준 것이다. 이처럼 〈슬립 노 모어〉의 신경은 온통 관객에게로 향해 있다.

맥키트릭 호텔에 처음 들어섰을 때 나는 평범한 극단을 예상했다. 그러나 그곳을 떠날 때는 온갖 질문과 아이디어, 무엇보다 넘치는 경외심을 갖게 되었다. 예술 작품이 다른 사람에게 영감을 불러일으키는 것은 결코 사소한 일이 아니다. 나는 내가 본 것과 보지않은 것에 대해 이야기하고 싶었고, 원작인《맥베스》와 연극을 비교해보고 싶었으며, 지난 작품에 대한 나의 견해가 어떻게 바뀌었는지에 대해 생각해보고 싶었다. 말하자면 나는 상호 작용을 원했다. 〈슬립 노 모어〉의 성공 요인은 소비자의 이런 욕구를 충족시키고 관객이 갖고 있던 다양한 지식의 토대 속으로 더 깊이 파고들고자 했다는 데에 있다. 이를 통해 그들은 그들만의 관객, 즉 팬을 얻은 것이다.

〈슬립 노 모어〉가 다른 연극들과 차별화한 점은 단지 관객이무대를 돌아다니도록 한 것뿐만이 아니다. 극에서 관객들은 서사의중요한 역할을 맡고 있다. 관객들이 작품의 줄거리를 다양한 각도에서 경험하는 동안, 배우들은 각기 다른 방식으로 극의 전개를 해석하는 관객들에 주의를 기울이면서 그들이 움직이는 방식과 행동에 반응한다. 관객이 극을 통해 갖게 되는 다양한 경험을 관찰함으로써 창작자들 또한 작품을 더 깊이 있게 이해하게 되는 것이다. 이는 그들의 일을 더 새롭고 높은 수준으로 끌어올려주고, 그들의 말처럼 극의 구성을 더 탄탄하게 만든다. 관객이 갖는 이러한 자유는 연극에 대한 나의 경험도 심화시켰다. 셰익스피어에 대한 이해를 높였을 뿐 아니라 개인적으로 연극을 보는 방식에 대한 이해 또한 깊어졌다. 극단은 이를 가능하게 하면서 관객들을 안내하지만 결코 통제하지 않는다.

> 팬에게 의미하는 바를 파악함으로써
> 작품에 대한 이해도를 높일 수 있다.

모든 작품은 그것이 개인적 창작물이든 전문적 창작물이든 다른 사람의 관점에서 볼 때 가장 큰 통찰력을 얻을 수 있다.

팬 픽션이란 무엇인가?

나는 내가 팬 픽션 작가인 것이 자랑스럽다. 내가 자랄 때는 온라인 세계에 빠져들기 쉬웠다. 현재 아카이브 오브 아워 오운Archive of Our Own, AO3에는 2만 5천 개의 팬덤과 300만 건 이상의 작품이 있다. AO3는 팬들이 쓴 작품을 게시하고 댓글을 달고, 공유할 수 있는 가장 큰 팬 픽션 공유 웹 사이트 중 하나다. 팬들이 팬들을 위해 운영하는 이 사이트는 팬덤, 장르, 순위 또는 수백 개의 다른 카테고리로 이야기를 검색할 수 있는 팬 픽션 도서관 같은 역할을 한다.

나는 〈해리 포터Harry Potter〉 시리즈를 사랑하는데, 호그와트를 절대 떠날 수 없게 만드는 수많은 이야기들이 여기에 있다. 헤르미온느의 눈으로 책을 다시 한번 읽거나 해리가 졸업한 후 무엇을 했는지 볼 수 있다. 나 역시 여기에 직접 이야기를 쓰기 시작했다. 내가 상상한 마법 체계가 어떻게 작동하는지, 그리고 캐릭터들이 볼트모어를 무찌르는 다양한 방법들에 대한 것들이다. 내가 쓴 이야기는 하나의 장편 소설이 되었는데, 〈해리 포터〉 시리즈 일곱 번째 책《해리 포터와 죽음의 성물》에서 드레이코 말포이가 볼트모어에 대항하는 불사조 기사단의 스파이였던 부분을 제외하고 이야기를 전부 재구성했다. 하지만 다른 사람들이 주말에 무엇을 했는지 물을 때면 주말 내내 기숙사 문을 닫아걸고 온종일 글을 썼으면서도 대충 "글 썼어"라고 얼버무렸다. 이를 설명할 때마다 사람들은 알 수 없는 표정을 지으며 고개를 갸우뚱거렸기 때문이다.

어떤 작가들은 팬 픽션이 매우 하찮은 것이며 심지어 그들의 경력에 악영향을 끼친다고 생각한다. 작가들이 팬을 통제하려는 사례는 많다. 그들은 심지어 감히 자신의 작품을 변형하는 방법으로 상호 작용한다며 독자를 비하하기도 한다. 〈뱀파이어 연대기Vampire Chronicles〉 시리즈의 저자인 앤 라이스Anne Rice는 이렇게 말했다. "제가 만든 캐릭터들로 팬 픽션을 만든다는 생각만 해도 끔찍하고 화가 납니다." 이후 그녀는 그녀의 모든 팬 픽션을 온라인 팬픽 플랫폼인 팬픽션넷fanfiction.net에서 삭제해줄 것을 요청했다. 또 다른 판타지 작가인 로빈 홉Robin Hobb은 "제가 읽은 모든 팬 픽션은 팬 픽션을 쓰는 사람의 약점을 보완하기 위해 신중하게 작업한 작가의 작품을 바꾸는 데에만 초점이 맞춰져 있었습니다. 작가로서 기분 좋은 일은 아니죠. 아주 모욕적입니다"라고 했다.

심지어 작가가 직접 오해를 바로잡기 위해 자신의 작품에 대해 언급할 때도 팬들이 마음대로 생각하지 못하도록 방해하기도 한다. 〈해리 포터〉의 저자인 조앤 K. 롤링J. K. Rowling은 작품을 모두 끝낸 후 인터뷰에서 그녀의 작품 속 덤블도어 캐릭터가 동성애자였다고 밝혔다. "이 책이 사람들을 그렇게 행복하게 할 줄 알았다면 진즉 발표했을 거예요"라고 그녀는 말했다. 하지만 그녀가 작품 속에서 이를 분명히 하지 않았다는 점은 흥미롭다. 나는 독자들이 그런 관점에서 그녀의 캐릭터를 완전히 이해할 수 있도록 하는 그 어떤 단서도 발견하지 못했기 때문이다. 대신 그녀는 책 속의 이야기보다 자신의 말이 더 의미 있는 것처럼 행동했다.

그럼에도 나는 여러 해 동안 허구의 인물들의 내면의 악마를 드러내는 데에 수없이 많은 시간을 보냈다. 물론 온라인 커뮤니티에서는 가명을 사용해서 내가 글을 쓰고 있다는 것을 현실 속 실제 친구들에게는 모르게 했지만 말이다.

고전 작품이 현대판으로 재탄생하다

팬 픽션은 사람들이 생각하는 것보다 훨씬 흔하다. 아마도 이 책을 읽고 있는 당신도 팬 픽션으로 분류될 만한 작품을 읽어본 적 있을 것이다.

'에버니드The Aveneid'는 고대 그리스 시인 호메로스Homeros가 트로이 전쟁을 주제로 쓴 서사시《일리아드The Iliad》의 작은 캐릭터 들을 가져와 자신의 이야기에 붙여 넣은 버질Virgil(고대 로마 최고의 시인 베르길리우스의 영어 이름-옮긴이)의 팬 픽션이다. 많은 팬 픽션들 이 이런 식으로 만들어진다. 독자나 관객에게 많이 알려지지 않은 캐릭터를 가져와 원문의 내용과 상상력을 이용해 캐릭터의 서사를 확장하는 것이다. 버질이 그의 시에서《일리아드》와《오디세이The Odyssey》를 언급하면서 그랬던 것처럼 작가들은 그들이 사랑하는 캐 릭터들을 정설이나 원문에 맞추기 위해 주의를 기울인다.

단테스 인페르노Dante's Inferno 게임은 신화를 다루는 동시에 자기 삽입 소설Self-insert fic(저자를 대변하는 가상의 인물을 만들어 저자가 소설에 직접 캐릭터로 등장하는 소설-옮긴이)의 한 예다. 소설 속 등장인 물인 단테는 시인 버질의 작품을 만나 지하 세계로 들어간다. 마블 Marvel 영화에 카메오로 등장하는 마블 코믹스를 창조한 스탠 리Stan Lee부터 드라마〈커브 유어 엔수지애즘Curb Your Enthusiasm〉의 작가이자 출연배우인 래리 데이비드Larry David에 이르는 예에서 보듯이 요즘 작가들 또한 이런 방법을 사용한다.

뮤지컬 〈웨스트 사이드 스토리West Side Story〉는 셰익스피어의
《로미오와 줄리엣Romeo & Juliet》의 현대판Modern-Day Alternative Universe(팬
덤에서는 약칭 'AU'로 통용)이다. 가문 간의 분쟁과 비운의 연인이 벽
돌과 금속으로 가득한 현대의 도시 공간으로 이동한 것이다. 최근
에는 《셜록 홈즈Sherlock Holmes》의 현대판 버전이 다양한 TV 드라마
로 나왔다. 아서 코난 도일Arthur Conan Doyle의 빅토리아 시대 배경에
서 등장인물들을 요즘 시대로 옮겨온 것이다. 영국 BBC 〈셜록〉, 미
국 CBS 〈엘리멘트리Elementary〉, 폭스의 〈하우스House〉가 그 예다.

팬덤에서 볼 수 있는 다른 AU는 유비쿼터스 커피숍 AU부터
과거 배경의 섭정 시대 AU나 대학 AU까지 다양하다. 만약 《로미오
와 줄리엣》이 온라인 데이팅 앱인 틴더Tinder에서 만났다면 이야기
는 어떻게 바뀌었을까? 셜록 홈즈가 대학에서 물리학 수업을 듣는
다면 어떤 모습일까?

뮤지컬 〈해밀턴Hamilton〉은 미국 건국에 있어 중요한 역할을
한 사람들의 인종을 바꾸어 각색했다. 이 작품은 역사적 오류로 혹
평을 받기는 했지만, 퓰리처상은 미국의 역사와 현대의 갈등에 대
한 견해를 밝히고자 등장인물과 시대적 배경을 자유롭게 바꾼 측
면을 높이 평가했다. 미국 건국의 아버지이자 초대 재무장관이었
던 알렉산더 해밀턴Alexander Hamilton의 일대기를 그린 작품으로 뮤지
컬에서는 캐리비안에서 사생아로 태어난 크리올인(서인도 제도나 남
미 초기 정착민의 후예로 유럽인과 흑인의 혼혈인-옮긴이)으로 등장한다.
이 뮤지컬을 연출한 린마누엘 미란다Lin-Manuel Miranda는 자신의 이야

기에 주로 유색 인종을 등장시킴으로써 많은 사람들이 여전히 자신만의 시각과 해석이 담긴 아메리칸 드림을 쫓아 미국으로 들어오고 있음을 보여준다. 미란다는 과거사의 팬으로 자신의 작품에 주로 역사를 이용하지만, 이를 자신이 살고 있는 현재의 시점으로 바꾸는 것을 좋아한다.

> 작가가 만든 세계를 자유롭게 소유할 수 있는 팬들은
> 작가가 결코 불가능하다고 생각했던 영역으로
> 작품을 확대해간다.

푸에르토리칸(푸에르토리코 사람으로 푸에리토코는 카리브해 대앤틸리스 제도에 위치한 미국 자치령-옮긴이) 부모의 아들로 자란 미란다의 삶은 미국 역사에 대한 그의 시각에 영향을 미쳤고, 이것이 〈해밀턴〉으로 이어진 것이다. 팬 픽션을 쓰는 많은 다른 작가들 또한 이와 같다. 그들은 개인적 경험과 신념을 이용해 정설을 이해하고 이에 대해 논평하고 탐구하며 생각을 공유한다. 등장인물의 인종을 바꾸거나 시대적 배경을 바꾸어 과거의 사람들이지만 커피숍에서 이야기를 나누게 하는 것이다.

팬이 작품의 일부를 소유한다고 해서 창조자로부터 권력을 빼앗아 오는 것은 아니다. 이것은 제로섬 게임이 아니다. 오히려 이해의 단계를 변형시키고 추가함으로써 팬들은 원작의 범위를 확대해 더 나아가게 하고 이전보다 더 많은 사람들을 끌어들인다.

〈체크, 플리즈!〉: 만화, 그 이상의 것

북적거리는 재비츠 센터Javits Center에서 열린 '2017 뉴욕 코믹 콘'은 전시 공간 사이로 끊임없이 돌아다니는 코스프레한 팬들로 붐비고 있었다. 나는 동경하던 작가를 만나기 위해 길게 늘어선 줄 뒤에 서서 그녀를 기다리고 있었다. 나는 응고지 유카츠Ngozi Ukazu의 글과 그림을 좋아한다. 또한 그녀가 팬들과 다양하게 상호 작용하는 방식에 열광했다.

유카츠는 파이 굽는 것을 좋아하고 확인하는 것을 무서워하는 대학 하키 선수 에릭 비틀Eric Bittle을 주인공으로 하는 웹툰 〈체크, 플리즈!Check, Please!〉의 작가다. 웹툰은 에릭이(팀원들은 그를 비티Bitty라고 부른다) 팀에 가까워지고 아이스하키 기술을 연마하고 팀의 주장인 잭과 사랑에 빠지는 몇 년 동안의 이야기를 들려준다. 그녀는 퍼스트 세컨 북스First Second Books와 두 권으로 된《체크, 플리즈!》의 출판을 계약했고, 첫 번째 책은 2018년에 출간되었다. 나오는 즉시 베스트셀러가 될 것이라고는 생각지 않았지만 그녀의 두 번째 책은 크라우드 펀딩 서비스 킥스타터Kick Starter 만화 부문에서 가장 많은 모금액을 기록했다. 모금을 시작한지 한 시간 만에 10만 달러 이상을 모았고, 총 25만 달러 이상을 모금했다. 또한 패트리온Patreon 구독 플랫폼에 1,500명이 넘는 후원자가 있다.

나는 코믹 콘에서 그녀를 만나기 위해 기다리고 있는 많은 사람 중 하나였다. 그녀의 만화는 왜 그토록 인기가 높은 것일까?

112

유카츠는 팬들과 교류하는 것과 팬들 스스로 확산되도록 하는 것 사이의 그 어떤 완벽한 지점을 발견한 것 같았다. 그녀는 밀레니얼 세대의 관심을 끌만한 게이나 레즈비언, 피부색이 다른 사람들, 사이코, 로맨스, 유머로 가득한 이야기들을 끌어내는 데에 탁월했다. 자신의 작품이 다른 사람들에게 창의성을 불러일으킨다는 것을 잘 알고 있으며 이를 더욱 고무시키는 데에도 능숙했다.

유카츠는 작품을 통해 팬과 교류할 때 멀티 미디어 방식을 사용한다. 우선 만화를 자신의 웹 사이트에 게시한다. 동시에 블로그를 통해 팬들과 교류하고 블로그와 소셜 네트워크 서비스를 결합한 마이크로블로그 플랫폼 텀블러Tumblr에 업데이트한다. 이뿐만 아니라 만화를 연재하는 동안 캐릭터인 '비티'의 트위터 계정도 운영한다. 팬들은 그녀의 게시물에 댓글을 달거나 리트윗하고, 블로그를 하면서 유카츠의 세계와 소통한다. 그녀는 《엔터테인먼트 위클리》와의 인터뷰에서 "이야기가 전개되고 독자들과 상호 작용하면서 제 웹툰에는 다채로운 서사가 더해집니다. 이를 통해 사람들은 비티를 진짜처럼 느끼게 되는 것이죠"라고 말했다. 상호 작용으로 만들어진 가슴 따뜻한 이야기가 〈체크, 플리즈!〉의 팬덤을 빠르게 성장시켰다. AO3에는 6천 개가 넘는 〈체크, 플리즈!〉작품들이 있으며 텀블러와 트위터 등의 플랫폼에는 팬들이 그린 더 많은 작품들이 있다.

긴 줄을 서면서, 그리고 그녀와 이야기를 나누면서 나는 그녀가 작품이나 팬들과의 교류에서 느끼는 진정한 기쁨을 지켜봤다.

줄을 서 있던 누구도 그녀가 각각의 팬에게 시간을 더 쓰는 것에 개의치 않았다. 그들 모두 그녀와 시간을 가질 수 있다는 것을 잘 알고 있었기 때문이다. 그녀는 친절하고 상냥했다. "누구를 그려드릴까요?" 그녀는 펜을 집어들면서 물었다. 나는 가장 좋아하는 캐릭터인 켄트Kent를 그려달라고 했다. 그녀가 스케치하는 동안 우리는 북동부의 학교와 생활에 대해 이야기를 나눴다.

수년간 자신을 좋아하는 팬들에 대해 호기심을 갖고 전시장에서 직접 팬들과 만나고 교류하며, 또한 온라인에서도 소통하면서 유카츠는 팬들이 무엇을 좋아하고 싫어하는지를 정확히 이해하게 되었다. 그녀는 팬들과 대화하면서 전에는 생각지도 못했던 것들을 알게 되었고, 이를 통해 통찰력을 얻으면서 실수를 할 때면 즉시 만회한다. 그 결과 그녀 자신과 팬들이 자랑스럽게 여길 만한 더 좋은 작품들을 만들어냈다. 그녀는 팬들과 함께 공통의 관심사를 나누며 관계를 맺고 자신만의 패노크라시를 구축한 것이다.

유카츠가 〈체크, 플리즈!〉를 그리면서 가장 잘 한 일은 팬덤의 변화를 알아채고 이를 적극 장려했다는 것이다. 팬이 그녀가 만든 작품 자체를 바꾸는 일이 있었음에도 그녀는 팬들이 그녀의 세계에 적극적으로 참여하도록 했을 뿐 아니라 이를 무척 반겼다. 팬덤의 작동 방식에 대한 그녀의 깊은 이해는 자신의 만화를 기반으로 하는 팬들의 독립적인 작업에 대한 그녀의 지식에서 비롯되었다. 그녀는 자신의 작품에 대한 팬들의 해석이나 헤드캐논Headcanons (작품 속 캐릭터의 성향과 캐릭터 간의 관계 등에 대한 팬의 개인적 해석-옮긴이)에 대해 토론하는 것을 즐거워한다. 그래서 그녀의 팬들은 자신만의 이야기를 만들면서 자연스럽게 〈체크, 플리즈!〉의 팬덤을 키워나갈 수 있었다.

유카츠는 《댄오브릭》과의 인터뷰에서 팬덤과 '건강한 관계'를 찾아가는 데에는 시간이 걸렸다고 말했다. "작가들에게 줄 수 있는 가장 중요한 조언은 팬덤을 그냥 내버려두라는 것입니다. 감사하게 생각할 수는 있지만 통제하려고 해서는 안 됩니다. 독자들 또한 마찬가지입니다. 독자들도 헤드캐논이 정설이 될 수는 없다는 것을, 또한 캐릭터들은 작가에게 속해있음을 이해해야 합니다. 이게 전부입니다. 한쪽이 다른 한쪽을 통제하려 하는 순간 관계는 망가지기 시작합니다." 이는 어떤 관계에서도 마찬가지다.

개조 자동차와 랜드 로버

아버지는 어린 나를 클래식 자동차 쇼에 데려가곤 했다. 그는 개조한 1973년산 랜드 로버Land Rover 시리즈 Ⅲ 88 하드톱을 소유하고 있었다. 여름이면 그 차를 윤이 나도록 닦은 후, 수십 대의 오래된 트럭들이 늘어선 곳으로 운전해가곤 했다. 그곳에서 아버지는 당시 6살이었던 나를 자신의 어깨에 목마를 태운 채로 다른 차들 사이를 돌아다니며 각각의 차에 대한 역사를 설명하고 비슷한 점과 다른 점들을 짚어냈다.

아버지는 2차 세계대전 이후 영국에서 만든 브랜드인 랜드 로버의 지나온 궤적을 누구보다 잘 알고 있었다. 당시에는 강철이 배급되었기 때문에 초기 모델의 차체가 알루미늄과 마그네슘 합금으로 만들어진 수제품이라고 했다. 또한 초창기 차량은 군사 물량인 항공기 조종석 페인트의 잉여분인 연녹색으로만 칠했다고 설명해줬다. 물론 나는 아버지가 말하는 것 대부분을 이해하지 못했지만 그가 다른 사람들과 랜드 로버 브랜드에 대해 이야기 나누는 걸 지켜보는 것이 좋았다. 누군가 트럭 문을 열고 차 내부를 보여줄 때면 그의 눈에서 빛이 났고, 그들을 자신의 차로 초대하곤 했다.

랜드 로버 역사의 미묘한 차이부터 브랜드를 회복한 구체적인 사항에 이르기까지 빈티지 랜드 로버에 대한 아버지의 애정은 큐레이터의 관점과 다르지 않았다. 이는 랜드 로버 팬덤의 많은 이들이 말하는 전시형 팬덤이다. 그가 관심을 갖는 것들은 랜드 로버 마케팅 부서의 관심사와는 거리가 먼 것이겠지만 여전히 세부적이고 복잡한 이름, 날짜, 숫자들에 관련되어 있었다. 이 클래식 자동차들이 쇼에서 평가를 받을 때는 원형과 복원 관리까지 정확하게 점수가 매겨진다. 박물관의 소장품처럼 팬들은 원형 그대로의 차량을 주의 깊게 관리한다. 실제로 이는 산업 전반에서 행하는 마케팅 방식으로 기업에서 초점을 맞추고 있는 부분이다. 대표적으로 액션 피규어, 야구 카드, 자서전 등이 있다.

반면에 자동차 팬덤에는 차량 개조 분야를 좋아하는 자동차 애호가들도 많이 있다. 그들은 기본 차체에서 시작해 부품을 분해하고 원래의 차량 모델과는 다른 형태로 재조립해서 개조 차량을 만든다. 예를 들어 남부 캘리포니아의 오래된 로우라이더(차대를 낮춰서 개조한 차-옮긴이) 커뮤티니는 쉐보레Chevrolet 자동차를 재조립해서 아름답고 전통적인 형태로 재구성한다. 그러나 이런 차량 개조는 쉐보레가 하는 일과는 무관하다. 이것이 바로 개조형 팬덤이다. 이 팬덤은 특정 개조 작업에서 영감을 받아 새로운 것을 만들어 내고 개조하는데, 자동차의 경우 제작과 변형을 의미한다. 이외에도 팬 픽션, 팬 아트, 팬 편집 비디오, 패러디 곡 등 다른 여러 분야에서 다양한 형태로 적용된다.

원재료가 되는 품목과 상호 작용하는 방법을 팬들이 이해하는 것이 비즈니스의 핵심이다. 물론 전시형 혹은 개조형 팬덤이 특히 우수하다는 것은 아니다. 그들 각기 다른 시장의 요구가 있는 것이다. 전시형 팬덤은 기업이 잘 이해하고 있는 분야이며 실제로 이들이 마케팅하는 측면이기도 하다. 그러나 양쪽 모두를 활용하는 것이 훨씬 강력한 방법이 될 수 있다.

독자의 소리

프랑스의 철학자이자 언어 학자이며 비평가인 롤랑 바르트Roland Barthes는 1967년에 《저자의 죽음la mort de l' auteur》이라는 제목의 글을 썼다 (실제로 프랑스어 원제인 《저자의 죽음》은 《아서왕의 죽음Le morte d' Arthur》

의 언어 유희로 아서왕 이야기에 대한 토마스 말로리Sir Thomas Malory 경의 문학적인 팬 픽션 작품을 참조하고 있다). 이 글에서 바르트는 저자를 대화의 중심에 두는 당시의 지배적인 비평 풍조에 반기를 들었다. 글의 의미는 저자의 것이 아니라는 것이 그의 주장이었다. 독자는 각기 다른 배경에서 작품을 해석하는 자신만의 맥락을 갖고 있기 때문에 저자는 작품이 대중에게 공개되는 즉시 글의 의미에 대한 통제력을 잃게 된다. 글의 의미란 책 한 장에 담긴 단어들에 대한 개인적인 반응인 것이다.

> 당신이 예술 작품, 상품, 또는 서비스를 세상에 내어놓는 순간, 그것은 이제 온전히 당신 것이 아니다.

더 나아가 '독자의 반응' 운동을 위해 일하는 문학 이론가 스탠리 피쉬Stanley Fish는 독자 없이는 글이 존재하지 않는다고 말한다. 피쉬는 해석적 커뮤니티, 즉 독자의 주관적 경험과 영향이 궁극적으로 글의 해석을 이끈다고 주장한다. 만약 당신이 페미니스트 이론가거나 CGIComputer Generated Imagery(컴퓨터 영상합성기술–옮긴이)에 관심이 있거나 혹은《아서왕 전설Arthurian legend》부터《반지의 제왕The Lord of the Rings》에 이르는 서양 판타지에 대해 상세히 알고 있는 사람이라면〈왕좌의 게임Game of Thrones〉과 같은 TV 드라마의 각 에피소드를 전혀 다른 방식으로 경험할 수 있는 것이다. 독자들은 각자의 경험에 따라 여러 커뮤니티에 동시에 참여할 수 있으며 이런 커뮤니티들은 지속적으로 변화한다.

팬덤은 작품에 대한 각기 다른 해석들을 공유하는 하나의 경로인 것이다. 사람들은 팬 픽션을 통해 문학적 분석에 대한 각자의 의미나 해석을 다른 팬들과 서술적 형식으로 공유하고 즐기는 것이다. 린마누엘 미란다가 이민과 인종이라는 소재를 통해 미국 역사에 대한 자신의 통찰을 공유한 것처럼 팬들은 AO3에 이야기를 올려 자신들이 세상을 보는 방법으로 작품의 해석을 공유한다. 공유가 자유롭게 이루어지는 환경은 좋아하는 작품을 다른 사람의 시각을 통해 자신의 시각을 심화시키고 변형시킬 수 있는 기회를 제공한다.

팬 픽션과 일리아드에서《맥베스》,《프랑켄슈타인Frankenstein》에 이르는 작품들을 재구성한 글의 차이는 무엇일까? 스토리에 있는 것일까, 아니면 이야기하는 사람이 누구냐에 달려 있는 것일까?

온라인에 작품을 올리는 팬 픽션 작가들은 주로 여성들이다. AO3의 자체 설문 조사에 따르면 성소수자(6%)의 수가 남성(4%)보다 많았다. 그다음으로 구성원의 대다수를 차지하는 전문 크리에이터로는 이성애자인 백인 남성이 가장 많았다.

서던캘리포니아 애넌버그 대학에서 2016년에 실시한 영화, TV 쇼 및 디지털 시리즈 제작에 종사하는 사람들의 성별 및 인종 구성의 다양성에 대한 연구 결과에 따르면 영화 감독의 3.4%, 극작의 10.8%, 그리고 배역의 33.5%를 여성이 차지하고 있었다. 또한 영화의 7%만이 인종적 균형을 묘사하고 있었으며 이는 인구 조사에서 미국 인구의 실제 인종적 균형인 10%에도 미치지 못하는 수치다.

팬 픽션을 쓰는 사람들의 대부분은 기존의 미디어에서는 자신을 나타낼 수 있는 이야기를 찾을 수 없기에 그들 스스로 자신만의 이야기를 쓰는 것이다. 영국 여배우 노마 드메즈웨니Noma Dumezweni가 〈해리 포터와 저주받은 아이〉★의 연극 무대에 출연하기 훨씬 전부터 이미 팬덤에서는 〈해리 포터〉의 헤르미온느 그레인저를 흑인으로 묘사하는 것이 일반적이었다. 동성애를 소재로 한 이야기에 대한 호기심은 수많은 동성애 팬 픽션의 원동력이 되곤 한다. 팬덤은 소외계층에 속한 많은 이들이 미디어 소비를 조절하면서 이를 보다 흥미로운 경험으로 만들어나갈 수 있는 매체인 것이다. 사람들이 접하는 매체의 대부분이 남성의 시각에서 해석될 때, 온라인 커뮤니티는 이러한 문화적 서사를 뒤엎을 수 있는 출구가 된다. 린마누엘 미란다처럼 자신이 좋아하는 작품을 선택하고 자신의 관점을 반영하는 작품을 만드는 것이다.

패노크라시는 크리에이터 단 한 명의 상상력이 아니라
모든 구성원의 경험을 기반으로 이루어진다.

★　〈해리 포터〉 시리즈를 바탕으로 쓴 연극이다. 이후 소설이 아닌 연극을 위한 희곡 형식의 책으로 출판되었다.

결국 팬이 아이디어를 소유하는 것은 작품을 널리 알리는 강력한 도구이므로 이를 그냥 내버려두는 것이야말로 기업이 패노크라시를 구축할 수 있는 하나의 기술이다. 그리고 제작자는 자신의 작품이 전혀 다른 삶을 살아온 사람들에게 어떻게 비춰지는지를 확인할 수 있는 가장 중요한 피드백을 얻게 된다.

유비소프트: 팬의 창의력을 담다

비디오 게임은 팬 소유 및 커뮤니티 구축에 적합한 미디어 유형이다. 멀티 플레이어 게임은 팀워크를 장려하고 롤 플레잉 게임은 플레이어의 선택과 독립성에 몰입한다. 게임의 팬덤은 팬들의 전략과 경험의 공유를 기반으로 성장한다. 특히 특정 게임들에서 이러한 현상이 두드러진다. 게임처럼 빠르게 성장하는 산업에서는 기업들이 장기적인 팬을 만드는 방법을 지속적으로 모색하기 위해 개발한 다양한 방법이 존재한다. 수없이 많은 새로운 게임들이 계속해서 등장하는 가운데 무엇이 사람들을 오랫동안 팬이 되게 할 수 있을까?

비디오 게임 제작 회사인 유비소프트Ubisoft의 편집 부사장인 토미 프랑수아Tommy Francois는 크리에이터와 팬 사이의 역학 관계를 잘 이해하고 있다. 유비소프트는 미국과 유럽에서 네 번째로 규모가 큰 상장된 게임 회사다. 1986년 프랑스의 한 지방에서 소규모로 시작하여 차근차근 순위를 올려왔다. 현재 시가총액 35억 달러 이상의 기업으로 성장해온 이 회사는 어쌔신 크리드Assassin's Creed, 파크라이Far Cry, 페르시아 왕자Prince of Persia, 레이맨Rayman과 같은 잘 알려진 게임들을 만들어내면서 성공을 일궈왔다. 유비소프트는 그들이 제작한 게임의 팬 커뮤니티를 포용한 최초의 비디오 게임 제작사로도 잘 알려져 있다. 그들은 이것이 장기적으로 프랜차이즈 사업을 성공시키는 데 중요한 역할을 할 것이라는 것을 알고 있었다. 프랑수아는 게임을 하는 플레이어들과 브랜드 간에 긍정적인 역학 관계를 달성하려면 제작사측에서 마케팅과 커뮤니케이션, 그리고 게임 개발과 관련된 여러 단계의 계획과 설계를 수행할 필요가 있다고 설명했다.

2006년부터 프랑수아는 새로운 프랜차이즈를 개발하고 보다 독창적인 과정을 통해 스튜디오를 지원하며 비디오 게임을 새로운 팬들에게 제공하는 새롭고 혁신적인 방법을 구축하는 일을 맡아왔다. 그는 팬 커뮤니티의 힘과 팬들의 경험을 이끌어가는 게임 회사의 역할에 대해 늘 생각한다. 화면 안팎에서 언제 관여해 팬들을 돕고, 언제 팬들이 스스로 자신만의 여정을 만들도록 둘 것인지에 대해서 고심한다.

현재 대다수 유비소프트의 게임은 오픈 월드 게임이다. 게임 안에서 플레이어는 단일 스토리 라인에 국한되지 않고 더 큰 가상의 경기장에서 어디로 갈지, 무엇과 상호 작용을 할 것인지를 선택할 수 있다. 프랑수아는 이러한 게임을 이야기를 만드는 일련의 규칙들로 이루어진 혼합 스포츠로 묘사한다. 또한 환경적 측면에서 정설과 역사에 대한 전반적인 지식을 갖는 그리스 신화로 묘사하기도 한다. 플레이어들은 게임 디자이너가 만든 시뮬레이션에 에이전시를 가지고 있는데, 이를 통해 창의성을 키우는 것이 팬덤을 구축하는 데에 필수적이라고 프랑수아는 말한다.

프랑수아는 "시뮬레이션 구축의 핵심은 전적으로 팬에 대한 통제력을 잃을 것이냐 혹은 팬들이 통제하도록 할것이냐의 문제다"라고 말했다. "팬들이 더 새롭고 혁신적인 방법으로 시뮬레이션을 이용해 우리를 놀라게 할수록 우리는 팬들이 게임을 단지 디자이너의 작품이 되도록 두지 않았음을 확인하게 된다. 디자이너가 원하는 것을 이해하지 못해서 바보가 된 느낌이 드는 대신에 사람들은 '더 나은 방법'을 제시하면서 자신의 지적 능력을 충족시킬 것이다."

이러한 성취감이나 경험에 대한 소유권은 유비소프트 게임의 팬들이 친구들을 만나거나 온라인으로 소통하면서 게임에 대해 더 많은 이야기를 하도록 유도할 것이다. 게임 시스템들은 이제 플레이스테이션 4PlayStation 4, 엑스박스 원Xbox One, 스위치Switch의 조종 장치에 소셜 미디어에 연결하는 공유 기능을 넣어 공유 과정을 더 용이하게 했다. 프랑수아는 "이런 괴짜 문화는 자기 자랑과 관련되어 있습니다. 만일 사람들이 무언가를 공유한다면 이는 그들이 독특하고 창의적이라고 느끼며 또한 스스로 문제 해결 능력이 있다고 느끼기 때문이죠"라고 말한다.

팬들은 자신의 성공을 유튜브에 동영상으로 올리거나 트윗해서 자신이 달성한 경험과 느꼈던 감정을 전달하고 싶어한다. 이는 단지 비디오 게임뿐만 아니라 다른 산업에서도 마찬가지다. 온라인에서 찾은 요리법으로 구운 3단 케이크 사진을 찍어 인스타그램에 올리고 5K 달리기(단축 마라톤-옮긴이) 기록을 스마트 워치를 통해 친구들에게 보낸다. 이처럼 사람들은 매일의 작은 성공을 공유한다. 물론 실패담을 공유하기도 한다. 참고로 나는 대단한 제빵사가 못될 뿐더러 이를 증명할 비디오도 갖고 있다. 이렇게 무언가를 공유함으로써 그 과정에서 팬덤이 확산되는 것이다. 사람들은 자신이 좋아하는 것을 똑같이 좋아하는 다른 사람들과 함께 패노크라시를 구축해간다.

프랑수아는 "브랜딩은 100만 가지 사실들을 의미하는 것이 아닙니다. 그것은 감정에 관한 것입니다. 브랜드의 캐릭터와 스토리는 언제고 바뀔 수 있습니다. 사람들이 당신의 세계와 상호 작용하는 것을 좋아하게 하는 그 무언가가 바로 브랜드입니다. 이것이 데이터가 모든 것에 대한 답이 될 수 없는 이유이기도 하죠"라고 말한다. "브랜드는 디자이너가 만들어낸 느낌이 아니라 특정한 상황에 대한 무한한 감정입니다."

팬들은 온라인에서 수백 시간 동안 함께 게임을 한 사람들을 실제로 만나고 싶어하며 이를 위해 코믹 콘과 같은 행사에 참여해 서로 상호 작용하고자 한다. 팬들은 자신이 얻게 된 무한한 감정을 다른 팬들과 소통하기 위해 이를 표현할 경로를 만들고자 하는 것이다. 이것이 진정한 패노크라시를 가진 브랜드의 힘이다. 집단 창작의 과정에서 커뮤니티에 제공하는 기업의 서비스는 기업의 브랜드를 차별화하는 역할을 한다.

> 팬은 동기 부여되고, 영감을 받고, 흥분되었을 때
> 그들의 경험을 공유한다.

유비소프트는 팬 커뮤니티를 통해 팬들을 행복하게 하는 방법을 찾았다. 실제 세계에서의 게임 제작자는 게임 안에서처럼 플레이어의 행동을 제어할 수 없다. 프랑수아는 이렇게 설명한다. "제작자들과 작업한다는 것은 그들의 아이디어를 소유하는가의 문제입니다. 팬 커뮤니티도 이와 마찬가지라고 생각합니다. 그들은 그들의 도구, 웹 사이트, 블로그를 소유해야 하고 우리는 그걸 가능하게 할 수 있습니다. 우리가 그들에게 수단을 제공하는 거죠." 그는 팬픽션, 팬 비디오, 팬 커뮤니티를 개선하기 위한 작업을 포함한 팬들의 모든 작품을 긍정적인 것으로 보고 있으며 제작자가 끼어들어서는 안 되는 것으로 생각한다.

"우리는 그들을 쇼에 초대합니다. 그것을 기념할 일로 만드는 것이죠. 실제로 이를 마케팅 전략의 일환으로 만듭니다." 유비소프트는 초기 개발 과정에서부터 팬들을 참여시킨다. 홍보 대사나 스타 플레이어들을 E3와 같은 콘퍼런스에 초대하여 그들과 대화하고 그들에게 감사를 표한다. 이러한 각각의 팬들은 팬 커뮤니티에서의 작업을 통해 수백 또는 수천 명의 사람들에게 다가간다. 플레이하는 게임에 있는 다른 팬들과 한 개인으로서 진지하게 상호 작용하게 되므로 유비소프트는 커뮤니티 전체를 지원할 수 있게 되는 것이다. "제어하려는 것보다는 벡터나 증폭기를 이용하는 것이 훨씬 나은 것이죠."

프랑수아가 패노크라시를 만들고자 하는 사람에게 줄 수 있는 조언은 무엇일까? 바로 "팬들을 사랑하세요. 그것이 팬들이 당신을 사랑하게 할 유일한 방법입니다."

스타워즈: 반발, 그리고 참여의 규칙

제작자와 팬 사이의 거리가 좁아지고 있다. 팬은 인스타그램으로 좋아하는 배우나 아이돌에게 메시지를 보낼 수 있고, 온라인 모임에서 좋아하는 것과 싫어하는 것에 대해 목소리를 높일 수도 있다. 그러나 팬덤에서 팬의 목소리가 때때로 도가 지나칠 때가 있다. 그렇다면 프랑수아의 조언을 어떻게 따를 수 있을까? 어떻게 팬들에게 작품에 반대할 자유를 주면서 동시에 팬들을 사랑할 수 있을까? 개개인의 의사 표현과 상호 작용에 균형을 맞출 수 있는 방법이 있어야 한다.

예를 들어 〈스타워즈: 라스트 제다이Star Wars: The Last Jedi〉의 여배우 켈리 마리 트란Kelly Marie Tran은 팬들의 괴롭힘 때문에 인스타그램의 모든 사진을 삭제했다. 그들은 성 차별적이고 인종 차별적으로 그녀를 조롱하고 위협했다. 그들의 눈에 그녀의 캐릭터는 그들이 알고 있던 스타워즈의 세계와 맞지 않았기 때문이다. 다른 스타워즈의 여배우인 데이지 리들리Daisy Ridley 또한 비슷한 이유로 온라인 활동을 멀리 했다. 결국 두 배우는 주연 자리에 여배우를 캐스팅하는 일을 포함해 제작자들이 해야할 일과 하지 말아야 할 일을 알려주는 팬 참여 활동은 상대하지 않기로 했다.

일부 스타워즈 팬들의 이런 행동 때문에 팬과 상호 작용하는 것을 즐기던 제작자들은 커뮤니티에 흥미를 잃어버렸다. 이처럼 내버려 둔다는 것은 팬들에게도 논란이 되는 또 다른 측면인 것이다. 독설이 이어지자 많은 스타워즈 팬들은 소수 팬들의 성토로부터 멀어지고 싶어했다. 그리고 그다음으로 나온 〈한 솔로: 스타워즈 스토리Solo: A Star Wars Story〉는 박스 오피스에서 실패했다. 팬덤은 단일 조직이 아니며 의견 충돌은 상대방의 관점을 이해하지 못한 양측 모두에게 해가 될 수 있다. 팬들은 자신의 의견과 다른 커뮤니티를 떠날 것이며 제작자들은 기쁨보다는 고통이 될 여러 프로젝트를 중단하게 될 것이다.

일부 팬 커뮤니티들은 모든 팬이 팬 활동에 접근할 수 있도록 여러 규칙과 지침을 관리 시스템으로 설정했다. OTWOrganization for Transformative Works는 AO3을 호스팅하는 팬들이 그들 스스로를 위해 직접 운영하는 비영리 조직이다. 팬들이 다양한 경험을 할 수 있도록 OTW는 이사회 선출 및 콘텐츠 정책과 남용 정책에 대한 서비스 약관 강화 등에 대한 의견 불일치 속에서도 아이디어가 지속적으로 교류되도록 많은 노력을 기울이고 있다. 이에 더해 이들은 균형을 유지하고 팬들의 작품을 보호하기 위해 법률 옹호 위원회도 운영한다.

참여형 비즈니스 커뮤니티의 힘

팬을 위한 개방적이며 매력적인 환경을 조성하는 데에는 반발이 따른다. 제작자와 팬이 서로의 입장을 이해하기 위해서는 지속적인 조정 과정을 거쳐야 하므로 상호 작용과 자유의 가장 적합한 지점을 찾는 데에는 시간이 걸린다. 하지만 결과적으로는 혼자 할 수 있는 것보다 훨씬 나은 결과를 얻게 된다. 비즈니스에 있어서도 커뮤니티 조직의 권력과 자유 사이의 균형에 대해 우리는 많은 것을 배울 수 있다. 강력한 팬층을 구축하는 세 가지 기본 사항은 동일하다.

1. 청중을 알아라.
2. 커뮤니티에 적절한 자원과 공간을 제공하라.
3. 고객을 항상 사람으로 대하라.

"항상 당신의 고객에서부터 시작하세요"라고 바네사 디마우로Vanessa DiMauro는 말한다. 그녀는 전략 연구 및 컨설팅 회사 리더 네트웍스Leader Networks의 CEO이며 기업들이 디지털 및 소셜 기술을 활용하여 경쟁 우위를 확보할 수 있도록 돕는다. "커뮤니티를 구축할 때 기업은 콘텐츠를 양산하는 경우가 너무 많습니다. 갖고 있는 모든 것을 커뮤니티에 밀어 넣고 정작 그걸 사용할 사람에 대해서는 전혀 생각하지 않죠. 그런 방식은 결코 성공할 수 없습니다."

디마우로는 시스코 시스템즈Cisco Systems, 히타치Hitachi, 세계 은행World Bank과 같은 기업들의 온라인 커뮤니티를 구축했다. 그녀의 회사는 제품과 서비스를 중심으로 하는 수준 높은 온라인 커뮤니티를 구축하기 위해 회사와 사용자 양측 모두가 원하는 것에 대해 심층 연구를 수행한다. 고객사와의 작업에서 리더 네트웍스의 목표는 유비소프트나 OTW와 같이 팬덤 내에서의 개방적인 의사소통을 지원하고 커뮤니티에서 팬들이 자유롭게 자신의 창의적인 혹은 전문적인 작업을 할 수 있도록 권한을 주는 것이다. 디마우로의 전문 지식을 사용하는 회사들에게 그녀가 제안하는 이러한 대화형 사용자 커뮤니티는 타의 추종을 불허하는 이점이 된다. 사용자들이 아이디어를 공유하도록 장려하면 기업은 고객이 좋아하는 것과 싫어하는 것, 집중해야 할 것과 아닌 것을 더 정확하게 파악할 수 있고 이를 토대로 회사의 지식 기반을 심화시킬 수 있다.

디마우로는 커뮤니티 구축을 시작할 때부터 고객을 제작 과정으로 끌어들여야 한다고 말한다. 커뮤니티의 사회적 측면을 설계할 때 조직과 깊은 파트너 관계에 있는 핵심 구성원들, 즉 홍보 대사나 회사의 관계자들이 참여해야 한다. 이 초기 참여자들은 커뮤니티의 문화를 설정하기 위해 의사소통, 지식 및 협업에 있어서의 행동 양식을 기획한다. 그런 다음 회사는 권한과 에이전시를 서서히 커뮤니티로 이전해야 한다. 디마우로는 이렇게 설명한다. "목표는 '지식을 전달하는' 존재에서 '곁에서 이끌어가는' 존재로 바뀌어 가는 것입니다. 회원들에게는 백엔드 데이터와 지식이 없기 때문에 커뮤니티가 스스로 온전히 운영되기는 어렵습니다. 이상적인 상태는 커뮤니티를 후원하는 조직이 조직 목표와의 균형을 맞추면서 커뮤니티를 대신하여 활동하는 것입니다."

디마우로는 온라인 비즈니스 커뮤니티의 핵심 멤버들을 그들의 원동력에 따라 세 가지 유형으로 분류한다. 첫째, 전문가다. 이들은 이후 자신만의 사업을 구축하기 위해 커뮤니티에서 자신의 지식을 공유하고자 하는 컨설턴트들이나 기술 전문가들이다. 다음으로는 중개자다. 이들은 커뮤니티에서 상호 작용과 동지애를 제고하기 위해 기여하는 전문가들이자 헌신적인 사람들이다. 셋째, 권한 박탈자다. 이들은 스스로 해결할 수 없는 문제를 해결할 목적으로만 플랫폼을 찾는다.

이 세 그룹이 온라인 상호 작용에 기여하는 방법을 이해하면 회사는 보다 안정적이고 유용한 커뮤니티를 구축할 수 있다. 디마우로에 따르면 "브랜드가 고객을 이해하고, 문제를 해결하고, 고객의 요구를 충족시키고, 합리적으로 가능한 모든 상황에서 소비자를 기쁘게 할 수 있다면 그 결과는 예외 없이 항상 고객 충성도와 지지도가 될 것입니다."

물론 그렇다고 해서 고객이 원하는 대로 놓아둔다는 것이 늘 제작자나 팬들이 원하는 방식은 아니다. 이는 결과적으로 커뮤니티에서 오가는 이야기를 감시하는 일이 될 수도 있다. 디마우로는 기업들이 한발 물러나야 한다고 말한다. "가장 완벽한 커뮤니티라면 사람들이 하고 싶은 말은 무엇이든 할 수 있어야 합니다." 그녀는 설명한다. "조직이 신뢰를 저버리고 커뮤니티의 사회적 자본을 감소시킨다면 사람들은 더 이상 대화를 하지 않을 것입니다. 커뮤니티가 성공하려면 그들에게 안전한 공간을 만들어줘야 합니다."

제작자는 모든 개인의 의견을 통제할 수는 없지만
팬들이 상호 작용할 수 있는 공간을 만들 수는 있다.

팬의 마음을 이해한다고 해도 창작물을 놓아 버릴 수 있는 공간을 찾는 데에는 시간이 걸린다. 창작물에 대한 팬들의 애정에 부응해야 하는 것은 당연하지만 정체성에 대해서 타협해서는 안 되므로 팬덤과 제작자가 각자의 공간에서 상호 존중하는 관계를 구축하는 것이 궁극적으로 가장 큰 보상이 될 것이다.

과거에는 마케팅 부서에서 고객의 의견을 조사하고 관리했지만, 이제 더 이상 그렇지 않다. 마케팅 전문가가 고객의 목소리를 관리하는 오래된 방식을 고수한다면 팬이 원하는 진정으로 중요한 것을 놓치게 될 것이다.

단 하나의 가장 좋은 방법은 없다

1930년대 호텔로 개조된 맨해튼의 창고에서 경험한《맥베스》는 마치 생전 처음 보는 내용 같았다. 연극을 보려고 했던 이유를 잊어버리고 〈슬립 노 모어〉의 변혁의 본질을 받아들이자 다른 어떤 방법으로 경험했던 것보다 더 깊이 이야기에 빠져들었다. 내 호기심이 이끄는 대로 아이의 침실로 들어갔다. 그리고는 반대편에서 일어난 살인 장면을 보여주는 거짓 거울을 발견했다. 술집으로 꾸며진 방에서는 배역 중 한 명과 몇 분동안 테이블 위에 펼쳐 놓은 카드를 고르는 게임을 했다. 내가 이전에 알고 있었던 장면에서 멀찍이 물러나서 바라보니 같은 장면을 더 넓은 시각으로 바라볼 수 있었다.

그곳을 떠나고 나서도 직접 만지고 냄새 맡고 웃었던 이야기들이 여전히 내게 남았고 주변 사람들과 이에 대해 이야기를 나눴다. 가장 먼저 나와 함께 연극을 본 남편 벤과 이 경험을 공유했다. 비록 우리는 그곳에 들어서자마자 각자 다른 방향으로 다녔지만 말이다. 그는 나와는 다른 경험을 했고 다른 캐릭터들과 다른 장면들을 봤으며 다른 단서들을 발견했다. 남편 말고도 문학과 연극에 대한 나의 애착에 공감하는 친구들과도 이야기를 나눴다.

〈슬립 노 모어〉의 펠릭스 바렛Felix Barrett 감독과 맥신 도일Maxine Doyle 감독은 공식 인터뷰 중 연극을 경험하는 가장 좋은 방법이 무엇인지에 대한 질문에 이렇게 답했다. "단 하나의 가장 좋은 방법은 없습니다. 당신의 직감을 믿으세요. 사람마다 받아들이는 건 다릅니다." 실제로 예술이나 미디어, 또는 제품을 즐기는 특정한 방법은 없다. 《맥베스》속에서 매순간 필요한 것은 자신만의 해석이었다. 더 많은 관객이 다시 찾아오게 하는 그들의 비법은 그저 상호 작용을 위한 공간을 마련하는 것이다. 관객들이 각기 다른 각도, 각기 다른 측면에서 장면을 보고 싶어하도록 유도해야 한다. 이처럼 회사나 제작자로서 해야 할 일은 다른 사람들이 놀고 싶은 놀이터를 만드는 것이다. 그리고는 그들을 놀게 하면 된다.

6

★

필요한 것보다 더 많은 것을 제공하라

by 데이비드

다시 패들링(서핑보드 위에서 손으로 노를 젓듯이 앞으로 나아가는 동작-옮긴이)을 할 시간이었다. 서핑이 처음 시작된 곳인 하와이 오아후 노스쇼어에서 처음 서핑을 하던 때였다. 나는 그럭저럭 파도를 타며 해변으로 나아가고 있었고 다른 사람들 몇몇이 패들링을 하며 나를 보고 있다는 것을 어렴풋이 느끼고 있었다. 스타일 점수는 확실히 얻지 못했을 것이다. 실은 약간 바보처럼 보였을 정도였다(그래도 나자빠지지는 않았다).

호주에서 처음 서핑을 배운지 25년이나 되었지만 노스쇼어에서의 서핑은 설레면서도 두려웠다. 하와이 사람들은 파도에 대해 텃세가 강한 것으로 알려져 있다. 그도 그럴 것이 노스쇼어의 파도는 지구상에서 서핑을 하기에 가장 좋았고 지금도 단연 최고의 파도다. 하지만 많은 사람들이 그곳에 와서 며칠씩 머물면서 몇몇 사람들이 지역 주민들이 자신들의 것이라 여기는 영역에 무례하게 침범한 것이다. 지역 주민들은 존중 받아 마땅하다. 그들은 그 지역을 일궈온 사람들일 뿐 아니라 그곳의 문화를 지켜온 사람들이기 때문이다.

보통 나는 파도에만 집중한다. 다만 알파독, 즉 서핑 실력으로 명성이 높은 사람이나 지역에서 서핑을 잘 하는 것으로 유명한 사람들에게는 주의를 기울인다. 나는 하와이 말로 '하울리Haole', 즉 외지인일 뿐이었고, 이것은 내 전략이기도 했다. 뒤로 물러서서 소극적인 면모를 드러내는 것이다. 지저분한 일을 겪지 않았던 것을 보면 이 전략은 잘 먹히는 듯 했다.

두 번째로 패들링해서 나갔을 때도 한적한 바깥쪽 지점에 자리를 잡았다. 길게 늘어선 서퍼들이 파도 타는 것을 보면서 나에게도 파도가 다가와 서핑의 기회가 오기를 기다리고 있었다. 보드에 앉아 파도 타던 것을 떠올리니 미소가 떠올랐다. 파도에서의 만족스러운 경험은 언제나 다음 파도를 기대하게 만든다.

다음 파도들이 밀려들어왔고 많은 서퍼들이 파도에 올라탔지만, 나를 위한 파도는 없었다. 서퍼들이 제각각 자리를 차지하고 있어서 나는 좀 더 기다려야 했다. 그렇다고 다른 자리로 옮기는 것은 더더욱 어려웠다.

마침내 때가 왔다. 다가오는 파도를 타기에 완벽한 위치에 있던 한 하와이 서퍼가 갑자기 뒤로 물러난 것이다. 그리고는 뒤로 돌아 내 눈을 바라보며 고개를 끄덕였다. 그것은 거의 알아보지도 못할 정도로 아주 작은 움직임이었다. 내가 그에게 주목하지 않았다면 눈치조차 채지 못했을 것이다. 그는 내게 파도를 준 것이다. 그의 파도를 말이다. 믿을 수 없는 일이었다.

나의 것이 된 파도 속으로 패들링해 들어가면서 나는 다시 한번 미소지었다. 주저하지 않고 내 파도로 들어가는 것은 매우 흥분되는 일이다. 다른 서퍼들이 파도 너머에 있는 나를 볼 수 없었기에 내 서툰 솜씨는 문제될 것이 없었다.

내 위치는 내게도 그리고 다른 서퍼들에게도 매우 명확했다. 서퍼 중 맨 꼴찌였기에 나는 파도를 기대하지 않았다. 어쩌면 외지인이라는 것에 더 신경 쓰고 있었는지도 모른다. 그런 내게 한 하와이 서퍼가 파도를 준 것이다. 이 경험은 아름다운 섬, 하와이 사람들, 그리고 이 성스러운 곳에서의 서핑에 대한 나의 모든 인식을 바꿔놓았다. 그의 행동은 서퍼인 '척'하는 사람들부터 진정 파도에 어울리는 '진짜' 서퍼에 이르기까지, 서핑의 세계에 대한 나의 모든 생각을 바꾼 것이다.

파도를 내어주는 일이 그에게는 쉬운 일이었는지도 모른다. 그는 그날 이미 10번도 넘게 파도를 탔을 것이고 이곳에서 몇 년간 수천 개의 파도를 넘었을 것이다. 그에게는 아마 수많은 파도 중 하나였을 것이다. 하지만 나에게는 그 파도를 탄 일이 평생 생생하게 기억에 남을 정도로 엄청난 경험이었다.

그날 이후 나는 오아후 노스쇼어의 팬이 되었다. 이는 전적으로 그 서퍼가 내게 양보해 준 파도 때문이다. 이것은 브랜드가 잠재적인 팬들로 하여금 충성스러운 팬이 되도록 만드는 일일 수 있다. 그들에게 열정을 심어준다면 강력한 팬심이 그들의 마음에 피어오를 것이다.

소박한 선물의 놀라운 힘

급변하는 세상속에서 우리는 수없이 많은 제안과 기회, 의견들을 끊임없이 받는다. 브랜드의 열정적인 팔로워들을 찾는 사람들은 그 모든 것을 잘 분석해서 가려내야 하고 실질적인 연결고리를 만들어내야만 한다. 디지털 시대의 혼란스러운 특성은 아주 잠깐 사이에 강한 인상을 남겨야 한다는 것을 의미한다.

그 몇 초 안 되는 시간을 활용하기 위해 기업과 사람들은 더 큰 소리를 내거나 더 밝은 색상을 사용하거나 더 눈에 띄는 팝업을 만들어 사람들의 시선을 묶어두는 것이다. 그들은 잠재적인 팬들의 주의 지속기간을 늘리기 위해서는 더 강하고 인정사정 없이 경쟁해야 한다고 생각한다. 그런데 혹시 이런 종류의 무분별한 경쟁이 모두에게 패배를 안겨준 것은 아닐까?

우리는 오아후 노스쇼어의 서퍼로부터 배워야 할 것이 있다. 생각해보면 그의 행동은 아주 사소한 행위였고, 별 의미 없는 일일 수도 있다. 아마도 그에게는 그랬을 것이다. 그러나 노스쇼어를 처음 방문한 내게 그 일은 꿈만 같은 일이 되었다. 게다가 전혀 예상치 못한 것이었기에 더 엄청난 영향을 미쳤다. 단 한 명의 서퍼가 알파독인 지역 주민들에 대한 내 인식을 송두리째 바꿔놓았고, 하와이 서핑에 대한 강렬하고도 따뜻한 인식을 심어주었다.

점차 증가하는 미디어 플랫폼을 통해 급격히 많은 제안들이 쏟아져 들어옴에 따라 다른 사람들과의 관계는 점점 더 가상의 관계에 가까워지고 있다. 사람들이 디지털 라이프에 빠져들수록 실제 사람들과의 관계는 점점 더 멀어지고 있는 것이다. 결과적으로 누가 나를 도와줄 것인지 혹은 누가 나를 이용하는 것인지 판단할 시간조차 줄어들었다. 만일 디지털을 통한 관계에 어려움을 느낀다면 하와이 서퍼가 내게 한 일을 따라해보라. 간단하지만 강력한 기회가 될 것이다.

누군가로부터 받는 것보다 주는 것이
오히려 패노크라시를 구축한다.

그레이트풀 데드: 무료로 음악을 배포하다

고등학교에 다닐 때 (사실 현재까지도) 친구들과 함께 뉴욕시에서 열리는 록 콘서트에 갈만큼 나는 라이브 음악광이었다. 당시 독특한 방식으로 팬덤을 구축한 밴드가 하나 있었는데, 그들은 공연 티켓이나 공연장 표지판에 녹음이 불가하다고 적어놓는 다른 밴드들과 달리 자신들의 공연에 온 사람들이 라이브 공연을 녹음하도록 적극적으로 권했다. 그들이 바로 그레이트풀 데드다.

이 책의 서두에서 언급했듯이, 그레이트풀 데드는 내가 가장 좋아하는 밴드다. 그 이유는 그들이 팬을 대하는 태도에 있다. 그레이트풀 데드는 자신들이 음악을 팔고 있다는 것을 가장 먼저 자각한 밴드였다. 음반도, 티켓도, 티셔츠도 아닌, 음악을 말이다. 그리고 음악을 판매하는 가장 좋은 방법은 음악을 최대한 많은 사람들에게 노출시키는 것이었다.

처음에는 공연을 녹음하기 위해 몇몇 관객들이 공연장에 스탠드 마이크를 설치했다. "문제는 그 스탠드 마이크들이 무대를 즐기는 데에 방해가 된다고 다른 관객들이 불만을 말하면서 시작됐습니다." 기타리스트이자 보컬리스트인 그레이트풀 데드의 밥 위어Bob Weir가 설명했다. "그래서 우리는 녹음 영역을 별도로 만들기로 했습니다." 그가 말한 녹음 영역은 녹음을 하고 싶어 하는 관객들이 모여있는 특정한 장소를 의미했다. "공연에서 녹음한 테이프가 여기저기 돌아다녔습니다. 사람들은 그 테이프를 복사하고 복사하고 또 복사했죠. 복사를 여러 번 하면 테이프에 쉭쉭거리는 잡음이 많아지는데, 그것이 사람들의 호기심을 자극한 것 같습니다. 아마 당신도 잡음이 섞인 음악을 듣다 보면 잡음이 없는 공연을 보러 가거나 레코드를 사서 들어보고 싶을 겁니다. 그러다 보니 수많은 라이브

레코드를 발매하게 되었습니다. 그것이 우리에게는 오히려 매우 효과적인 프로모션이 되었죠."

그레이트풀 데드의 무료 음악 테이프는 커뮤니티를 패노크라시로 만드는 데에 큰 역할을 했다. 그레이트풀 데드가 관객들에게 콘서트 녹음을 허용한 것은 기숙사나 아파트, 차 안에서 음악을 듣던 사람들을 콘서트장으로 이끈 계기가 되었다. 그렇게 생겨난 그레이트풀 데드의 새로운 광팬들이 라이브를 듣기 위해 콘서트에 오면서 밴드에 수백억 달러의 공연 티켓 수익을 안겼다. 실제로 그레이트풀 데드는 1980년대 후반부터 1990년대 상반기에 미국에서 가장 인기 있는 투어 밴드였다. 현재 데드 앤 컴퍼니Dead & Company로 활동하고 있는 밴드의 남은 멤버들은 1965년 샌프란시스코에서 처음 그룹을 결성한 이래 50년이 지난 지금까지 미국 전역의 스타디움과 공연장에서 공연 매진을 기록하고 있다.

다른 모든 밴드들이 공연 녹음은 절대 안 된다고 하는 동안 그레이트풀 데드는 팬들이 무료로 공연을 녹음하고 이를 다른 사람들과 공유하도록 허용하면서 다른 밴드들에게는 없는 그들만의 패노크라시를 만들었다. 그들은 이렇게 말했다. "왜 안 되죠?Why not?"

1990년대 중반부터 콘텐츠를 공유하는 웹이 빠르게 성장함에 따라 음악 팬들은 냅스터Napster와 같은 무료 다운로드 사이트들을 통해 음악을 공유할 수 있게 되었다. 음반 업계는 소비자들의 파일 공유를 두려워했고 이러한 사이트들을 폐쇄시키고자 담합해 음악 다운로드를 불법으로 만들었다.

그러나 그레이트풀 데드는 1995년 제리 가르시아가 사망한 이후에도 라이브 공연을 녹음한 파일을 공유할 수 있도록 하는 그들의 전통을 이어갔다. 1999년 당시 그레이트풀 데드는 팬이 녹음한 공연 파일을 MP3나 이와 유사한 파일 형태로 무료 다운로드가 가능하도록 만든 최초의 밴드 중 하나다. 그리고 얼마 지나지 않아 아카이브Archive.org에 그레이트풀 데드의 공연 실황 파일이 10만 개가 넘게 무료로 올라왔다.

그레이트풀 데드는 하와이 서퍼가 내게 파도를 준 방식, 즉 대가를 바라지 않고 무료로 제공하는 방식으로 음악을 나눠주었다. 팬덤은 인간과의 관계를 근간으로 한다. 어떤 가치가 완전히 무료이거나 아무런 의무사항 없이 주어졌을 때 사람들은 더 감사하는 마음으로 다른 이들과 이를 나누게 된다. 이것이야말로 수십 년간 공연 티켓을 구매하며 밴드를 재정적으로 지원한 수많은 데드헤드를 만들어낸 진정한 패노크라시다.

대가를 바라지 않는다는 것

그레이트풀 데드의 전통에서 가장 흥미로운 점은 그것이 그들의 공연을 넘어 주변 커뮤니티에까지 영향을 미쳤다는 것이다. 이는 팬덤 문화의 힘과 패노크라시의 전반적 가치에 대한 중요한 통찰력을 제공한다.

몇 년 전 나는 게더링 오브 더 바이브Gathering of the Vibes 뮤직 페스티벌에 참석했다. 비슷한 분위기의 음악에 흥겹게 리듬을 타는 같은 취향을 가진 사람들을 만나는 것은 매우 재미있는 일이다. 페스티벌을 한참 배회하다가 낮게 둘러쳐진 울타리에 홀치기 염색을 한 티셔츠들을 발견했다. 홀치기 염색은 그레이프풀 데드 공연의 필수품이다. 나는 누군가가 티셔츠를 팔고 있다고 생각했고, 티셔츠를 사기 위해 울타리 앞에 서있던 남자에게 얼마인지 물었다. 그는 대답했다. "무료예요."

자신을 그레이트풀 데드의 팬이라고 소개한 그의 이름은 데이브였다. 데이브는 티셔츠 만드는 일을 정말 좋아한다고 말했다. 그는 티셔츠를 나눠주는 일이 돈을 받는 것보다 훨씬 더 많은 것을 그에게 돌려준다고 이야기했다. 무료로 홀치기 염색 티셔츠를 나눠주다보면 흥미로운 사람들을 많이 만나는데, 그 사람들과 깊은 대화를 나누는 게 좋다고 했다. 그는 티셔츠의 대가로 매우 흥미로운 경험을 선물받은 것이다.

그 티셔츠는 정말로 무료였다. 당신이 그중 하나를 들고 가면 데이브는 정말 좋아할 것이다. 나는 시원해보이는 보라색과 파란색 티셔츠(심지어 포켓도 달려있었다)를 집어들고 데이브에게 곧 돌아오겠다고 말했다. 그리고는 내가 쓴 《그레이트풀 데드에게 배우는 마케팅 전략》을 들고 와 '데이브에게'라고 서명한 후 그에게 선물했다. 그는 떨듯이 기뻐했다. 서로에게 굉장히 의미 있는 거래였던 셈이다. 두 명의 음악 팬이 서로의 삶의 질을 향상시키는 가치 있는 무언가를 서로에게 선물한 것이다.

티셔츠에 얽힌 이 이야기는 대가를 기대하지 않는 것의 중요성에 대한 핵심을 더욱 명확하게 보여준다. 데이브처럼 대가를 기대하지 않을 때 나같은 사람은 그 대가로 더 큰 것을 줄 가능성이 높다. 실제로 사례를 하고자 하는 사람들도 있는데 그럴 때마다 그는 대답한다. "바이브 푸드 드라이브(게더링 오브 더 바이브 뮤직 페스티벌에서 진행하는 식재료 및 음식 기부 행사-옮긴이)에 기부하면 어떨까요?"

조건부 무료 vs 완전히 무료

웹에서 콘텐츠를 제작하고 공유할 수 있다는 것은 모든 사람이 그레이트풀 데드가 개척한 전통을 따를 수 있다는 것을 의미한다. 심지어 온라인 세계에서 콘텐츠를 무료로 나눠주는 것은 녹음 테이프나 홀치기 염색 티셔츠를 나눠주는 것보다 훨씬 쉬운 일이다.

데이브의 티셔츠는 정말 무료였다. 나는 티셔츠의 대가로 책을 줬지만 사실 그는 아무것도 요구하거나 기대하지 않았다. 이처럼 '완전히 무료'라는 개념은 기업들에게는 매우 어려운 일이다.

하지만 무료 제공은 기업이 팬을 만들 수 있는 강력한 방법이다. 문제는 대부분의 마케터가 무료의 본질을 오해하고 있다는 것이다. 대부분의 기업이 제공하는 '무료' 제안은 대가를 전혀 기대하지 않았던 데이브의 티셔츠와는 다르다. 이런 경우 기업은 소비자에게 개인 정보를 요구한다. 그런데 이런 게이팅 콘텐츠(개인 정보를 등록한 사람들에게 제공되는 콘텐츠-옮긴이)는 개인 정보 보호를 이유로 소비자가 등록을 거부할 수 있다. 사람들은 영업 사원의 이메일이나 전화를 원하지 않기 때문이다. 이뿐만 아니라 소셜 미디어에서 공유되는 일도 적다. 사람들은 자신의 소셜 네트워크에 정보를 노출해서 스팸 가능성을 높이고 싶지 않기 때문이다. 그러나 콘텐츠의 가치는 소셜 네트워크를 통해 수많은 사람에게 콘텐츠가 노출되었을 때 만들어진다. 그러므로 콘텐츠를 확산시키고 싶다면 그레이트풀 데드가 그랬던 것처럼 콘텐츠를 개인 정보 등록과 같은 어떠한 조건도 없이 '완전히 무료'로 제공해야 한다.

나는 새로운 비즈니스를 창출하기 위해 콘텐츠를 제공하는 수백 명의 마케터와 이야기를 나눠왔다. 그들 대부분은 개인 정보 등록을 필요로 했고, 그중 일부만이 그럴 필요가 없다고 했다. 이는 창조론과 진화론에 관한 종교적 논쟁에 버금간다. 그 논쟁에서 이기는 것이란 불가능하다. 양측은 서로 자신들이 옳다고 믿는다. 다른 측의 지혜를 들여다보는 것은 애초에 불가능하다. 종교적 논쟁과 유사한 이 콘텐츠에 관한 논쟁에서 나는 '완전히 무료' 측에 굳건히 서있다. 다른 많은 마케터들이 콘텐츠 거래를 위한 정보 등록의 가치를 굳건히 믿고 있듯이 말이다.

몇몇 마케터들은 자신들이 수행한 'A-B 테스트'의 결과를 나와 공유했다. 이 테스트에서 마케터들은 개인 정보 등록을 요구하는 콘텐츠와 아무런 요구사항 없이 '완전히 무료'인 콘텐츠를 제공했다. 테스트 결과에 따르면 게이팅 콘텐츠에 비해 무료 콘텐츠를 다운로드한 사람이 20배에서 50배 더 많았다.

아이디어를 확산시키고 싶다면 무료로 콘텐츠를 제공하는 것이 더 좋다는 것은 분명해졌다. 물론 그냥 가져가기만 하는 사람도 있겠지만, 대부분은 친구, 동료, 가족과 나누기 위해 콘텐츠를 소셜 네트워크에 게시하거나 관심 있어 할 만한 사람들에게 링크를 보낼 것이다. 이처럼 콘텐츠를 무료로 공유하는 것은 기업의 아이디어를 확산시키고 팬층을 확보하는 데에 도움이 된다.

웹 콘텐츠를 통해 아이디어를 '무료'로 제공하면 제품이나 서비스를 구매할 필요가 없어질 것이라고 말하는 사람들이 종종 있다. 하지만 많은 기업들이 이 방법을 성공적으로 활용해왔다.

조건이 붙은 무료 콘텐츠는 강요하는 느낌을 주지만
완전히 무료로 제공하는 양질의 콘텐츠는
충성도 높은 팬을 만든다.

지난 수십 년간 많은 기업들과 일하면서 알게 된 것은 시장 우위를 점하기 위한 경영진의 압박이 너무 심해서 마케터들은 설사 그들이 콘텐츠를 무료로 제공하고 싶다고 하더라도 그럴 수 없다는 것이다. 그들은 수익을 내기 위해 콘텐츠를 제공한다고 말했다.

하이브리드형 제공 방식은 바로 이 지점에서 생겨났다. 하이브리드형 제공 방식이란 대립하는 양측을 모두 고려한 수익 창출법이다. 이 방법을 사용하려면 우선 당신과 당신의 비즈니스를 모르는 사람들에게 완전히 무료인 콘텐츠를 제공한다. 그런 다음 초기무료 콘텐츠를 받은 사람 중에서 수익원이 될 사람들을 파악하기위해 등록이 필요한 두 번째 콘텐츠를 제공하는 것이다.

이런 하이브리드 방식의 또 다른 이점은 잠재 고객 관리다. 게이팅 콘텐츠 방식은 단순히 초기 콘텐츠를 원하는 사람들의 개인정보를 얻어낸다. 반면에 하이브리드 방식은 이미 초기 무료 콘텐츠를 받아 본 사람 중 회사와 상품 및 서비스에 대해 더 많은 정보를 원하고 더 알고 싶어하는 사람들의 정보를 얻어내는 것이다. 대부분의 잠재 고객 평가 시스템에서는 하이브리드 모델의 잠재고객이 게이팅보다 훨씬 더 열정적이다.

그런데 만약 일반 소비재를 판매하는 회사라면 어떨까? 소비자들이 흔히 사용하는 제품에서도 팬을 만들 수 있을까?

듀라셀 파워포워드: 언제나 당신 곁에 있어줄게요

소비자 입장에서 보면 많은 기업들이 다른 기업의 제품과 매우 유사한 제품과 서비스를 제공한다. 그래서 사람들은 가정용품, 사무용품과 같은 일반 소비재의 경우 가장 저렴한 제품을 선택한다. 이는기업으로 하여금 소비자의 구매를 촉진할 수 있는 쿠폰이나 할인

가격과 같은 프로모션을 제공하도록 유도한다.

그런데 대부분의 사람은 저렴한 상품은 브랜드 충성도를 창출하기 어렵다고 생각한다. 변덕이 심한 소비자들은 더 저렴한 가격을 제시하는 브랜드가 나타나면 기존 브랜드를 쉽게 떠나기 때문이다. 물론 일부 소비재는 값비싼 광고 캠페인을 통해 강력한 브랜드를 구축하기도 한다. 그러나 지속적인 할인을 하는 것과 마찬가지로 광고에 높은 비용을 투자하는 것은 비용이 많이 드는 간접비에 계속해서 재투자가 이루어져야 하기 때문에 비즈니스를 구축하기에 어려운 방법이다.

그렇다면 일반 소비재 브랜드가 팬을 만들기 위한 대안은 무엇일까? 바로 무료 제공이다. 허리케인, 토네이도, 홍수와 같은 자연 재해가 매년 더 자주 발생하면서 수백만 명의 사람들이 정전을 경험했다. 다양한 사이즈의 알카라인 배터리로 가장 잘 알려진 듀라셀Duracell은 파워포워드PowerForward★ 프로그램을 통해 도움이 필요한 사람들을 지원한다. 이 프로그램은 듀라셀을 필요로 하는 곳에 회사 트럭을 보내 듀라셀 배터리를 배포하고, 모바일 기기 충전 서비스를 제공하며, 전력이 없는 사람들에게 인터넷 접속을 가능하게 함으로써 재해를 입은 지역 사회를 돕는다.

쉽게 말해 듀라셀은 엄청나게 많은 배터리를 무료로 나눠준

★ 　농구 포지션의 하나로 골밑 공격의 중심인 센터를 도와 리바운드와 수비에서 큰 역할을 하는 포지션이다. 듀라셀은 캠페인의 선한 의도를 이에 비유해 이미지를 강조했다.

다. 그리고 이것은 듀라셀의 매우 강력한 브랜드 구축 프로그램이다. 10명으로 구성된 듀라셀 파워포워드팀은 2017년 허리케인 마리아에 의해 전력을 잃은 푸에르토리코의 340만 명의 이재민을 도왔다. 그들은 두 대의 트럭과 30톤 이상의 배터리를 공수해 필요한 사람들에게 무료로 제공했다.

듀라셀의 마케팅 부사장인 라몬 벨루티니Ramon Velutini는 이렇게 말한다. "정전이 발생할 때면 언제나 배터리 소비 및 수요가 급증합니다. 허리케인, 토네이도, 홍수, 강력한 태풍과 같은 자연재해가 더 빈번하게 발생하면서 매우 중요한 순간에 저희 제품을 필요로 하는 사람들이 많아졌습니다. 모두들 배터리가 중요하다는 것을 깨닫고 배터리를 사러 나가지만 대개 배터리 재고는 이미 바닥나 있습니다. 이때마다 우리는 제일 먼저 품절되는 배터리가 듀라셀이라는 것을 알게 되었습니다. 이는 그만큼 사람들이 듀라셀을 신뢰하고 있다는 뜻이기도 하죠."

듀라셀 파워포워드 프로그램은 2011년 한 대의 트럭으로 시작해 현재 다섯 대의 트럭을 보유하고 있다. 이 프로그램의 유일한 목적은 재난 지역에 빠르게 배치되어 위급한 순간에 무료로 배터리를 배포하는 것이다. 지금까지 미국 전역에서 45건이 넘는 기상 이변으로 인한 재해에 대응했다.

듀라셀은 페이스북을 이용해 마을로 향하는 트럭의 위치를 실시간으로 업데이트한다. 사람들이 자신의 지역에 배터리를 요청하거나 듀라셀에 감사의 말을 전하면서 페이스북 게시물은 매우 활성화되었다. 허리케인 직후 푸에르토리코에서의 파워포워드에 대한 게시물에는 3만 개 이상의 '좋아요'와 11,500번의 공유, 그리고 수천 개의 댓글이 달렸다.

벨리아 고메즈 Velia Gomez: 3일 전에 듀라셀 트럭을 만났어요. 이 훌륭한 일을 계속해주세요. 감사합니다.

케트 마라 Kat Marra: 고맙습니다. 듀라셀 여러분은 정말 굉장해요.

비비안 가르시아 Vivian Garcia: 듀라셀 감사합니다! 당신들의 의무가 아님에도 도시의 모든 사람을 도우려 하다니 정말 훌륭합니다!

페이스북에서는 이재민들과 듀라셀 직원들의 상호 작용도 빈번하게 이루어지고 있다.

마리아 페레즈 Maria M. Perez: 후마카오Humacao는 어때요? 우리 마을도 방문할 계획인가요? 마리로 마을이 폐허가 됐어요.

듀라셀: 가능한 모든 지역을 들르면서 최대한 많은 지역을 가는 것이 저희의 목표입니다.

벨루티니는 이렇게 말한다. "이 프로그램은 우리 브랜드가 소비자에게 한 약속을 전달하기에 완벽합니다. 정말 필요할 때 전력을 전달하고 소비자와 매우 개인적인 관계를 구축하는데 최적이죠."

벨루티니와 파워포워드에 대해 인터뷰하면서 우리는 놀라운 점을 발견했다. 듀라셀 제품에 대한 수요가 정점에 달했을 때, 모든 사람이 배터리를 원했을 때, 암시장이 생겨나고 가격이 천정부지로 치솟았을 때, 그는 팀원들에게 배터리를 무료로 제공하도록 지시한다는 것이다.

우리는 배터리를 무료로 제공하는 것과 관련해 내부적으로 문제가 발생하지는 않는지 알고 싶었다. 회사는 수백만 달러에 달하는 제품을 무료로 제공하는 데에 대한 투자수익률ROI을 계산하려고 할까? 대부분의 기업은 분기별로 수익을 창출하고 단기 재무 목표를 달성하는 데에 중점을 두기 때문에 듀라셀은 매우 급진적인 기업으로 여겨진다. 듀라셀 조직, 특히 재무 분야에서 배터리를 무상으로 제공하는 대신 판매를 위해 트럭을 이용하는 것을 추진하는 사람은 없을까?

"여전히 논쟁 거리이긴 합니다." 벨루티니는 인정했다. "하지만 그런 논쟁은 늘 금세 끝나버리곤 합니다. 파워포워드팀을 배치하고 우리가 돕는 사람들의 사진을 보고 그들의 이야기를 듣게 되면 말이죠. 사실 이 모든 일이 듀라셀 브랜드에 대한 투자입니다. 언제나 듣기 좋은 말을 하고 특정 순간이 되면 특정한 태도를 취하는 브랜드들은 많습니다. 돈을 기부해서 좋은 일을 하는 기업도 많죠. 그러나 우리는 누군가를 돕는 최선의 방법은 실제로 실행에 옮기는 것이라고 생각합니다. 사람들이 브랜드와의 개인적인 경험을 갖게 되었을 때 그 대가는 영원히 지불되는 겁니다. 우리의 소셜 미디어 분석에 따르면 파워포워드는 우리가 매년 하는 일들 중 가장 관계지향적인 활동으로 꼽힙니다. 파워포워드 콘텐츠는 고객참여 측면에서 늘 가장 높은 성과를 내죠. 그래서 우리는 이를 투자 수익을 위한 대안으로 활용할 수 있는 것입니다."

벨루티니는 파워포워드에 많은 양의 배터리를 사이즈별로 요구한 한 어머니에 대한 이야기를 들려주었다. 대부분의 사람은 손전등이나 작은 라디오 용으로 한 가지 사이즈의 배터리 몇 개만 요청하기 때문에 이는 매우 흔치 않은 일이었다. 그래서 그녀에게 상황을 자세히 물었다. 그녀에게는 10가지 이상의 장애를 가진 3살짜리 아이가 있었다. "아이에게 산소 호흡기용 배터리가 필요해요. 그리고 투석기용 배터리도 필요하고요. 여러분이 꼭 필요할 때에 와줬어요. 우리 가족은 평생 여러분에게 감사할 겁니다."

벨루티니는 "다행히 우리는 그 모자에게 전력을 제공할 수 있었습니다"라고 말한다. "저희 제품은 이렇듯 누군가의 삶에 큰 역할을 합니다. 거기에 어떤 투자수익률이 필요할까요? 이 사람들은 영원히 우리 브랜드의 지지자가 될 것입니다. 파트너십, 공동체, 협력 관계를 만들어내는 일이 보다 더 값진 일이라고 생각합니다. 투자수익률과 지출에 대한 논쟁은 늘 있지만, 우리는 급박한 위기에서 우리가 도운 사람들 개개인과의 관계도 투자수익률로 봅니다."

무료 제공에 대해 기업과 이야기를 할 때면 자신들의 회사, 제품, 서비스는 이런 식으로 팬을 구축하는 데에 적합하지 않다고 말한다. 특히 많은 사람들이 흔히 접하는 일반 소비재의 경우 긍정적인 팬 문화를 구축하는 것은 불가능하다고 주장한다. 하지만 배터리는 전형적인 일반 소비재다. 듀라셀은 고객이 진짜 필요로 하는 순간에 무료로 제품을 제공하는 방법을 통해 '평생 팬'을 만들어가고 있다. 듀라셀과의 경험에 대해 한 사람이 얼마나 많은 친구들, 이웃들, 친척들, 직장 동료들에게 이야기하겠는가. 또 그 이야기를 듣고 전할 사람들의 수는 얼마나 많겠는가. 이렇게 듀라셀은 사람들을 통해 계속 이야기되어 질 것이다. 이것이야말로 기업이 얻을 수 있는 가장 값진 투자 수익이다.

벨루티니는 일반 소비재 기업이 할 수 있는 방법은 두 가지라고 설명했다. "하나는 저렴한 공급 업체가 되어 규모의 경제 효과를 누리면서 가격적 우위를 점하는 것입니다. 그러나 우리는 그와 정반대의 길을 선택했습니다. 우리에게는 수십 년에 걸쳐 구축한 브랜드가 있습니다. 이는 대단한 자산입니다. 소비자에게 가장 신뢰받는 브랜드 중 하나로 우리에게 적합한 유일한 방법은 소비자와의 관계를 지속적으로 확장하고 심화시키는 것입니다. 파워포워드는 이를 위해 우리가 선택한 방법 중 하나입니다. 이외에도 지역 사회의 난청 환자를 돕는 등 여러 방법으로 소비자와의 정서적 관계를 구축하는 데에 기여하고 있습니다. 워렌 버핏이 몇 년 전 P&G로부터 듀라셀을 사들였을 때 그는 듀라셀을 '경제적 해자(경쟁자가 쉽게 넘볼 수 없는 진입장벽-옮긴이)'라고 불렀습니다. 그는 듀라셀이 장기적 지속 가능성의 측면에서 얼마나 중요한 기업인지 알고 있습니다. 브랜드와 소비자와의 유대를 강화하기 위해 우리가 할 수 있는 모든 것은 다 해서 사람들이 우리를 가장 먼저 떠올리게 한다면 기업에게 있어 그것만큼 값진 이득은 없을 겁니다."

듀라셀 유튜브 채널에는 파워포워드 구축 사례 중 하나가 요약되어 있다. 극심한 폭풍이 닥친 후 며칠 동안 파워포워드 트럭 주위로 모인 수십 명의 사람들에게 무료 배터리가 제공됐다. 그들 중 일부는 집을 잃었지만 힘든 시기에도 미소를 지으며 행복해했다. 그중 한 사람은 이렇게 말했다. "듀라셀이라는 이름을 보면 저희는 이렇게 말합니다. 우리를 도와줄 사람들이 왔다고요. 그래서 우리가 평생 충성해야 할 사람들이라고 말이죠. 누군가가 당신이 힘들 때 다가와 도움을 주고 곁에 있어준다면 그것만큼 강력한 일이 있을까요."

이 멋진 대화를 마무리지을 때 벨루티니는 생각지 못했던 한 가지를 더 말해주었다. "이것은 단지 소비자에게만 좋은 일이 아닙니다. 회사 내부적으로도 엄청나게 성공적이라 할 수 있죠." 그가 말했다. "우리에게는 우리가 하는 일과 그 이유에 대한 목적의식이 있습니다. 파워포워드로 사람들을 돕는 순간들이 우리의 판매점들을 화합하게 하고, 직원들을 단결하게 하며, 소비자들에게 더 가까워지게 한다고 생각합니다. 그 가치를 측정하는 것은 불가능하다고 생각합니다. 7천 개의 배터리를 푸에르토리코로 신속하게 공수하기 위해 회사 직원 모두가 정말 어려운 일들을 해냈습니다. 이런 일들은 회사의 모든 직원이 하나의 팀이 되어 전적으로 그 일에만 매달려야 가능합니다. 직원들은 파워포워드 스티커를 자기들 차에 붙이며 이에 대해 이야기했죠. 회사 내부에 자부심이 뿌리내린 겁니다. 우리의 프로그램이 수백만 명의 사람들의 삶에 어떤 도움이 되었는지를 직접 보면 그 가치는 다른 어떤 것과도 비교가 되지 않습니다."

찰리의 택시: 한 사람이 우버와 경쟁하는 법

무료 제공과 같은 선물은 팬을 만들고 소셜 미디어와 다른 사람들에게 공유하고 싶게 만든다. 선물은 종종 전혀 예상치 못한 일이어서 이에 대해 이야기하지 않을 수 없게 한다.

나는 로스앤젤레스행 비행기를 타기 위해 시드니 올림픽공원에 있는 호텔에서 국제 공항으로 가야 했다. 호텔 직원에게 택시를 불러달라고 요청했고, 45분가량 걸리는 공항으로 가는 길에 운전 기사는 그의 전화번호와 함께 대문자로 'HI CHARLIE'라고 적힌 펜을 건네주었다. 나는 웃으며 말했다. "안녕 찰리^{Hi, Charlie}"

처음에는 펜이 필요 없었기에 다시 돌려주려고 했지만, 나는 이 선물에 대해 다시 생각해보기 시작했다. 그 호텔은 그 지역의 다른 택시들 대신 찰리의 택시를 불러주었다. 즉 그는 이를 가능하게 하는 무언가를 하고 있다는 것을 의미했다. 우버나 다른 승차 공유 회사들과의 경쟁으로 전통적인 택시 사업이 점차 어려워지고 있는 지금, 한 명의 개인 택시 기사가 어떻게 이들과 경쟁할 수 있었을까? 그 펜은 눈에 띄고 기억에 남는 흥미로운 방법이었다.

그리고 찰리는 내게 예상치 못한 또 다른 선물을 주었다. 공항에서 약 1킬로미터 정도 남았을 때였다. 그는 정확히 100달러에서 미터기를 껐다. 정가를 정한 적 없는데 그가 미터기를 꺼버린 것이다.

목적지에 도착한 후 나는 찰리에게 팁을 주려고 했으나 그는 그것도 거절했다. 나는 이 경험을 블로그에 공유했고 지금도 이렇게 공유하고 있다. 몇 달 후 다시 시드니를 찾았을 때 호텔에 택시를 불러달라고 요청하지도, 우버를 사용하지도 않았다. 무엇을 이용해야 할지 이미 알고 있었다. 그리고 내가 그의 택시를 두 번째 이용했을 때 나는 그를 이렇게 반겼다. "안녕, 찰리"

7
★
정체성을 형성하라
by 레이코

내가 의과 대학에서 사귄 첫 번째 친구와는 티셔츠가 인연이 되어 만났다. 건너편 방에서 진한 빨간색과 검은색을 보자마자 나는 첫눈에 친구가 될 사람이라는 것을 알았다. 로고가 새겨진 티셔츠와 형형색색의 스웨터들로 가득 찬 방은 그 자체로는 특별할 것이 없었지만 나는 알 수 있었다.

"매스 이펙트?" 나는 티셔츠에 꿰매져 있는 'N7'을 가리키며 물었다. 그 티셔츠는 우주선의 인간 사령관으로서 외계인을 만나고 은하계를 구하는 캐나다의 비디오 게임 회사 바이오웨어BioWare의 롤 플레잉 슈터 게임을 의미하는 것이었다. "물론이지." 그녀가 대답했다. 마치 오랜 친구 사이처럼 그녀는 미소지었다.

의과 대학 오리엔테이션은 내게 여러 가지로 스트레스를 주었다. 다가오는 학업의 혹독함과 책임감으로 인해 불안감에 사로잡힌 나는 친구를 사귀는 방법조차 잊어버렸다. 똑똑하고 유능한 사람처럼 보이려고 격식 있는 악수와 함께 능숙하게 자기소개를 했지만, 마치 면접을 보는 사람처럼 굳어 있었다. 그런 악수는 내가 이전에 친구를 사귀던 방식이 아니었다.

오리엔테이션에 참석한 대부분의 사람이 격식을 갖춰 정장과 재킷, 그리고 흰색 의사 가운(결코 오래도록 흰색을 유지하지는 않을)을 입고 있어서 그들이 누군지 구분하는 것조차 쉽지 않았다. 그 복장은 사람들의 개성보다는 직업을 나타내고 있었다. 그래서 나는 그들이 친구라기보다는 동기나 함께 일하는 동료로 여겨졌다.

때문에 그날의 매스 이펙트 티셔츠는 훨씬 더 많은 것을 의미했다. 물론 그녀가 게이머라는 것을 분명히 보여주었고, 내가 좋아하는 종류의 스토리를 그녀도 좋아한다는 것을 알게 해주었다. 또한 그 티셔츠는 내가 좋아하는 캐릭터에 대해 그녀와 대화를 나눌 수 있으며 비웃음을 사지 않을 것이라는 것을 의미하기도 했다. 그 브랜드가 상징하는 것은 비디오 게임, 그 이상이었다. 그것은 바로 정체성이다.

무엇보다도 그 티셔츠는 마치 이미 알고 있던 사이처럼 내가 그녀에게 친밀하게 다가가게 해주었다. "너도 플레이해?" 그녀가 물었다. "나는 아마 두 달 만에 세 개를 모두 해봤지." 내가 대답하자 그녀는 실실 웃으며 말했다. "얼간이" 그녀가 말하는 태도로 봐서는 그 말은 칭찬에 가까웠다. "나는 빅토리아야. 우리 잘 지낼 것 같다." 그녀는 이렇게 말했고 그녀의 예상은 적중했다.

정체성을 형성하는 시기

어렸을 때 나는 유치원과 초등학교에 다니면서 이 동아리에서 저 동아리로 아주 쉽게 옮겨 다녔다. 오려낸 종이를 풀로 붙이고 모래 로 조각하는 걸 배웠을 때는 한동안 예술가가 되고 싶었고, 정글짐 을 등반하면서 체조 선수처럼 공중제비하는 운동선수가 되고 싶기 도 했다. 혹은 우주 비행사, 수의사, 소방관 등 한 번에 여러 가지를 꿈꾸기도 했다.

　　나이가 들어가면서, 특히 사춘기를 맞이하고 학교와 가정에 서의 사회적 압박이 점점 복잡해지면서 많은 것이 달라졌다. 내가 했던 것과 좋아했던 것은 단순한 활동, 그 이상의 것이 된 것이다. 이제 나는 단지 방과후 활동으로 수영을 하지 않는다. 그 당시 나는 수영 선수였기에 수영을 더는 취미처럼 할 수 없었다. 심지어 과학 을 좋아하지 않았던 내가 과학자가 되기 위해 공부하고 있다. 지금 까지 내가 했던 일들은 내가 누구인지를 표현하는 것으로, 지금의 나는 그동안 내가 구축해온 정체성인 것이다.

　　인류 역사를 통틀어 종교적으로나 세속적으로 10대 시절 의 성인식이나 통과 의례는 매우 흔한 일이었다. 많은 사회에서 아동이 성인이 되는 시점에 행해지던, 대대로 이어지고, 의식화되고, 성문화된 공식적인 의식들이 여전히 행해지고 있다. 예를 들어 유대인 전통인 '바르와 바트 미츠바Bar and bat mitzvahs'는 남자의 경우 13세, 여자는 12세에 행해진다. 말레이시아 문화인 '카탐 알 코란Khatam Al Koran'은 11세에, 가톨릭 교회에서 행해지는 '견진성사Confirmation'는 일반적으로 10대 중반에 행해지며, 라틴 아메리카의 '킨세아녜라Quinceañera'는 15세의 소녀들에게 행해진다. 아미쉬(미국 펜실베이니아주의 개신교 재세례파 계통의 종교적·문화적 공동체-옮긴이)의 '럼스프링가Rumspringa' 또한 15세 전후에 행해진다. 심지어 미국의 '스위트식스틴Sweet Sixteen(미국과 캐나다 등에서 16세 소녀의 생일을 축하하는 파티-옮긴이)'과 운전면허시험은 광범위하게 행해지던 성인식을 재현한 것처럼 보인다.

아버지와 나는 구나 청소년 대회Guna Youth Congress의 회장인 이니퀼리피 키아리Iniquilipi Chiari로부터 이러한 의식에 대해 배울 기회가 있었다. 그는 파나마 환경부 직원으로 원주민 문제와 보호 구역을 관리하고 있었다. 구나는 수세기 동안 전통적인 방식을 고수하며 자치 국가에서 살고 있는 파나마와 콜롬비아의 토착민이다. 우리는 구나 마을인 간 이가르Gan Igar에서 키아리를 만났다. 간 이가르는 카리브해로 흐르는 칸간디 강Cangandí River이 내려다보이는 언덕 꼭대기에 자리하고 있는 마을이었다.

"소녀가 성인이 되면 그녀를 마을에 소개하기 위해 '이고 이나Iggo Inna'라는 행사를 합니다." 사냥꾼과 그의 아내가 대나무와 풀로 만들어진 오두막에서 생선구이와 바나나로 식사를 하는 동안 키아리는 이렇게 말했다. "이 의식에서 그녀가 결혼할 준비가 되었음을 나타내는 전통적인 이름을 부여합니다."

사춘기에 행해지는 이고 이나 성인식이 있기 전에도 소녀들은 네 살이 되면 처음으로 머리카락을 자르는 일종의 세례를 받는다. 마을 사람 모두가 축하하는 행사이기도 하다. 구나는 모계 사회이며 소녀들만이 이런 의식을 수행한다. 키아리는 설명했다. "성인식은 하루 종일 계속됩니다. 마을에서 가장 큰 오두막에서 의식이 행해지죠. 마을의 모든 성인 남성이 한쪽에 앉고 다른 쪽에는 성인 여성이 앉습니다. 의식의 사회자는 노래, 춤, 마을에서 전통 방식으로 만든 럼주와 비슷한 술의 음주를 유도합니다. 소녀의 몸은 짙은 푸른색을 내는 씨앗으로 칠해지고 그녀는 마을 전체에 공식적으로 소개됩니다." 키아리에 따르면 이 의식은 즐겁고 재미있는 행사다. "저는 이 의식을 정말 좋아합니다. 저희의 문화이니까요. 구나인으로서의 정체성을 이어가기 위해서 이 의식이 영원히 지속되었으면 합니다."

그러나 미국, 파나마 및 기타 지역에서 성인이 되는 것은 단지 이처럼 구조적인 하향식 Top-down 현상인 것만은 아니다. 10대 청소년들은 자신에게 적합한 시기에, 주목받는 방식으로서가 아닌 자기 자신을 성인들의 세계에 소개하는 방식을 취한다. 그들이 즐기는 것들을 토대로 자신의 정체성을 드러냄으로써 말이다. 바로 그들의 팬덤을 통해서다. 그들이 입는 티셔츠의 록 밴드 그래픽, 그들이 따라 하는 화장법, 혹은 그들이 참여하는 온라인 커뮤니티들은 외부에서 보이는 그들의 모습 그 이상을 의미한다. 때때로 성인식은 히피 문화에서의 첫 마약 경험처럼 인지 위험 요소를 내포할 수도 있다. 이것이 오늘날의 현대적이고 자기 주도적인 통과의례다. 또한 젊은이들이 어떤 종류의 성인이 될 것인지를 보여주는 방식인 것이다.

우리는 연구를 진행하면서 특정 팬덤에 참여하고 있다고 대답한 수천 명의 응답자에게 그 주제에 관심을 갖기 시작한 것이 몇 살이었는지 물었다. 그들이 대답한 평균 연령은 12세였다.

어렸을 때 경험한 성인식은
성인이 된 후 참여하는 패노크라시에 큰 영향을 미친다.

12살이 새로운 책임과 도전에 직면하는 때라는 것이 흥미롭지 않은가? 이 사실이 익숙하게 느껴지는가? 소위 사춘기 때 우리는 새로운 몸과 호르몬을 만들어낸다. 다른 사람들이 나에게 기대하는 것과 내가 내 자신에게 기대하는 것의 측면에서 과거 어느 때보다 이 나이에 많은 역경을 맞이하게 된다. 학교, 괴롭힘, 또래 집단의 압박, 우정 등의 문제가 훨씬 더, 그리고 갑작스럽게 커지고 심각해진다. 이때 의식적으로 정체성을 형성하는 것이 그 모든 것에 대한 해답이다. 그것이 위협적인 세상 속에서 안정감을 주는 원천이 된다.

대개 사람들은 가족의 전통과 대중문화를 통해 서서히 정체성을 형성한다. 그리고 정체성을 형성한 후에도 수십 년간 성인이 되기 위해 거쳤던 이런 과정들은 내가 어떤 사람이 되고자 하는지의 기초가 된다.

머글넷: 해리 포터 팬들이 만드는 세상

1999년에 머글넷MuggleNet을 만든 에머슨 스파츠Emerson Spartz는 당시 12살이었다. 초기 인터넷은 그에게 웹 사이트를 구축해 다른 사람들과 공유하며 자신의 정체성을 발견하는 방법이었으며 일종의 성인식 장소였다. 현재 머글넷은 5천만 건의 조회 수를 기록하며 엄청난 수의 독자를 확보한 전 세계에서 가장 인기 있는 해리 포터 팬 사이트지만, 이를 시작할 당시에는 그저 다른 해리 포터 사이트들을 검토하고 광팬들이 흥미를 가질 만한 정보와 뉴스, 예를 들면 책에 나온 모든 동물이나 책에서 사용된 모든 고유 명사를 꼼꼼히 수집하기 위한 것이었다. 하지만 머글넷은 꾸준히 성장해 2007년에 스파츠 등이 쓴 해리 포터 관련 책이 《뉴욕타임스》가 선정한 베스트셀러 반열에 오르기도 했다. 그는 또한 수만 명의 사람과 라이브 이벤트를 개최했는데, 2005년에 조앤 K. 롤링이 여섯 번째 〈해리 포터〉 시리즈 《해리 포터와 혼혈 왕자》를 출간하며 스파츠를 스코틀랜드에 있는 그녀의 집으로 초대해 단독 인터뷰를 했다. 주류 미디어의 똑같은 질문들에 질린 롤링은 해리 포터 팬덤을 대표하는 스파츠를 선택한 것이다.

스파츠는 모든 종류의 팬덤에 관심이 많다. 특히 극소수의 팬덤이 사용하는 방식에서 나타난 트렌드에 주목한다. 이를 위해 그는 팬들이 래딧Reddit과 같은 온라인 커뮤니티에 포스팅하는 방식을 연구한다. 어떤 팬덤은 처음 산 제품과 함께 찍은 사진을 포스팅하고, 또 다른 팬덤은 1년간 특정 주제에 대해 소통하는 등 일종의 기념비적인 사건을 올리는 것이다. 스파츠는 문화 속 성인식의 의례, 전통, 가치에 대해서도 깊은 관심을 가지고 있다. "이는 팬덤이 어떻게 종교의 근간을 형성하는 고대의 전통이나 의식과 같은 맥락으로 작용될 수 있는지를 이해할 수 있게 해줍니다." 그는 덧붙였다. "그것은 우리가 가진 일종의 사회적 기술이죠. 또한 직장에서는 협력 관계의 기반이기도 합니다."

스파츠의 경우 머글넷을 만들고 관리하는 것이 그가 성인이 되는 의식이었다. 그의 인생의 일부가 될 팬덤을 만드는 동시에 그의 경력을 일구는 도구였던 것이다. 그는 이 과정을 분석하고 또 분석해 결국 온전히 자신의 것으로 만든 것이다. "만일 무언가를 수동적으로 읽고 있다면 다른 누군가가 만든 우주로 들어서고 있는 겁니다. 누군가가 쓴 책을 읽으면서 자신을 그 책 속의 캐릭터에 대입해 해리 포터가 되어 세상을 구하는 거죠." 그는 설명했다. "하지만 당신이 그 세계를 창조하는 과정에 참여한다면 당신은 아이디어, 콘텐츠, 그리고 당신 자신에 대한 소유권을 갖게 됩니다. 비즈니스도 마찬가지입니다. 회사 주식을 얻으면 소유권을 갖게 되고 이는 사람들로 하여금 사업의 가치를 높이기 위해 더 열심히 일하게 하는 원동력이 되는 것이죠. 전 세계를 무대로 한 콘텐츠 제작에 참여하면 당신은 주인이 된 것처럼 느낄 수 있습니다."

누군가가 자신이 좋아하는 브랜드를 소유하게 되면
그것은 곧 그들의 정체성이 된다.

스파츠는 일반적으로 많은 팬덤들이 그렇듯이 머글넷을 자기표현을 중심으로 한 패노크라시가 되도록 설계했다. 즉, 팬들이 직접 자신들이 좋아하는 것에 대한 소유권을 갖고 온전히 자신들의 것으로 만들도록 한 것이다. 그는 이렇게 설명했다. "머글넷의 비즈니스 모델은 기본적으로 사람들이 아주 쉽게 기여할 수 있게 하는 것입니다." 실제로 그는 다른 팬들도 팬덤의 주인이 된 것처럼 느낄 수 있게 했다. 머글넷의 초창기에는 콘텐츠가 없는 페이지를 만들어 "도움을 주고 싶은 사람은 이메일 주세요"라고 썼다. 이를 통해 다른 사람들도 쉽게 머글넷 제작에 참여할 수 있었다. 많은 사람들이 도움을 주었고 그중 일부는 콘텐츠 제작 과정에서 자신의 정체성을 발견하곤 했다. 이는 웹 사이트를 성장시켰을 뿐 아니라 콘텐츠에 기여한 사람들이 광팬으로서의 자신의 정체성을 발견하고 커뮤니티에 적극적으로 참여하도록 했고 스스로 동기 부여가 되도록 만들었다. 머글넷은 성인이 된 사람들도 자신의 새로운 정체성을 안전하게 찾아가도록 돕는 역할을 한 것이다.

스파츠는 머글넷의 콘텐츠 제공자들에 대해 이렇게 설명한다. "때때로 열심히 일하고 열정적이며 똑똑한, 다듬어지지 않은 원석을 만나게 됩니다. 그들은 점차 더 많은 업무를 맡게 되고 더 많은 기회를 얻게 되죠. 그리고 그들은 자기 자신을 만들어 갈 업무를 맡게 됩니다." 머글넷에 가장 많은 기여를 한 사람들에게 이 일은 그들 자신의 정체성이 된다. 머글넷은 이처럼 콘텐츠에 기여하는 사람들의 수를 지속적으로 늘리는 방식으로 사이트를 설계하고 커뮤니티를 조직하며 운영되고 있다.

머글넷 이후 스파츠는 바이럴 콘텐츠 웹 사이트를 구축하기 위해 도즈Dose를 설립했으며, 해리 포터 팬덤을 운영한 방식으로 3,500만 달러의 자본을 조달했다. 스파츠는 "사람들은 팬이 된다는 것에 대해 지나치게 편협한 정의를 내립니다"라고 말한다. "우리는 팬을 정말 행복한 고객으로 생각해야 합니다. 거기에서부터 관계가 시작되는 겁니다." 팬이 직접 콘텐츠 제작에 기여하도록 유도하는 스파츠의 방식과 같은 방식으로 기업도 고객과의 관계를 발전시켜 나가야 한다. 즉, 팬들이 기업의 제품이나 서비스가 자기 정체성의 일부라 느끼게 해야 한다.

에어 조던: 잘나가는 사람들의 상징

"10대와 사춘기 청소년들이 브랜드와 관계를 맺는 것만큼 실제로 그들이 비즈니스와 관련이 있지는 않습니다"라고 메시지Message 이사인 주마 이니스Juma Inniss는 말한다. 메시지는 워크숍과 영감을 주는 대화를 통해 청소년이 자신감 넘치는 성인으로 거듭나도록 돕는 조직이다. "그들이 브랜드와 관계를 맺는 것은 그들 자신의 정체성을 구축해가고 알아가는 과정에서 발생하는 보다 심오한 의미의 관계입니다." 이니스는 설명했다. 그는 라이브 음악과 대중문화를 사용하여 젊은 사람들이 현재 기술에 대한 지식을 습득하고 그 지식을 실무에 활용할 수 있도록 돕는다.

사람들이 자신의 정체성에 관련된 결정에 대해서는 감정적이 된다는 것을 이해하기에 이니스는 그들을 가르치는 데에 대중문화를 이용한다. 어떤 밴드의 음악을 듣고, 어떤 옷을 입으며, 소셜 네트워크에서 어떤 유명 인사를 팔로우하는지가 대부분의 젊은이가 자신이 누구인지를 보여주는 방식이다. 심지어 10대들에게는 어떤 제품을 구매하는지와 같은 매우 일상적인 결정조차도 자기만의 스토리가 된다.

이니스는 그 예로 나이키가 만든 에어 조던Air Jordan 운동화를 들었다. 에어 조던은 도시와 부유한 지역에서의 지위를 상징하며 지금까지 만들어진 운동화 중 가장 영향력 있는 운동화다. 일부는 이 신발에 붙은 가격이나 출시와 함께 펼쳐지는 과대광고를 이해하지 못했다. 그러나 젊은이들에게 에어 조던은 신발 그 이상의 의미였다.

특정 상품이 지위를 상징하게 되었다면
이제 그것은 더 이상 단순한 상품이 아니다.

"에어 조던은 상징적인 신발입니다." 이니스는 말했다. "제가 어릴 때도 조던 운동화를 갖는 일은 엄청난 일이었습니다. 이것만 봐도 그들은 지난 20~30년간 지속적으로 젊은 세대를 상징하는 하나의 문화로서의 위치를 지켜내는 엄청난 일을 한 것이죠." 여러 세대에 걸쳐 젊은이들은 조던 운동화를 신는 사람들을 보면서 그들과 연결되어 있었기에 계속 조던에 끌렸던 것이다.

그 시작은 마이클 조던이었다. 이니스는 말한다. "조던의 전성기에는 모두가 마이클 조던처럼 되고 싶어 했습니다. 그는 동경의 대상이었죠. 나이키는 영리하게도 그의 신발에 일반 소비자가 수용할 수 있는 범위를 넘어선 금액으로 가격을 책정했습니다. 당시만 해도 과감한 전략이었죠. 하지만 결과적으로는 굉장한 수익을 가져왔습니다. 나이키는 많은 도시 아이들이 그 신발을 살 여유가 있다고 생각했습니다. 또한 그들은 주목받는 걸 좋아하죠. 그들 중 몇몇은 성인이 된 이후 굉장한 성공을 맛봤습니다. 오늘날 조던 시리즈의 대표적인 홍보 대사라면 디제이 칼리드^{DJ Khaled}를 들 수 있습니다. 그는 Z세대의 가장 유명한 인플루언서일 겁니다." 이처럼

정체성을 형성하라

새로운 세대의 우상이 조던의 영향을 받아 성장하면서 계속해서 그 브랜드를 구매하고 자신을 나타내는 브랜드로 만들기 때문에 시간이 지나도 여전히 지위의 상징으로 남아 있는 것이다.

> 아이들은 구매하는 브랜드에 투영되는 모습을
> 자기 자신으로 인식한다. 그리고 이들이 자라면서
> 그 브랜드에 충성하는 팬덤이 되는 것이다.

"일부 브랜드는 멋진 지위나 반문화적 지위를 나타냅니다. 브랜드는 그것이 기술에 관련하든, 소비자 혹은 소매업에 관련한 것이든 청소년의 삶에서 큰 역할을 합니다. 즉, 브랜드는 청소년이 정체성을 형성하는 데에 중요한 역할을 합니다. 그들이 자신을 그리고 사회에서의 위치를 어떻게 인식하는지를 보여주는 것이죠."

그렇다면 Z세대에서 성공한 브랜드와 실패한 브랜드의 차이는 무엇일까? 이는 브랜드가 더 많은 것을 의미하고 자신의 플랫폼을 유리하게 활용할 힘이 있는지에 달려있다고 이니스는 설명한다. 특히 사회적으로 책임감 있는 방식으로 말이다. "닐슨Nielsen의 최근 설문조사 결과에 따르면 청소년 응답자의 72%가 사회와 환경에 긍정적인 영향을 끼치는 상품과 서비스에 더 많은 가격을 지불할 의사가 있다고 응답했습니다." 이니스는 말한다. "사회적 인식이 Z세대에게 하나의 흐름이자 주제인 것이죠."

이런 현상이 어떻게 패노크라시로 확산될까? 어떤 신발은 아이들에게 멋진 것, 그들이 따르고 싶은 것, 혹은 특정 유명인을 흉내 낼 수 있는 것으로 인식된다. 신발 하나가 착용한 사람의 이야기가 되는 것이다. 즉, 신발은 개인의 삶에서 제품 그 이상을 의미하므로 신발 이상의 존재가 되는 것이다. 같은 맥락에서 많은 젊은이들이 사회적 의식 수준이 높은 브랜드를 선택한다. 그것이 자신의 의식 수준을 반영한다고 믿기 때문이다. "나는 환경 문제에 관심이 높은 사람으로 보여지길 원하기 때문에 이 브랜드를 선택했다"라고 보는 것이다. 이런 측면은 젊은이들이 그들 자신에 대해 어떻게 생각하는지, 다른 사람들에게 어떻게 보여지는지를 반영하기 때문에 그들의 의사 결정에 큰 영향을 미치는 것이다.

매직, 더 개더링: 디지털 시대에 여전히 사랑받는 아날로그 게임

브랜드는 다른 사람에게 자신의 정체성을 드러내는 강력한 도구일 뿐 아니라 자신이 누군인지 탐색하는 방법이기도 하다. 단지 보여주기 위한 방법이 아니라 자기 자신에 대한 이야기를 만들어가는 방법인 것이다.

　나의 남편 벤은 최근 부모님 집 창고에서 오래된 카드 게임 상자를 발견하고는 집으로 가져왔다. 그것은 평범한 카드 게임이 아니었다. 엘프와 용, 마술사, 거대한 공룡과 섬뜩한 도깨비 그림으로 가득 찬 공상의 세계에 가까운 모습이었다. 그 카드는 벤이

10살 무렵에 갖고 놀던 판타지 카드 게임 '매직: 더 개더링The Magic: The Gathering'이었다. 그 게임은 게임판 위에서 상대방과 전투를 벌이는 게임이다. 각 플레이어는 뱀파이어나 인어, 혹은 돌격하는 코뿔소 등의 '크리처 카드Creature Cards'나 '주문'을 이용해 다른 플레이어를 공격한다. 게임의 최종 승자는 마지막까지 살아남은 플레이어다.

고등학교 밴드에서 만난 우리는 괴짜 커플이었지만 이 게임은 우리의 괴짜 영역에서 다소 멀어 보였기에 나는 별 관심이 없었다. 그러나 벤은 너무 흥분해 있었다. 벤을 행복하게 한다면 함께 이를 기념해야 하지 않겠는가. 몇 개의 유튜브 비디오와 인터넷에서 설명서를 찾아본 후에야 이 복잡한 게임에 적응할 수 있었다. 그리고 나는 곧 이 게임에 푹 빠져버렸다.

이 게임이 25년이 넘도록 인기를 유지하는 이유는 아마도 플레이어가 선택한 게임 방식에서 각자 갖게 되는 매우 독특한 경험 때문일 것이다. 수천 장의 카드를 고르고 또 계속 새로운 카드가 추가되면서 게임 방식과 전략은 계속 변한다. 각자 다른 카드를 조합해 60장의 카드를 골라내야 하기 때문에 각각의 플레이어의 성향이 드러나는 게임이다. 수비를 좋아하는 나와 같은 사람은 공격으로부터 내 생명을 보호할 수 있는 크리처나 주문을 선택할 것이다. 그러나 전면전을 좋아하는 벤과 같은 사람은 나 같은 사람이 준비한 방어 수단을 짓밟고 상대가 보복하기 전에 상대를 죽일 수 있는 거대한 크리처 카드를 뽑을 것이다. 단 하나의 게임이 개인의 독특한 전략을 추구하고, 자신만의 이야기를 만들어가면서 서로의 개성을 즐기는 것까지 모두 가능하게 한 것이다.

매직: 더 개더링을 제작한 회사인 위저드 오브 더 코스트^{Wiz-ards of the Coast}의 수석 게임 디자이너인 마크 로즈워터^{Mark Rosewater}는 광범위하면서 친밀한 느낌을 주는 게임을 만드는 작업에 대해 많은 이야기를 한다. 아름다운 그림과 서로 연결되어 거대한 판타지의 세계를 만들어내는 엄청난 수의 카드들만 봐도 이 카드 게임은 매우 광범위하다고 할 수 있다. 또한 각자의 개성에 맞게 게임할 수 있게 한다는 측면에서는 매우 친밀하기도 하다.

로즈워터는 팟 캐스트에서 매직: 더 개더링의 제작에 대해 이렇게 이야기한다. "사람들은 자신의 이야기에 가치를 둡니다." 그래서 로즈워터는 사람들의 이야기를 표현할 수 있도록 유연하게 게임을 디자인했다. 그는 카드를 디자인할 때 게임을 하는 사람들이 예상치 못한 방식으로 카드를 이용할 수 있도록 한다. 의도적으로 각각의 요소들이 플레이어의 게임판에서 서로 짜 맞춰지도록 설계해서 게임을 더 흥미롭게 만든 것이다. 개인적인 이야기, 개인적인 결정, 개인적인 문제들을 경험하게 하면서 그는 이 카드 게임을 현실 세계로 만들었다.

로즈워터는 게임을 디자인하면서 놀라운 것을 발견했다. 플레이어들이 항상 가장 빨리 승리할 수 있는 전략을 선택하지는 않는다는 것이다. 사람들은 더 재미있는 이야깃거리를 만들 기회를 엿본다. 많은 경우 게임에서 이기는 가장 좋은 방법을 거스르기까지 했다. 그들에게는 더 흥미롭고 새로운 방법으로 게임을 하는 것이 단순히 이기는 것보다 더 중요했던 것이다.

이야기가 승리보다 더 강렬한 경우는 또 있다. 2018년 메이저 리그 베이스볼 월드 시리즈 챔피언십을 생각해보라. 이는 보스턴 레드삭스 대 LA 다저스의 경기였고 일곱 경기 중 다섯 번째 게임에서 레드삭스는 선수권을 얻기 위한 단 한번의 우승만을 남겨두고 있었다. 나는 레드삭스의 많은 골수팬들이 사실은 레드삭스가 LA 다저스와의 경기에서 패배해서 또 한 번의 경기를 위해 홈구장인 보스턴으로 돌아와 레드삭스의 홈그라운드에서 시리즈 우승을 위한 두 번의 경기를 더 가지기를 원한다는 것을 들었다. 그들은 정말로 이런 일이 벌어지기를 원했다. 그들에게는 5차전에서의 승패보다 무언가를 경험하는 것이 더 중요했던 것이다. 이것이 매직: 더 개더링을 제작하며 로즈워터가 추구했던 바였고 또한 내가 그 카드 게임에서 경험한 것이었다.

'자신만의 이야기를 만드는 게임'이라는 특징은 매직: 더 개더링을 벤이 처음 게임을 하던 1990년대 이래 급성장하며 현존하는 게임 중 가장 유명한 게임으로 만들었다. 첨단 비디오 게임 시대에 이처럼 널리 인기를 끈 카드 게임이야말로 진정한 패노크라시라 할 수 있을 것이다. 현재 매직: 더 개더링은 전 세계적으로 2천만 명의 플레이어를 보유하고 있으며 수만 개의 카드가 시중에 출시되었고 많은 희귀 카드가 팬들로부터 사랑을 받고 있다. 매직: 더 개더링은 1999년 장난감 회사 하스브로Hasbro에 의해 3억 2,300만 달러에 인수되었고 매년 약 2억 5천만 달러를 벌어들이며 현재까지도 회사를 대표하는 브랜드 중 하나다.

　기업과 전문가들 사이에서 이 부분이 얼마나 분명히 드러나는지는 중요하지 않다. 중요한 것은 이야기 자체가 가치를 갖는다는 것을 이해하는 것이다. 로즈워터의 통찰력을 통해 브랜드들이 배울 수 있는 것은 유연성을 갖춘 브랜드, 즉 한 개인이 구매한 대량 생산된 상품을 어떻게든 소비자 자신의 것으로 만들 수 있는 능력을 개발하는 브랜드가 소비자들이 지속적으로 구매하고 신뢰하는 브랜드가 되어 막대한 이익을 얻는다는 것이다. 상품이 대량 생산되었다 하더라도 제품을 사용하는 방법은 개인에 따라 결정할 수 있기 때문에 제품이 각 개인의 삶의 일부가 될 가능성을 부여하는 것이 바로 제품의 품질이라 할 수 있다.

　벤과 나는 여전히 매직: 더 개더링을 하며 함께 시간을 보낸다. 이 카드 게임을 하면서 전에는 알지 못했던 그에 관한 것들을 알게 됐다. 그가 어릴 때 소중히 간직했던 카드들은 그가 자라면서 그려온 것들에 영감을 주었다. 이 게임은 그의 과거를 보여주는 창이 되었고 내 호기심을 풀어주는 통로가 되었다. 이 게임은 단순한 게임 그 이상인 것이다.

· · ·

내가 자란 가정에서는 종교의식과 같은 것이 없었다. 그래서 내게는 스위트식스틴 같은 성인식은 없었다. 고등학교를 졸업하자마자 곧바로 대학에 진학했다. 대학에 가는 것은 스스로에게 진정한 변화를 주는 무엇이라기보다는 그저 논리적 발전을 의미하는 다음 단계로 여겨졌다. '성인'이 된 순간이라고 오래도록 기억할 만한 순간이 내게는 없었던 것이다.

특별히 기억나는 것은 초등학생 때 아버지가 내가 갈 첫 콘서트를 직접 고르도록 했다는 것이다. 중학교 때는 단순히 밴드를 좋아하는 것에서 그치지 않고 내가 듣는 음악을 자랑하려고 안달이었다. 나는 헤비메탈 팬이었고 이를 증명할 수 있도록 힘HIM, 린킨 파크Linkin Park, 디스터브드Disturbed 밴드가 새겨진 티셔츠를 입고 다녔다.

밴드 외에 나는 책을 잔뜩 들고 다니면서 누군가가 그 책에 관해 물어보기를 바라곤 했다. 그렇게 내가 좋아하는 책으로 나 자신을 정의했었다. 25살이 되었을 때 어린 시절부터 나의 발전에 영향을 미친 특별한 책을 표시하는 일종의 의식 같은 것을 만들었다. 그 하나로 소설 《네버엔딩 스토리The Neverending Story》에 나오는 아우린AURYN(무한을 나타내는 심볼-옮긴이)의 표식인 우로보로스(자기 꼬리를 입에 문 원의 모습으로 우주를 휘감고 있다는 뱀-옮긴이) 형태의 뱀 두 마리를 문신했다. 그 책을 처음 읽은 이래로 15년 이상이 흘렀지만, 여전히 내 겉모습과 내가 누구인지를 정의내리게 해준다.

돌이켜보면, 어린 시절부터 지금까지 나를 이끌어왔던 브랜드와 책은 내가 누구인지를 보여주며 나와 분리해서 생각할 수 없는 것들이었다. 사춘기 시절, 책장에 있던 책, 재미있게 본 TV 쇼, 옷장 안에 있는 옷들은 나를 표현하는 모든 것으로, 내게는 물건 그

174

이상의 의미다. 그리고 지금도 여전히 그것들은 자랑스럽게 지니고
있다.

소파에서 혼자 즐기던 일인용 게임인 매스 이펙트는 나와 빅
토리아를 친구로 만들어주었다. 우리가 같은 팬덤이라는 사실이 우
정의 기초가 되었기 때문에 매스 이펙트 티셔츠는 단순한 티셔츠
이상의 의미가 된 것이다. 그것은 함께 공유하는 경험이었다. 비디
오 게임 역시 브랜드를 넘어 우리 정체성의 일부가 된 것이다.

8
★
브랜드 옹호자를 활용하라
by 데이비드

KCDC 스케이트숍은 2001년에 문을 열었다. 당시 브루클린에서 스케이트보드를 타는 것은 뉴욕의 음울한 동네에서 자신만의 뮤즈에 빠져있는 사람들에게 반문화적인 천국이었다. 당시에는 대부분의 사람이 미래를 걱정하고 있었다. 9·11 사건은 여전히 사람들의 마음속에 생생히 남았고, 트윈 타워는 맨해튼에서 불과 몇 킬로미터 떨어진 곳에서 쓰러졌기 때문이다. KCDC는 이런 사람들에게 같은 뜻을 가진 사람들이 서로 어울릴 수 있는 장소를 제공하며 조금씩 커나갔다.

20년이 지난 현재 스케이트보드는 관심 있는 사람이면 누구나 이용할 수 있는 라이프 스타일로 발전했다. 맨해튼은 재건되었으며 브루클린은 지구상에서 가장 멋진 장소 중 하나가 되었다. 이 뿐만 아니라 뉴욕이 그래왔던 것처럼 스케이트보드를 타는 데에 필요한 모든 제품을 판매하는 온라인 쇼핑몰과 함께 KCDC와 같은 가게들이 진화를 거듭하며 사업을 성장시켰다.

KCDC 스케이트숍의 소유주인 에이미 군터Amy Gunther는 "30대에게는 가족과 자녀들이 있습니다"라고 말한다. "아이들은 엄마 아빠가 어릴 적 스케이트보드를 타던 곳에서 처음으로 스케이트보드를 타게 되는 겁니다. 그러나 온라인 쇼핑몰에서는 아버지들이 아이들에게 스케이트보드를 타며 자라는 것이 어떤 의미인지를 보여줄 수가 없습니다. 음악적인 측면이나 커뮤니티의 측면, 그리고 친구를 만나는 것도 설명할 수 없죠. 온라인 쇼핑몰에서 신발을 사면서 친구를 마주치는 일은 없으니까요. 아들에게 스케이트보드를 보여주려고 우리 가게로 데려오는 아버지는 그런 차이를 보여주죠."

KCDC는 스케이트보드, 스케이트 장비 및 강습, 의류를 판매하지만, 점차 스케이트 보더에게 필요한 물품을 판매하는 곳 이상의 의미를 갖게 되었다. 예술 전시, 음악 행사, 프로 스케이트 보더들과의 만남, 스케이트 업계의 떠오르는 예술가와 회사들을 홍보하는 파티 등 창의적인 활동들을 위한 클럽하우스로 발전했다.

RVCA: 브랜드 옹호자들이 고객에게 미치는 영향

"제 작품은 KCDC 설치 미술의 일부였습니다." 조쉬 하모니^{Josh Har-mony}는 이렇게 말했다. 그는 프로 스케이트 보더이자 음악가, RVCA 브랜드 옹호자 프로그램의 일원인 시각 예술가다. 캘리포니아 의류 회사 RVCA는 의류 및 액세서리를 판매하는 예술가 중심의 독창적인 문화를 가진 글로벌 라이프 스타일 브랜드다. "RVCA는 새로운 예술을 창조하고 문화를 만드는 저 같은 사람을 데려다가 브랜드의 옹호자이자 대변인으로 키웁니다. KCDC에서 우리는 밴드가 연주하는 행사에 참여하고, 스티커를 나눠주며, 가게의 경사로에서 스케이트보드를 탑니다. 브랜드와 제가 하는 예술이 모두 RVCA를 통해서 유명해지기 때문에 서로에게 유리한 것이죠. RVCA는 그들이 가진 자원으로 이런 이벤트를 실행하고 그 대가로 제가 만드는 예술 작품의 덕을 보는 것입니다."

17세부터 성공적인 프로 스케이트 보더였던 하모니는 《트레셔》 표지를 여러 번 장식하면서 업계 최대 스케이트보드 비디오 및 잡지에 소개되었다. 그는 독학으로 음악가이자 예술가가 되었으며 캘리포니아에 거주하면서 그의 밴드 '프레클즈^{Freckles}'와 함께 활동하며 여러 장의 솔로 앨범을 내고 공연을 했다. 그의 음악은 스케이트보드 비디오에 사용되었고, 작품은 전 세계 갤러리에 전시되며 업계에서 가장 유명한 스케이트보드 회사의 스케이트보드 그래픽에 사용되었다. 캘리포니아 뉴포트 해변의 부둣가에 있던 망원경을 그린 대형 작품과 해변과 새를 그린 화려하고 기발한 아홉 개의 유화 작품을 KCDC에 전시하기도 했다.

하모니는 "RVCA는 사람들이 하는 일, 즉 그들의 재능을 고객들이 이용할 수 있도록 자신들의 브랜드로 포장을 합니다"라고 말한다. "KCDC에서 저는 사실 나이 많은 프로 스케이트 보더 중한 사람입니다. 35살이거든요. 그러니 어린아이들이 다른 직업의 가능성을 볼 수 있도록 제가 그곳에서 예술 작품을 소개하는 것은 의미가 있죠."

RVCA의 'V'와 'A'는 유기적으로 결합한 예술과 상업이 서로 다른 특성의 균형을 맞추며 공존하는 것을 상징한다. 이 회사는 하모니처럼 다양한 열정을 가진 운동선수나 재능있는 예술가들과 파트너십을 맺고 있다. 하모니는 이렇게 설명한다. "저는 RVCA 브랜드가 시작할 당시부터 RVCA를 이용했습니다. 스케이트 보더로 성장하면서 음악과 예술에 대한 열정도 커졌죠. 그러다 보니 이제는 RVCA에서 자신들의 브랜드를 알리기 위해 저의 작품을 활용합니다. 라이프 스타일, 서핑, 스케이트 문화의 정체성을 바탕으로 RVCA는 그들의 문화에 부합하고, 일부인 사람들을 선택하는 것이죠. 그들이 원하는 것은 제가 그들의 파티에서 음악을 연주하고 작품을 전시해서 브랜드 정신을 구현하는 것입니다. RVCA는 누군가의 흥미롭고 멋진 작업을 시장성 있는 것으로 간주합니다. 이러한 독특한 마케팅이 예술과 상업이라는 상반되는 개념의 균형을 이루어준다고 보기 때문이죠."

RVCA와 같은 회사들은 고객에게 영향을 미치기 위해 브랜드 옹호자 역할을 하는 아웃사이더들과 일한다. 브랜드 옹호자는 회사, 제품, 서비스에 대해 자신이 알고 있는 것을 기꺼이 공유하고자 하는 사람들이다. 열정적인 브랜드 옹호자는 직원(12장 '직원들을 팬으로 만들어라'에서 자세히 다룰 것이다), 고객, 업계 전문가, 혹은 잘 알려진 유명 인사가 될 수 있다.

RVCA에는 브랜드 옹호자 프로그램이 있으며 하모니와 같은 뛰어난 재능을 가진 브랜드 옹호자들을 항상 찾고 있다. 그들은 특정 스포츠, 열정, 추구하는 바에 제한을 두지 않고 다양한 하위문화의 관심을 끌 수 있는 브랜드 옹호자를 원한다. RVCA의 브랜드 옹호자들이 유명인을 이용하는 일반적인 홍보 전략과 다른 점은 그들은 KCDC의 행사에서 서로를 알아 가고 소비자와 소통하는 데에 실제로 시간을 보낸다는 점이다. 재정적인 이득 외에도 그들의 라이프 스타일이 RVCA에 부합하기 때문에 RVCA는 그들에게 투자하는 것이다. 흥미로운 점은 RVCA의 브랜드 옹호자들은 단지 일회성으로 이용되는 것이 아니라 장기적으로 브랜드의 운영에 관여하게 된다.

이러한 장점들로 인해 RVCA의 브랜드 옹호자 자리는 선망의 대상이고 경쟁이 치열하다. 결과적으로 회사 입장에서는 최고의 팀을 구성할 수 있는 호사를 누리게 된 것이다. RVCA와 브랜드 옹호자와의 관계는 독점적이다. 쉽게 말해 예술가나 운동선수들이 계약 기간 동안 RVCA에 독점적으로 협력하는 것을 의미한다. 단, 의류 사업 이외의 분야에서는 다른 회사들과 협력할 수 있다. 계약 기간은 최소 2년이며 대부분의 경우 연장 계약을 한다. 적합한 브랜드 옹호자를 찾아내기 위한 조사만 1년이 걸릴 정도로 그 과정이 매우 광범위하고 오래 걸린다. 현재 브랜드 옹호자로 활동하고 있는 자들에 따르면 새로운 옹호자로 선정될 가능성이 있는 사람도 일단 팀에 참여할 수 있다.

RVCA의 소셜 미디어 책임자인 타일러 컬버트슨^{Tyler Culbertson}은 다음과 같이 설명한다. "일반적으로 라이프 스타일 기업과 액션 스포츠 기업들은 서핑, 스케이트보드 등에 초점을 맞춥니다. 그러나 RVCA는 상반되는 것 간의 균형을 이루는 일들을 해왔습니다. 우리의 브랜드 옹호자들은 세계 최고의 서퍼, 세계 최고의 스케이트 보더, 세계 챔피언 종합격투기 선수, 그리고 놀라운 재능을 가진 예술가들입니다."

하모니 외에도 RVCA 브랜드 옹호자로 일하는 사람에는 전설적인 스케이트 보더 중 한 명인 앤드류 레이놀드[Andrew Reynolds], 세계 최고의 서퍼 중 한 명인 브루스 아이언[Bruce Irons], 세계 서핑 리그 여자 챔피언십 투어에 참가하는 세계 챔피언 서퍼 세이지 에릭슨[Sage Erickson], 최고의 MMA 선수로 평가받는 비제이 펜[BJ Penn]이 포함되어 있다. 예술가 중에는 미국의 거리 예술가 데이비드 최[David Choe]도 있는데, 페이스북 CEO 마크 저커버그[Mark Zuckerberg]가 그의 팬이기도 하다. 저크버그는 페이스북 초창기에 그에게 페이스북 사무실의 벽화를 그려줄 것을 요청했다. 그 대가로 페이스북 주식을 받은 것은 현명한 선택이었다. 페이스북이 2012년 상장하면서 그의 주식 가치는 약 2억 달러가 되었으니 말이다. 현재 그 주식 가치는 10억 달러가 넘으며 역대 가장 비싼 수수료가 되었다.

컬버트슨은 "우리는 이처럼 대단하고 재능있는 예술가들, 서퍼들, 스케이트 보더들과 함께합니다. 그들 모두를 한자리에 모은 거죠"라고 말했다. "일반적으로 다양한 영역의 사람들이 함께하면 물과 기름 같을 수 있습니다. 그러나 RVCA는 그들 모두를 하나로 모았습니다. 그래서 의미가 있는 거죠. 우리 브랜드의 수많은 옹호자는 다른 하위문화권에서도 활발히 활동합니다. 그들은 프로 서퍼이면서 동시에 음악가이고 화가이기도 하죠. 스케이트 보더들도 마찬가지입니다. 그들은 사진 작가고 잡지 편찬자이자 다른 여러 분야의 큐레이터입니다."

RVCA는 이처럼 각자 분야에서 유명한 수십 명의 사람과 함께 일함으로써 그들의 문화에 깊이 빠져들었다. 그들은 여러 스포츠와 하위문화, 다양한 분야 출신이지만 그들의 기술과 경험의 결합은 비범하고 강력한 결과를 냈다.

다양하고 재능있는 전문가들을 한자리에 모아 만든
뜻깊은 인간관계는 충성스러운 패노크라시로 이어진다.

"어떤 브랜드들은 경쟁에 중점을 두고 있지만 RVCA는 그렇지 않습니다." 컬버트슨은 설명했다. "우리는 예술가나 운동선수들이 최대한 자신을 표현하는 데에 관심을 두고 있습니다. RVCA를 지원하는 가장 중요한 방법은 콘텐츠를 만드는 것입니다. 그들은 사진을 찍거나 비디오를 촬영할 때 우리 제품을 착용합니다. 우리는 단지 그들이 자신들의 전문 분야에서 그들의 열정을 추구하며 최선을 다하기를 원합니다. 우리는 그저 뒤에서 그들을 지켜볼 뿐이죠."

소셜 미디어가 등장하기 이전에는 서핑과 스케이트보드 경력이 비디오를 기반으로 구축되었다. 컬버트슨은 "수십 년 전에 액션 스포츠 산업은 콘텐츠 제작에 있어 유행을 선도하고 있었습니다"라고 말한다. "이제 서핑과 스케이트보드는 소셜 미디어에 중점을 둡니다. 그래서 우리의 브랜드 옹호자들은 그들의 소셜 미디어를 이용해 새로운 콘텐츠를 활발하게 만들고 있습니다. 이를 통해 여행, 서핑, 스케이트보드, 예술가로서의 생활을 팬들에게 보여주고 그들이 추구하는 열정을 부각하는 겁니다."

컬버트슨은 70만 명의 팔로워를 가진 RVCA 인스타그램 @RVCA을 포함하여 여러 소셜 미디어 계정을 운영한다. 그는 브랜드 옹호자들과 긴밀히 협력하여 RVCA 소셜 미디어 피드에 공유할 콘텐츠를 선정한다. RVCA 팬들이 즐길 수 있을 만한 콘텐츠를 올리려면 많은 생각과 상상력이 필요하다. RVCA의 소셜 미디어 피드에 브랜드 옹호자들이 만들어 올린 이미지나 비디오를 선별하는 호사를 누리는 것은 그에게 또 다른 기쁨이다. 그는 이렇게 설명한다. "인스타그램은 매우 짧고 간단히 즐기는 콘텐츠에 적합합니다. 그래서 우리는 브랜드 옹호자들에 대한 새로운 사진과 비디오를 지속적으로 팬들에게 제공합니다. 매일 콘텐츠를 만들어 올리면서 팬들은 우리 브랜드가 인스타그램에서 독점적으로 제공하는 독특한 스타일의 콘텐츠를 기대할 수 있는 거죠. 팬들은 잘 알고 있습니다. 자신들이 새로운 경험을 하게 될 것이라는 것을 그리고 다른 어디에서도 게시된 적 없는 콘텐츠를 가장 먼저 보게 될 것이라는 것을 말이죠. 저는 우리 상품과 브랜드 옹호자들에 초점을 맞추면서 인스타그램이 늘 새로울 수 있도록 관리합니다."

이렇게 RVCA는 스케이트보드와 서핑과 같은 스포츠 팬들을 세계적인 스타들과 연결하면서 그들만의 패노크라시를 구축했다.

유명한 것으로 유명한

소비자가 기업의 제품과 서비스를 이용하면서 다른 사람들과 정서적인 유대를 형성할 기회를 얻는다면 이 거래를 고수할 것이다. 그들은 이를 다시 경험하고 싶을 것이며 다른 사람들에게 이 멋진 경험에 관해 이야기하고 싶을 것이다. 이것이 궁극적으로 열정을 불러일으키고 기업의 패노크라시 구축을 가능하게 한다.

브랜드를 대변하는 유명인사는 지난 수십 년간 각종 인쇄물과 TV 광고에 등장해왔다. 예를 들어 1950년대 배우 로널드 레이건 Ronald Reagan은 캘리포니아 주지사와 미국 대통령으로 당선되기 전 수년간 〈제너럴 일렉트릭 극장General Electric Theater〉의 진행자였다. 이는 당시 주간 인기 TV쇼였으며 레이건의 스타성은 GE가 제품에 대한 팬층을 구축하도록 도왔다. 사람들은 레이건을 신뢰했고 그 결과 GE의 사업은 성공적이었다.

TV 속이었지만 거실에 둘러앉아 레이건을 만났던 그 친밀감은 수십 년간 수백만 명의 사람들 마음속에 지워지지 않는 믿음을 심어놓았다. 많은 사람들은 이것이 그를 백악관에 이르도록 도왔다고 믿는다.

'인플루언서 마케팅Influencer Marketing'은 현재 대중의 관심을 끌기 위한 방법으로 가장 큰 인기를 끌고 있다. 이는 특정 유형의 상품이나 서비스의 구매자에게 영향을 미치고 특정 집단의 사람들에게 인기 있는 사람을 찾아내어 그들을 끌어들일 마케팅 프로그램을 구축하는 것을 의미한다.

소셜 미디어는 팬들이 업계 전문가, 배우, 음악가, 작가, 아티스트, 운동선수들을 팔로우하고 그들과 직접 상호 작용하는 가장 일반적인 방법이 되었다. 알려진 바와 같이 많은 회사들이 브랜드의 옹호자가 되어줄 유명인들에게 많은 돈을 투자한다. 이들은 주로 자신들의 소셜 미디어에 게시물을 올리는 것으로 그 역할을 한다. 그들은 회사와의 계약이나 금융 거래를 통해 자신의 명성을 회사에서 지급하는 보수, 무료 식사, 호텔 스위트 룸, 여행 경비, 디자이너 의류 및 보석류 등과 교환하는 것이다. 유명인을 이용한 홍보로 기업은 자신들의 제품과 서비스에 대한 긍정적인 인지도를 구축하고자 한다. 하지만 과연 그들은 이러한 목표를 이룰 수 있을까?

반드시 그렇지만은 않다.

킴 카다시안Kim Kardashian이 행사에서 보석을 착용하고 소셜 미디어에 사진을 올리면 잠깐의 관심은 끌 수 있다. 그러나 카다시안이 그저 단 한 번 그 보석을 착용했을 뿐, 해당 제품의 진정한 팬으로 인식되지 않는다면 지속적인 판매는 일어나지 않을 것이다.

'음악가이자 변화 추구자'로 자신의 인스타그램@lilmiquela에 295만 팔로워를 거느린 미켈라 소사Miquela Sousa를 생각해보라. 그녀는 사실 컴퓨터로 만들어진 아바타다. 그녀는 캘빈 클라인, 디올, 삼성 등의 제품을 선보이는 로봇 인플루언서 중 하나다. 카다시안을 이용해서 제품을 홍보하는 것이 장기적인 효과를 거둘 수는 없겠지만 적어도 카다시안은 진짜 사람이다.

아이디어나 제품을 가장 잘 대변하는 사람들은
가장 신뢰할 수 있는 사람이어야 한다.

통제가 불가능하거나 회사를 어떻게 대변해야 하는지 전혀 모르는 인플루언서와는 마케팅을 할 수 없다. 회사를 대변하기 위해 고용한 사람이 부정적인 일에 관련된다면 오히려 브랜드에 해를 끼칠 수 있음을 명심해야 한다.

나이키: 논쟁을 팔다

2018년 나이키는 미식 축구선수 콜린 캐퍼닉Colin Kaepernick을 '저스트 두 잇Just Do It' 캠페인에 기용하면서 논란을 일으켰다. 그는 2016년 인종 차별에 항의하는 의미로 국가가 연주되는 동안 서 있는 것을 거부하고 한쪽 무릎을 꿇었다. 캐퍼닉을 브랜드 옹호자로 선택한 것은 매우 대담한 행동이었다. 당시 그를 둘러싼 논란이 계속되고 있었기 때문이다.

2016년 시즌 전에 있었던 경기 후 인터뷰에서 캐퍼닉은 그가 항의한 이유를 이렇게 설명했다. "저는 흑인과 유색인을 억압하는 나라의 국기에 자부심을 표하지 않을 것입니다. 제게는 이것이 축구보다 중요한 일입니다. 이를 못 본 척하는 것은 제 입장에서는 매우 이기적인 일입니다."

이런 캐퍼닉의 행동 이후 그의 셔츠는 내셔널풋볼리그NFL 웹사이트에서 가장 잘 팔리는 품목이 되었다. 동시에 많은 사람들이 비애국적으로 보였던 캐퍼닉의 행동에 대해 비판의 목소리를 내고자 대거 소셜 미디어에 뛰어들었다.

나이키가 캐퍼닉과의 관계를 발표하자 '나이키보이콧#NikeBoycott' 해시태그가 소셜 미디어에서 빠르게 확산되기 시작했다. 사람들은 나이키 신발을 불태우는 비디오를 공유하기도 했다. 그런데 이와 동시에 다른 수천 명의 사람이 소셜 미디어에서 나이키를 공개적으로 지지하고 그들의 활동을 환영했다.

기업이 정치에 참여하거나 논란이 많은 입장을 취하는 데에는 항상 많은 위험이 따른다. 소셜 미디어 관리 회사인 스프라우트 소셜Sprout Social의 '소셜 미디어 시대에서의 변화의 옹호'에 대한 보고서에 따르면 소비자의 67%가 소셜 미디어에 사회적·정치적 목소리를 내는 브랜드를 더 신뢰할 만하다고 느낀다. 반면 일부 사람들이 이에 대해 기분이 상하거나 공개적으로 불쾌감을 표시하는 것 또한 피할 수 없다. 나이키가 캐퍼닉을 이용하기로 한 것은 매우 대담하고 과감한 결정이었지만, 나이키 브랜드에 대해 많은 이야기가 오고 갔으며 대중의 큰 주목을 받았다. 결과적으로 캐퍼닉을 지지하는 사람들은 계속 나이키를 구매할 가능성이 매우 높아진 것이다.

일반적으로 기업이 사회적인 문제에 대해 논란이 큰 입장을 취할 경우 매우 신중할 것을 권한다. 그러나 점차 양극화되어가고 있는 사회에서 나이키와 같은 주장을 펼치는 것은 기업이 지향하는 바를 나타내는 데에 효과적임은 분명하다.

사라 배스 요가: 진정한 브랜드 파트너십

많은 유명인이 인스타그램이나 유튜브와 같은 소셜 미디어를 통해 일회성으로 상품을 홍보하고 수수료를 받는다. 이를 통해 광고주는 잠재 고객에게 도달하고자 한다. 그러나 이는 유명인을 브랜드의 홍보 대사로 선정했다기 보다는 단지 일회성 잡지 광고를 구매한 것과 같다. 이런 종류의 광고는 소비자들이 회사와 제품에 대해 냉소적인 견해를 갖게 할 수 있다. 사람들은 이러한 유료 홍보용 포스트를 쉽게 눈치채기 때문이다.

사라 배스^{Sarah Beth}는 이렇게 설명했다. "제가 집에서 어떤 회사의 제품을 실제로 사용하고 있고 이를 즐기고 있다면 저는 이에 관해 이야기를 할 가능성이 훨씬 커집니다. 제게는 관계가 더 중요하기 때문에 시청자들이 저를 신뢰하는 것이 더 중요합니다. 그래서 제가 어떤 제품을 좋아한다고 말할 때 시청자들은 이를 구매의 권유로 받아들이지 않죠. 왜냐하면 그건 제 목표가 전혀 아니기 때문이죠."

사라 배스는 120만 명 이상의 구독자를 가진 유튜브 '사라 배스 요가'의 제작자이자 인플루언서다. 그녀의 페이스북은 13만 명의 팔로워를 거느리고 있고 인스타그램은 94만 명의 팔로워를 보유하고 있다. 그녀의 요가 비디오는 스트레칭, 강화, 탄력 및 스트레스 해소에 중점을 둔다. 또한 개인적으로 요가 연습을 더 하고자 하는 사람들을 위해 멤버십 서비스와 앱을 제공한다.

> 이상적인 브랜드 홍보 대사는 회사와 진실된 관계를 맺은 사람이며 제품의 진정한 팬이어야 한다.

사라 배스처럼 다른 이들에게 영향을 미칠 잠재력을 가진 사람들은 점점 많아지는 요청을 관리하기가 어려워졌다. 대부분의 브랜드 마케터는 잠재적 브랜드 옹호자들과 관계를 구축하기보다는 자신들의 제품 홍보 요청을 받아들이는 사람이 나타날 때까지 수백 명의 사람에게 연락을 하기 때문이다.

사라 배스는 "저는 제품 홍보를 원하는 사람들로부터 하루에 50개 이상의 이메일을 받습니다"라고 말한다. "그들 모두에게 응답할 수가 없습니다. 그리고 그래서도 안 되죠. 대부분의 제품 리뷰 요청 이메일은 내용을 복사해서 붙여넣은 것들이니까요. 그들은 제 이름의 철자조차 정확히 적어서 보내지 않았으니 알 수 있죠. 하지만 어떤 요청이 신뢰할 수 있는 것인지, 제가 시간을 낼 가치가 있는 것인지 알아내기는 어렵습니다."

사라 배스는 수년간 세련된 운동복을 판매하는 브랜드인 키라그레이스^{KiraGrace}를 입고 일해왔다. "키라그레이스와 저의 관계는 매우 이상적입니다. 그래서 계속 함께 일할 수 있었습니다." 사라 배스는 설명했다. "그들은 매 시즌 의상을 보내줍니다. 그러면 저는 비디오에서 그 의상을 입죠. 저는 비디오에서 착용할 제품을 고르는 일에 매우 까다롭습니다. 시청자들이 진정으로 그 제품의 품질을 좋아할 거라고 예상되는 브랜드하고만 관계를 맺고 함께 일합니다. 일회성 제품 리뷰가 될 다른 모든 것들에는 관심이 전혀 없습니다."

비즈니스와 인플루언서의 만남

어도비, 링크드인, SAP, 3M, 오라클Oracle과 같은 회사들의 B2B 마케팅 대행사인 톱랭크 마케팅TopRank Marketing의 CEO이자 공동 설립자인 리 오든Lee Odden에게서 받은 이메일은 간단하면서도 친근하고 따뜻했다. "'B2BMXB2B Marketing Exchange'의 강연자 목록을 검토하는 중에 당신이 기조연설자인 것을 보고 매우 기뻤습니다. 제가 이벤트의 프로모션 일부를 기획하고 있는데, 당신을 인터뷰하고 싶습니다. 가능하시다면 자세한 내용을 보내드리겠습니다. 가능한 한 쉽고 편하게 인터뷰할 것을 약속드립니다."

마케팅 이벤트에서 나눈 그와의 대화가 흥미로웠음은 물론, 이미 소셜 미디어로 연락을 주고받아왔기에 나는 그의 제안을 받아들였다. 오든은《지루한 B2B에서 벗어나는 방법How to Break Free of Boring B2B》이라는 제목으로 B2B 마케팅에서의 상호 작용에 대한 안내서를 제작 중이라고 했다. 이 책은 1,200명의 전문가가 아이디어를 공유하기 위해 모이는 B2B 마케팅 익스체인지 회의B2B Marketing Exchange Cnference 일주일 전에 출간될 예정이었다. 오든은 회의의 강연자 중 팀 워셔Tim Washer, 팜 디드너Pam Didner, 아르다 알비Ardath Albee, 브라이언 판조Brian Fanzo 등과 함께 B2B 마케팅에 관한 조언을 해줄 전문가로 나를 포함하여 십여 명을 섭외했다. 3M, 구글, 디맨드베이스Demandbase, PTC, 퓨즈Fuze, 터미너스Terminus 및 씨에이 테크놀로지CA Technologies 등의 기업에서 온 B2B 브랜드 전문가들이 보고서 제작에 기여했다.

전문가들의 기고물은 애니메이션 곰이 나오는 재미있고 유쾌한 (전혀 지루하지 않은) 상호 작용 기반 안내서에 집대성되었다. 보고서의 서두는 이렇게 시작된다. "B2B는 '지루하고 또 지루한' 것을 의미해서는 안 된다. 많은 비즈니스 마케팅이 이렇게 인식되고 있기는 하지만 말이다. 정보 과부하의 시대에 바이어는 그들이 신뢰할 수 있는 출처의 콘텐츠를 이용할 수 있기를 기대한다." 완성된 보고서를 읽고 난 후 나는 이를 소셜 네트워크에 공유했고 콘퍼런스의 해시태그#B2BMX와 톱랭크 마케팅의 트위터@TopRank를 태그했다. 보고서 제작에 기여한 다른 많은 사람들도 자신의 소셜 네트워크에 이를 공유했다. 이를 통해 우리는 콘퍼런스에 관심 있는 수천 명의 마케터와 소통할 수 있었다. 그리고 일주일 후, B2BMX 콘퍼런스 현장에서 더 많은 아이디어를 공유했다.

> 브랜드 옹호자는 자신이 깊은 관심을 갖고 있는 것에 대해
> 널리 알리고자 하는 사람이다.

톱랭크 마케팅의 오든과 그의 팀은 영리하게도 관련된 모든 사람에게 유익한 방식으로 회사를 대변할 사람들을 선정했다. 오든은 이렇게 말했다. "우리는 브랜드의 팬을 만들고 그들과 관계를 맺기 위해 노력합니다. 그리고 보고서는 우리가 가장 중요하게 생각하는 방법입니다. 우리는 특정 주제에 대해 잘 알고 있는 전문가와

협력하고 공동 작업을 하고자 합니다. 그들은 몇 주 또는 몇 개월이 걸릴 글을 단 몇 분 안에 써서 사람들에게 공유하고 서로에게 가치 있는 것을 만들어낼 수 있도록 하죠. 그리고 이것은 인플루언서들을 한 곳에 모은다는 점에서 가장 중요한 역할을 합니다."

브랜드 옹호자와 협력하는 법

작가, 예술가, 운동선수와 같이 자신의 팔로워를 구축한 사람들과 그들의 팬들 사이에는 진정한 관계가 만들어진다. 브랜드가 이러한 관계를 구축하기 위해서는 오든이 중점을 두었던 것처럼 브랜드와 인플루언서 사이에 깊은 관계를 형성하는 방법을 배워야 한다.

오든은 "회의 전에 강연자 목록을 가져와서 인플루언서 관리 플랫폼인 트래커Traackr에 올립니다"라고 말한다. "소셜 웹을 크롤링 해서 많은 사람들이 공유하는 것을 찾아보고, 입력한 키워드를 기준으로 강연자 주제와의 관련성을 결정합니다. 주제와 관련해 가장 큰 영향력을 가진 사람을 포함하여 각 강연자의 청중을 기준으로 강연자의 순위를 쉽게 정할 수 있습니다. 그런 다음 개인적으로 아는 사람들을 고려합니다. 여기서부터 우리는 보고서를 위해 우리와 협력할 사람들을 초대합니다."

오든은 이 방법을 이용하여 7년 동안 브랜드 옹호자들과 함께 일해왔으며, 이는 관련된 모든 사람을 위한 강력한 팬 구축 방법임이 입증되었다. 그는 구글, 페이팔, PwC, 프로그레시브Progressive, 존 디어John Deere, 캐터필라Caterpillar, 크래프트Kraft, 보잉Boeing, 인텔, IBM, 매리어트, 마이크로소프트, 텀블러 및 페이스북과 같은 회사에서 인플루언서들과 함께 일했다.

"우리가 알고 싶어 하는 방식에 부합하는 전문가를 찾습니다"라고 그는 말한다. "우리는 그들의 재능을 보여줄 수 있는 기회를 만들고 또한 그들에게 도움이 되고자 합니다. 영향력을 가진 사람들에 대한 흥미를 유발하고 그들을 홍보하는 데에 최선을 다합니다. 이중 많은 분들이 나중에 우리를 도와주기도 하죠."

약 10년 전, 오든은 디지털 마케팅 분야에서 가장 영향력 있는 25명의 여성 명단을 작성하여 시장에서 큰 주목을 받았다. 그는 그 목록을 매년 업데이트했다. 이 목록은 현재 '디지털 마케팅계를 움직이는 여성Women Who Rock Digital Marketing'으로 불린다.

오든은 이렇게 설명했다. "우리 커뮤니티는 디지털 마케팅계를 움직이는 여성 후보자를 매년 지명합니다. 올해로 10년째입니다. 링크드인 뉴욕 사무실에서 행사를 열고 디지털 마케팅 업계를 움직이는 여성들을 초대해 그들이 디지털 마케팅 업계에서 일군 놀라운 성취를 축하합니다. 그리고 이 여성들과 여성들의 기여를 진정으로 인정하고 존중합니다. 이에 대한 대가는 믿기 어려울 정도로 컸습니다. 고객의 호감도가 엄청났죠. 디지털 마케팅계를 움직이는 여성 목록에 있는 수많은 여성은 그들의 네트워크를 우리와 공유했고 그중 몇몇은 자신들의 회사 마케팅을 위해 우리를 고용하기도 했습니다."

오든은 브랜드 옹호자들과의 관계를 발전시키기 위한 진실된 방법을 알고 있다. "인플루언서와 진정으로 공감하기 위해 노력해야 합니다. 그들에게 중요한 것이 무엇인지를 찾기 위해 공부를 해야 하죠"라고 그는 말한다. "그들이 책의 저자인가요? 혹은 기조 연설자인가요? 그들에게 의미 있는 보다 개인적인 방법으로 그들을 홍보할 수 있나요? 저는 조금 다른 방식으로 브랜드 옹호자들과 일합니다. 그들은 브랜드에 협력하는 것이기 때문에 개인적인 방식으로 영향력을 발휘하지 않습니다. 각자에게 중요한 것이 무엇인지 알아내기 위해서는 약간의 분석과 호기심이 필요합니다."

팬 구축을 위한 이러한 접근 방식은 톱랭크 마케팅의 성공에 있어 가장 중요한 원동력이었다. "진실되고 인간적인 관계가 되면 사람들은 회사의 성공에 더 큰 관심을 갖게 됩니다. 그들은 회사를 브랜드로써, 그리고 한 명의 사람으로 생각하게 됩니다. 각각의 업계에서 최고의 위치에 있는 이 믿을 만한 사람들이 기회의 문을 열어줄 것입니다. 18년간 사업을 하면서 저는 영업 사원을 고용할 필요가 전혀 없었습니다. 새로운 사업은 모두 우리에게 다가온 사람들에 의해 이루어졌으니까요."

오든은 브랜드 옹호자 프로그램이 B2B 시장에서 작용하는 방식에 대해 구체적으로 알려주었다. 이는 일반 소비 시장에도 적용된다. 특정 회사나 제품 및 서비스가 좋아서 브랜드를 지원하고자 하는 옹호자들을 갖게 된다는 것은 단순히 비용을 지불하고 브랜드를 홍보하는 것이 아닌 패노크로시를 구축하는 것일 가능성이 높다.

맥킨지앤컴퍼니: 회사 동문을 활용하는 법

레고 브랜드 그룹 이사회의 회장인 예르겐 비그 크누스토르프Jørgen Vig Knudstorp는 이렇게 말한다. "맥킨지는 회사를 운영하는 방법에 대한 보다 실질적인 통찰을 제공했습니다." 크누스토르프는 글로벌 경영 컨설팅 회사인 맥킨지앤컴퍼니McKinsey & Company의 코펜하겐 지사에서 계약 담당 매니저로 사업을 시작했다. "저는 지식과 학습에 대한 끝없는 욕구가 있습니다. 리더로서 지식 자체에 관심이 많습니다. 맥킨지의 동문으로서 제가 가진 큰 혜택 중 하나가 바로 지식 자원입니다."

　　조직의 현재 직원들과 브랜드 옹호자가 될 외부인 외에, 회사에는 또 다른 매우 중요한 브랜드 옹호자가 있는데, 바로 퇴직한 직원들이다. 맥킨지는 이들을 동문Alumni이라고 부른다. 이들은 몇 년 동안 맥킨지에서 일하다 떠난 사람들, 학교로 돌아간 사람들, 자신의 사업을 시작한 사람들, 다른 회사로 이직한 사람들이다. 이들은 더 이상 맥킨지에서 일하지 않지만, 여전히 그 문화에 적극적으로 참여하고 크누스토르프처럼 많은 사람들이 그 문화에 열정적이다. 맥킨지 동문이 회사, 제품 및 사람들에 대해 긍정적인 말을 할 때 그것이 매우 강력한 홍보가 되는 것이다.

맥킨지앤컴퍼니는 가장 크고 오래된 기업 동문 네트워크를 갖고 있으며 3만 명이 넘는 사람들이 민간, 공공 및 사회 부문에서 리더십을 발휘하고 있다. 북미 이외의 지역 125개국에 거주하며 일하고 있는 동문의 수가 2만 명에 이른다. 맥킨지앤컴퍼니는 맥킨지 동문 센터McKinsey Alumni Center 웹 사이트를 통해 동문들의 브랜드 옹호자 활동을 적극 장려한다. 이 웹 사이트는 퇴직한 컨설턴트들이 글로벌 네트워크를 구축해 회사와 그들의 지식, 그리고 다른 동문들과의 관계를 유지도록 돕는 공식 플랫폼이다. 매년 수만 명의 동문 및 회사의 구성원들이 이 역동적인 네트워크에서 서로 관계를 맺고 협력한다. 네트워크의 회원 자격은 퇴직한 직원들에게 큰 혜택일 뿐 아니라 맥킨지에서 근무해온 직원들의 열정을 외부로 드러내는 방법이기도 하다.

경력 개발과 지속적인 관계 유지에 중점을 두는 맥킨지 동문 프로그램은 글로벌 비즈니스 커뮤니티의 주요 인물들을 결속시킨다. 크누스토르프와 같은 많은 맥킨지 동문들은 맥킨지를 떠난 후 높은 영향력을 갖는 위치로 진출했다. 맥킨지 동문 다섯 명 중 한 명이 자신의 회사를 설립했으며 450명의 동문이 10억 달러 이상의 가치를 지닌 기업을 이끌고 있다. 이러한 동창들이 맥킨지에 대해 하는 이야기들이 맥킨지 패노크라시의 성장으로 이어지는 것이다.

인플루언서가 되는 법

"대학을 졸업할 즈음 스스로에게 한 가지 도전 과제를 냈습니다. 그
것은 '중국에서 인터넷 유명 인사가 될 수 있을까?'였죠." 만다린어
가 유창한 나의 멘티이자 최근 하버드 대학을 졸업한 스태판 터번
Stephen Turban은 자신의 이야기를 들려주었다.

    "저는 항상 중국의 온라인 팬 문화에 관심이 있었습니다." 터
번이 말을 이었다. "중국의 젊은이들은 자신이 좋아하는 인플루언
서들을 팔로우하며 매주 수십 시간을 보냅니다. 그래서 생각했죠.
'이 거대한 물결의 일부가 될 수 있을까?' 하버드 동기인 라라Lara는
이미 인플루언서였고, 그녀의 쌍둥이 자매인 사라Sara는 트위터와
유사한 중국의 마이크로 블로깅(짧막한 메시지나 영상 등을 인터넷에 정
기적으로 올리는 행동-옮긴이) 서비스인 웨이보Weibo에서 거의 100만
팔로워를 가진 중국의 인터넷 유명 인사였습니다. 그래서 저는 그
녀에게 인터넷 스타가 되도록 도움을 줄 수 있는지 물었죠."

    터번은 라라의 도움으로 웨이보 앱을 다운로드받고, '하버드
대학에 다니는 스테판' 정도로 번역되는 이름을 프로필에 기재했
다. "저는 중국 시장에서 통할 만한 세 가지 특징을 가지고 있습니
다. 우선 중국어를 할 수 있습니다. 또한 하버드 대학에 갔으며 피부
색은 우유빛이죠. 저를 표현할 새로운 타이틀과 웨이보 계정을 만
들어 탐색을 시작할 준비를 마친 저는 콘텐츠를 만들어야 했습니
다. 라라가 중국어로 된 첫 번째 콘텐츠 제작을 도왔습니다. 짧은 농

담과 둘의 사진을 가지고요. 그녀가 게시물을 올린 뒤, 자신의 웨이보 계정으로 제 게시물에 '좋아요'를 눌러줬습니다."

드디어 수문이 열렸다. 몇 분 안에 웨이보에서 터번의 팔로워 수는 10명에서 300명으로 늘어났고, 그 주 주말에 거의 700명의 팔로워가 생겼다. 물론 이것은 라라의 명성 때문이었다. 그녀가 터번의 게시물에 '좋아요'를 눌러주면서 사람들은 하버드 대학에 다니는 스테판이라는 사람에 대해 알고 싶어진 것이다.

터번은 영상 콘텐츠를 제작하면 그의 부족한 마케팅 기술로도 성공할 수 있다는 것을 깨달았다. 그와 라라에게는 아이디어가 있었다. "'외국인이 중국에서 인터넷 유명인이 되는 법'이라는 제목으로 영상을 촬영하면 어떨까?" 그들은 이 콘텐츠의 시작을 알리는 영상을 몇 시간 동안 촬영하고 편집한 후, 웨이보에 올렸다. 그 영상은 그들의 예상대로 큰 인기를 끌었고, 팔로워 수는 금세 수천 명으로 늘어났다.

그는 매일 웨이보에 게시물을 올리기 시작했다. 주로 사진이었지만, 적어도 일주일에 한 개의 영상을 제작하고, 한 달에 몇 번씩 생방송도 했다. 곧 그는 수만 명의 중국인 팔로워를 갖게 되었고 그의 영상은 1천만 명 이상의 조회 수를 기록했다. 터번은 이렇게 말한다. "중국에서 인플루언서가 되는 법을 배우는 것은 재미있었습니다. 그 과정에서 만난 사람들 덕분이었죠. 가장 중요한 사람들은 협력자들이었어요. 라라와 다른 여러 중국인 인플루언서들이 대학에서 나와 가장 친한 친구들이 되었죠. 두 번째 그룹은 '슈퍼 팬'이라고 부르는 사람들이에요. 그들은 마치 종교처럼 내 콘텐츠를 팔로우합니다. 그리고 나는 그들의 가상의 친구가 되었죠. 대부분은 유학에 대해 배우고자 하는 어린 중국 학생들이었어요. 저는 그들과 며칠에 한 번씩 메시지를 주고받았습니다. 그들이 보낸 개인적 메시지, 댓글, 질문에 근거해 비디오를 제작하고 이를 통해 조언을 건넸습니다."

터번은 중국에서 약간의 명성을 누렸지만, 대학을 졸업한 후 중국 소셜 미디어 사용을 줄였다. 그것을 시작한 동기에 의문을 품게 되었기 때문이다. 그는 궁금했다. "제가 진정으로 원했던 것은 무엇인가? 명성? 영광? 그럼피 캣Grumpy Cat(늘 찌푸리고 있는 얼굴로 온라인상에서 유명해진 미국 애리조나주 출신의 고양이-옮긴이)과 비슷한 내 얼굴의 밈 모음? 시간이 지나면서 제가 즐겼던 것은 학생들과 연결되고 그들의 문제를 해결하는 데에 도움을 주는 것이었다는 걸 깨달았습니다. 이런 것들은 팬의 수에 집착하지 않고도 성취할 수 있게 되었죠. 그래서 소셜 미디어에 게시물을 올리는 속도를 늦추기 시작했고 팬과 협력자와의 관계에 더 집중했습니다."

졸업한 지 몇 년이 지난 지금도 터번은 중국 소셜 미디어를 종종 사용한다. 많은 팔로워를 가졌던 다른 많은 사람들과 달리, 그는 소득을 위해 소셜 미디어 활동을 하는 것이 아니다. 그래서 그는 브랜드의 후원을 받아 돈을 받고 자신의 지위를 창출하거나 유지하려고 한 적이 없다. 이제는 친구들과 꾸준히 연락을 주고받으며 사진과 영상을 비정기적으로 올리는 정도다.

"중국의 인플루언서가 되는 실험이 끝난 후에도 여전히 중국 소셜 미디어에서 제가 좋아했던 것들을 지속하고 있습니다. 중국어를 연습하고 사람들을 만나고 중국의 대중문화를 배우는 것들이죠. 반면에 좋아하지 않았던 부분들은 더는 하지 않습니다. 팬과 '좋아요' 수, 댓글에 집착하는 것이죠." 그는 말한다. "솔직히 라라에게 감사합니다. 덕분에 중국 스타가 되는 여정을 시작했고, 중국, 나 자신, 그리고 소셜 미디어의 명성과 관련된 거친 세계에 대해서 직접 배울 수 있었으니까요. 그래서 저는 성공했다고 생각합니다."

9
★
장벽을 허물어라
by 데이비드

엘리베이터 문이 열리자 나는 레이코, 유카리와 함께 하얀 식탁보, 와인 잔, 반짝이는 식기들과 한 송이 꽃이 담긴 작은 꽃병이 놓인 테이블 몇 개를 살짝 엿볼 수 있었다. 조용한 음악이 흐르는 중에 손님들 사이에서 잠깐 웃음소리가 들렸다. 특히 냄새가 우리를 자극했다. 갓 구운 빵 냄새는 강렬하고 풍미가 넘쳤다. 무슨 냄새였을까?

"예약하셨나요?" 순서가 되자 주인은 줄 서 있는 우리에게 이렇게 물었다. 나는 내 이름을 말해주었다. "주방장의 식탁을 예약했습니다." 우리 셋을 향해 미소를 지은 그녀의 눈이 반짝거렸다. "오늘 멋진 경험을 하시겠군요."

우리는 양쪽으로 수많은 와인병이 놓여있고 바닥에서 천장까지 유리로 둘러싸인 저장고의 좁은 복도로 안내되었다. 식탁을 정리하는 종업원들은 등을 유리 쪽으로 돌려 우리가 지나갈 수 있도록 길을 내주었다. 그들은 우리가 그날 저녁의 행운의 주인공임을 함께 기뻐하며 반겨주었다. 가장 시끄럽고 밝고 부산한 식당의 심장부에 들어서자 냄새들이 경쟁하듯 우리의 관심을 끌었다. 지글지글 끓는 소리, 철커덕거리는 소리, 여닫는 소리로 그곳은 엄청나게 시끄러웠다. 모든 작업은 광택이 나는 거대한 스테인리스 조리대와 배기 후드에 둘러싸여 있었다. 볼 것이 너무 많아 그 모든 것을 담을 시간이 몇 시간뿐이라는 게 아쉬울 뿐이었다.

우리 셋은 등을 벽 쪽으로 대고 그 넓은 공간을 향해 한 단 높게 설치된 테이블에 앉았다. 그래서 더 잘 볼 수가 있었다. 메뉴판은 따로 제공되지 않았다. 보스턴의 레스팔리에L' Espalier 레스토랑에서 가장 비싼 테이블은 가장 수요가 많은 이 자리다. 그곳은 멋진 풍경을 볼 수도 없고 전담 웨이터가 있는 별실도 아니다. 바로 이 식당에 단 하나뿐인 테이블인 주방에 있는 자리다.

매일 저녁, 최대 4인 기준으로 단 한 팀만이 식당의 중심인 레스팔리에의 주방장 테이블에 앉는다. 그날 밤 조리되는 최고의 요리 중 주방장이 선택한 15개의 코스 요리를 즐기면서 웨이터로부터 요리뿐 아니라 조리 과정에 대한 섬세한 설명을 들을 수 있다. 또한 각 조리 준비대가 하는 일과 주문이 어떻게 처리되는지를 배울 수도 있다.

레스팔리에에서 우리는 그저 준비된 요리를 우아하게 즐기는 것만 하지 않았다. 우리는 주방에서 일어나는 모든 일의 일부가 되었다. 고기를 굽는 가스 그릴의 강한 열을 느꼈고 가끔 소스를 흘리는 실수를 목격하기도 했다. 완벽한 음식에 비해 매우 적은 양의 쓰레기가 만들어지는 것에 감탄했다. 몇몇 주방 보조들은 미친 듯이 바빠 움직이며 한꺼번에 여러 가지 일을 하고 있었다. 그와는 달리 다른 몇몇 보조들은 신중하고 꼼꼼하게 동일한 작업을 반복해서 하고 있었다. 그날 저녁 레스팔리에에서 경험한 것은 훌륭한 식사 그 이상이었다. 그것은 우리의 기억에 영원히 남을 하나의 행위 예술이었다.

거래, 그 이상의 것

기업이 제품이나 서비스를 제공하면서 저지르는 중대한 실수는 그들이 오로지 제품과 서비스만을 제공한다고 믿는 것이다. 마치 그들이 그저 거래를 수행하기 위해서만 존재하는 것처럼 말이다. 그 제품이 가장 빠르고, 가장 크고, 가장 저렴하나요? 다른 회사 제품 대신 당신 회사의 제품을 구매해야 하는 이유는 무엇인가요? 제품의 속성에만 초점을 맞추다 보면 가격 할인과 형편없는 서비스 등의 하향 출혈 경쟁으로 치닫게 되는 일이 비일비재하다. 이는 패노크라시를 구축하는 방법이 아니다.

제품에만 초점을 맞추면
하향식 경쟁을 하게 된다.

우리는 넘쳐나는 경쟁 제품을 이기는 것이 최대 도전 과제가 된 세계에 살고 있다. 이런 세계에서 할인이나 추가 보너스, 서비스 업그레이드, 제품 향상과 같은 방식으로 사람들의 눈길을 끌려고 하는 기업을 많이 본다. 그러나 이러한 접근 방식은 일반적으로 제품을 제공하는 방식에서 약간 앞서 있는 정도다. 소비자들은 이런 개선 사항을 특별하거나 독창적인 것으로 보지 않기 때문이다. 그들은 '추가'되는 사항을 포함한 전체 주문에 대한 비용을 지불하고 있다고 가정한다. 그들은 이미 이 일을 많이 겪어봐서 다 알고 있다. 이런 비즈니스 모델은 패노크라시를 구축할 수 없다.

레스팔리에 주방장의 식탁이 매우 특별한 것은 레스토랑에서의 식사라는 단순한 거래를 넘어섰다는 점이다. 손님들이 쉽게 볼 수 없는 식당의 커튼 뒤를 보는 것, 그리고 요리가 준비되는 과정을 지켜보는 것은 손님에게 진정 잊히지 않는 경험이 된다.

몇 년 전, 온라인 무료 배송을 처음 선보였을 때는 매우 이례적인 일로 소비자의 관심을 끌었다. 하지만 더는 아니다. 오늘날에는 익일 배송을 넘어 당일 배송으로, 다음 날 아침에 물건을 받는 것이 일반적인 일이 되었다. 소비자는 빠른 무료 배송을 값진 추가 서비스로 보지 않는다. 그들은 자신이 지불한 가격에 배송이 포함된 것으로 배워왔기 때문이다. 소비자들은 어느 때보다도 영리해졌다.

심지어 그들에게는 온종일 그들을 도와줄 AI 음성 비서 시리와 알렉사까지 있지 않은가.

북미의 백화점 체인인 노드스트롬Nordstrom의 사례는 책으로 쓰이고 비즈니스 스쿨에서도 가르칠 정도로 전설적인 고객 서비스를 제공한다. 노드스트롬의 고객 서비스와 관련된 유명한 일화가 있다. 스노타이어 네 개를 환불하려던 한 남자의 이야기다. 그러나 알다시피 노드스트롬은 스노타이어를 판매하지 않는다. 40년이나 된 이 이야기는 여전히 회자되며 웃음을 준다. 노드스트롬은 훌륭한 서비스를 제공하는 만큼 고급 매장에서 판매되는 상품들은 그만한 비용을 수반한다. 사람들이 노드스트롬에서 쇼핑한다는 것은 그들이 이미 훌륭한 서비스에 대한 추가 비용을 지불한다는 것을 알고 있다는 의미다. 고객들에게는 그것이 그들 거래의 일부가 된다. 예상되는 즐거움을 누리는 것이다.

매일 수천 개의 브랜드가 사람들의 관심을 끌기 위해 광고를 내보내는 세상 속에서 사람들은 그 많은 제안에 점점 무뎌져 버렸다. 회사의 입장에서는 이런 상황을 이겨내고 살아남는 것이 쉽지 않다. 그래서 더 많은, 더 빠른, 더 싼, 더 큰 것들로 무장한 경쟁에 쉽게 빠져들게 되지만, 이런 상품 중심 방식은 약간 더 나은 회사들과의 경쟁으로 이끌 뿐이다.

사람들이 조직, 사람, 상품, 서비스의 팬이 되는 이유에 대해 전 세계 수백 명의 사람과 이야기해오면서 가장 기억에 남는 것은 '경험'이라는 것을 듣고 또 들었다. 그것이 사람들이 이야기 나누는 것들이고, 사람들의 기억에 남는 것들이며, 또한 사람들을 하나로 모으는 것이다.

레스팔리에서 요리가 준비되는 과정을 지켜봄으로써 우리는 그들의 팬이 될 수 있었다. 그 경험은 단지 음식을 먹는 것이 아니었다. 물론 음식도 맛있었지만, 요리가 준비되는 과정을 더 가까이에서, 더 개인적으로 마주했기 때문이다.

> 회사 내부로 팬을 받아들이면
> 판매자와 구매자 사이의 장벽은 사라진다.

우리에게 커튼 뒤에서 벌어지고 있는 일을 엿볼 수 있는 기회가 주어졌을 때, 심지어 커튼이 올라간 후에 그 안에서 벌어지고 있는 일의 일부가 되었을 때, 우리가 특별해진 것 같은 기분을 느꼈다. 그리고 우리는 영원히 그들의 팬이 되었다.

임팩트: 누구나 참여할 수 있게 문턱을 낮추다

사람들의 성공적인 디지털 마케팅을 도와주는 조직인 임팩트IMPACT는 마케팅 전략 개발, 웹 사이트 구축, 검색 엔진 최적화 계획 수립, 소셜 미디어 마케팅 캠페인 업무를 지원한다. 전통적으로 임팩트와 같은 회사는 브랜딩 및 디자인 대행사로 간주되었다. 그러나 임팩트의 설립자이자 CEO인 밥 러폴로Bob Ruffolo는 진정한 성공을 거두려면 전형적인 대행사 이상의 회사가 되어야 한다는 것을 깨달았다. 패노크라시를 구축해야 한다는 것을 깨달은 것이다.

러폴로는 "고객이 우리에게서 기대하는 것은 그들의 영업 및 마케팅을 개선하기 위한 통찰력이라는 것을 일찌감치 깨달았습니다"라고 말했다. "그들은 제대로 효과를 내는 것과 그렇지 않은 것을 알고 싶어 합니다. 자신과 어떤 일을 함께하고 있으며 자신이 알고 있어야 하는 것은 무엇인지에 대해서 알고 싶어 합니다."

그래서 러폴로는 마케팅 콘퍼런스인 임팩트 라이브IMPACT Live를 만들어 사람들이 함께 모여 서로의 성공담을 나누고 마케팅의 미래를 논의하도록 했다. 콘퍼런스 2년 차인 2018년, 임팩트 라이브는 500명의 참가자와 55명의 직원, 그리고 최고의 강연자들을 보유하게 되었다. 대부분의 참가자는 기업의 CEO나 소유주, 혹은 기업의 마케팅 및 영업 책임자들이다.

이 회사는 1년 내내 임팩트 라이브 기획에 매달린다. 이것이 기업의 가장 중요하고 유일한 사업 목표다. "이는 임팩트에 있어 매년 이루어지는 슈퍼볼Super Bowl 경기와 같습니다." 러폴로는 이렇게 말한다. "직원들은 임팩트의 이름 아래 모인 고객들, 훌륭한 강연자들, 그리고 이론가들과 함께하는 것을 매우 자랑스러워합니다." 이 행사는 직원들에게 그들의 일상적 업무를 넘어서는 리더십의 기회를 준다. 모든 직원에게는 임팩트 라이브에서 각자 해야 할 업무가 주어진다. 행사에서의 강연, 등록 관련 업무 처리, 무대 뒤의 작업,

스폰서 및 공급 업체들과의 관계 관리와 같은 업무들이다.

　　러폴로는 이렇게 설명한다. "2017년 임팩트 라이브를 통해 제일 큰 고객 중 한 명과 계약했습니다. 그녀는 자신의 계정을 위해 협력할 사람들을 찾고 있었습니다. 전에 다른 대행사들과 일하기도 했지만, 그녀에게는 우리 팀과의 대면 미팅이 인상적이었던 것입니다. 전형적인 대행사의 영업과는 정반대의 경험을 우리와 함께하면서 얻게 된 거죠. 결과적으로 그녀는 더욱더 현명한 구매 결정을 내릴 수 있었던 것입니다. 대면 미팅을 하면서 그녀는 우리와 계약하는 과정을 훨씬 더 편안하게 느꼈습니다. 우리와 거래를 한 지 몇 년이 지났는데 그녀는 정말 만족하고 있습니다." 새로운 고객과 계약을 하는 것뿐 아니라 기존 고객과의 관계를 유지하는 데에도 임팩트 라이브는 중요한 역할을 한다. 실제로 2017년에 임팩트 라이브에 참석한 모든 고객은 1년 후인 2018년 행사에서도 여전히 임팩트의 고객이었다.

　　임팩트 라이브에서 중요한 점은 러폴로와 그의 팀이 매년 행사를 위해 쏟아붓는 헌신적 노력이나 새로운 고객과 계약을 체결하는 것과 같은 만족스러운 성과에만 있지 않다는 것이다. 우리는 그들이 사람들에게 콘퍼런스 참석을 제한하지 않는다는 사실에 매우 놀랐다. 임팩트 라이브의 많은 참석자들은 임팩트의 고객이지만 고객이 아닌 사람들도 배우 많다. 그들은 이 행사에 누구나 참석할 수 있게 했다. 심지어 임팩트와 경쟁 관계에 있는 다른 마케팅 대행사와 일하는 사람들도 참석할 수 있다.

혹시 '적'의 입장이 허용되지 않는 B2B 기업 주최의 고객 행사에 참석해봤는가? 경쟁 관계에 있는 사람들은 행사장에 입장할 자격을 얻을 수 없는 곳들 말이다. 그것은 기업 세계의 암묵적인 룰이다. 대부분의 임원은 자신들의 중요 회의에 경쟁 업체가 참석하는 것을 매우 불편해할 것이다.

임팩트 라이브에서 제시되는 마케팅 전략과 전술들의 독점적 특성에도 불구하고 회사는 이를 정반대로 운영한다. 이들은 개방적이며 포괄적이다. 참석하고 싶은 사람은 누구나 환영한다. 모든 사람에게 좌석을 제공함으로써 임팩트는 사람들을 그들의 커튼 뒤로 데려온다. 그들이 사업하는 방식과 그들이 더욱 특별한 이유를 공유하면서 말이다. 500명을 위한 대규모 행사에서 독점적인 정보를 드러내지 않기란 어려운 일이다. 지식이 포화 상태고 널리 확산된 상태에서는 더 이상 비밀은 있을 수 없다. 정보는 쉽게 확인되고 드러날 뿐이다.

"고객들이 임팩트 라이브에 모여 우리와 직접 만나고 서로 간에 만남의 기회를 얻는 것은 대단한 일입니다"라고 러폴로는 말한다. "이는 직원들이 비행기를 타고 전 세계 각지로 날아가 고객들을 방문하는 것보다 훨씬 나은 방법입니다. 직접 만나는 것은 우리와 고객 간의 관계를 개선하고 고객을 팬으로 만듭니다."

임팩트 라이브와 같은 행사를 개최하는 마케팅 대행사는 거의 없다. 내가 기업에 있을 때 20개 정도의 마케팅 대행사와 일했었지만 이런 대면 행사는 없었다. 고객이 다른 고객과, 그리고 대행사 직원과, 심지어 경쟁 대행사와 상호 작용할 수 있는 환경을 만들어 주는 것은 패노크라시를 구축하는 좋은 방법이다. 또한 사업을 성장시키고 현재의 고객을 유지시키는 훌륭한 방법이기도 하다.

또 다른 이점은 임팩트 라이브를 경험한 후 다른 대행사 직원들이 임팩트에서 일하기를 원한다는 것이다. 러폴로는 이렇게 설명한다. "2017년 임팩트 라이브가 끝난 후 참석자 중 10명이 임팩트에 합류했습니다. 몇몇은 행사 직후 우리를 찾아왔습니다. 우리가 하는 일이 그들에게 매우 인상적이었고 그들은 우리와 함께 일하고 싶어 했습니다."

새로운 직원을 찾은 것은 분명 성과의 한 가지지만, 임팩트 라이브의 가장 중요한 측면은 패노크라시를 구축한다는 점이다. 러폴로는 말한다. "팬을 확보한다는 것은 사업에 매우 가치 있는 일입니다. 그래서 저는 사람들이 우리를 더 사랑할 수 있는 방법을 찾는 일에 집중합니다. 제게는 커뮤니티를 하나로 모아야 할 책임이 있습니다. 이것이 그들이 우리에게 기대하는 것이니까요. 임팩트 라이브는 우리가 팬들에게 매우 가깝게 다가갈 수 있는 친밀한 환경입니다. 이뿐만 아니라 대규모 행사에 모인 수많은 청중과 훌륭한 강연자들, 그리고 미래의 고객들에게 사회적 신뢰도를 보여줍니다."

팬들과 쌓은 이런 친밀감은 궁극적으로 임팩트 라이브가 가지고 있는 취약점, 즉 회사의 가장 중요한 전략과 아이니어를 고객과 경쟁사 모두에게 똑같이 나누어준다는 점에서 비롯되었다. 임팩트는 이러한 방식으로 모든 사람이 자신들을 이용할 수 있게 함으로써 참석자들에게 자신들의 기여도를 드러낸다. 또한 이를 통해 오랫동안 사람들로부터 보답받는다. 기업이 이런 친밀감을 조성하면 기존 고객 및 경쟁 업체를 포함한 잠재 고객들은 자신들의 경험에 만족하고, 그러한 경험을 제공할 수 있는 다양한 방법들은 패노크라시를 구축하는 중요한 요소가 된다.

그레인 서프보드: 자신의 성역으로 소비자를 초대하다

서핑은 자연 요소에 저항하는 운동 중 하나다. 파도는 바다에 뛰어드는 모든 사람에게 열려있다. 장비는 단순하다. 서프보드와 추위를 견딜 웨트슈트Wetsuit★면 충분하다.

그러나 환경 문제가 심각해지면서 환경에 관심이 많은 사람들 사이에서 서프보드가 문제시되고 있다. 서프보드는 원자재인 폼을 거대한 폼코어 덩어리로 만든 뒤, 제조업체에 배송해서 제작한다. 그렇게 완성된 서프보드는 유통 업체와 소매점으로 배송되는데, 이 과정에서 온실가스가 배출된다. 게다가 수명이 다하거나 부서진 보드는 거대한 쓰레기가 된다.

2000년대 중반 들어 서퍼들은 폼의 대체재를 찾기 시작했다. 그즈음 마이크 라베치아Mike LaVecchia는 지속 가능한 목재로 서프

★   잠수 등을 위해 입는 고무로 된 수영복이며 최근에는 일반 수상 스포츠에 착용된다.

보드를 제작하는 회사인 그레인 서프보드Grain Surfboards를 설립했다. 100년 전에 하와이에서 시작된 서프보드는 원래 나무로 만들었는데, 너무 크고 무거워서 조종하기가 어려웠다. 라베치아는 전통적인 보드 제작 기술을 이용하여 늑재(선박 천장의 늑골을 이루는 부분-옮긴이)와 널빤지로 속이 비어 있는 우든 서프보드를 만드는 새로운 제작 기법을 개발했다. 이 혁신적인 제조법은 목재 보드를 가볍게 하는 것은 물론 폼 제품이 가지고 있는 기능까지 갖출 수 있는 최적화된 기법이다. 그레인 서프보드의 제품은 주문 제작 제품으로 공장에서 생산되는 폼 보드보다 비싸다. 대략 1,900~2,500달러 정도다.

이 회사는 지속 가능 기술력을 바탕으로 한 단계 더 나아가 스코틀랜드의 글렌모렌지 양조장Glenmorangie Distillery에서 버려진 위스키 통으로 글렌모렌지 오리지널 서프보드 한정판을 제작해 판매했다. 그레인 서프보드의 직원들은 중고 위스키 통에서 나온 떡갈나무 판자로 2미터 정도 되는 서프보드의 뼈대를 제작해 일반적으로 사용되는 선박용 합판을 대체하는 놀라운 재활용 기법을 보여줬다. 라베치아는 이렇게 말했다. "첫해는 보드만 만들었습니다. 원하는 제품을 만들 수 있는 기술을 찾아내기 위함이었죠. 그래서 수많은 방법을 시도하고 또 시도했습니다. 또한 주문 제작 제품은 비싸기 때문에 보드를 판매하는 방식도 다른 방법을 찾는 게 합리적이라고 판단했습니다."

사업 초기에 라베치아는 소비자들이 집에서 직접 보드를 만들 수 있도록 키트를 제공했다. 그레인 서프보드는 사람들에게 서프보드를 만들 수 있는 모든 자료와 설계 및 자세한 방법을 제공함으로써 소비자들이 그레인 서프보드의 독점적 서프보드 제작 기술을 복사하도록 허락한 것이다. 대다수의 기업이 지적 재산을 보호하지만 라베치아는 이 방법이 그들의 서프보드를 알리는 데 도움이 될 거라 판단했다. 라베치아는 "부품을 다 모아서 키트를 만들고 소비자들에게 보내는 것이 정말 즐거웠습니다"라고 말한다. "목재는 환경을 해치는 폼을 대체할 수 있는 훌륭한 대체재입니다. 그래서 우리는 사람들이 목재 보드를 더 많이 사용하도록 돕고 싶었습니다. 우리가 제작하든 소비자가 제작하든 그건 중요하지 않습니다. 그저 목재로 만든 보드를 세상에 내어놓고 그 가능성을 증명하고 싶었죠."

이는 주방에 테이블을 놓은 레스팔리에 레스토랑과 원하는 누구나 콘퍼런스에 참석하게 하는 임팩트가 보여주는 개방성과 유사하다. 그레인 서프보드는 그들의 비밀을 자세한 설명서와 함께 키드 안에 모두 담았다. 이후 다른 미개척 시장을 발견하면서 그레인 서프보드는 또 다른 방법으로 소비자들을 서프보드 제작에 초대하기 시작했다.

라베치아와 그레인 서프보드팀은 우든 서프보드 제작을 원하는 사람들로부터 많은 질문을 받기 시작했다. 이들에게는 적당한 도구나 목공 경험이 없었다. "스스로 제작을 원하는 사람 중 집에서 혼자 키트로 만드는 것을 두려워하는 사람들이 늘어났습니다." 라베치아는 설명했다. "제작에 자신이 있는 사람들은 이미 키트를 구매하고 스스로 제작을 했지만 도움을 필요로 하는 사람 또한 적지 않았습니다." 이렇게 해서 그레인 서프보드의 나흘간의 워크숍이 시작된 것이다.

우든 서프보드 애호가들이 메인주 요크에 있는 그레인 서프보드로 찾아와 회사의 장인들과 함께 직접 자신의 보드를 제작한다. 공장에서 한 달에 한 번 정기적으로 진행되는 이 수업에는 최대 여덟 명의 학생이 참여할 수 있다. 필요에 따라 수업을 추가하기도 한다. 그레인 서프보드는 캘리포니아와 오리건의 서핑 장소들을 따라 해안을 타고 이동하며 수업을 하기도 하고, 뉴욕의 아마간셋에서도 워크숍을 진행한다.

나는 메인주에 있는 공장에서의 워크숍에 두 번이나 참석했다. 두 번째 보드를 만들기 위해 참석한 첫 워크숍에서의 경험은 환상적이었다. 특히 세부적인 보드 제작을 설계하는 것은 내가 가장 좋아하는 과정이다. 보드에 개성을 불어넣는 과정도 있는데, 직접 제작한 두 개의 서프보드에 있는 빨간색 별은 내 발목에 있는 문신과 같은 것이다. 이외에도 형태를 잡기 위한 수많은 작업과 마무리를 위해 사포로 문지르는 작업이 필요하다.

내가 가장 좋아했던 것은 그레인 서프보드팀뿐만 아니라 다른 수강생들과의 상호 작용이었다. 우리는 아침이면 큰 공용 식탁에서 만나 함께 식사를 했고, 화이트보드를 놓고 그날 끝내야 할 작업에 대해 배웠다. 보드를 제작할 때 그레인 서프보드 직원들은 보드의 상단과 하단을 일렬로 올바르게 맞춰야 하는 것처럼(그레인 서프보드 용어로 '관뚜껑 닫기') 섬세한 작업을 요하는 꼭 필요한 경우에만 도움을 주었다. 그리고 하루가 끝날 때면 맥주 한두 잔을 마시며 서핑을 타며 즐긴 모험에 대한 장황한 이야기를 나누었다. 첫 수업에서 나는 롱 보드를 만드는 한 아버지와 그의 12살짜리 딸을, 그리고 숏보드를 만들려고 인도에서 긴 여행을 떠나 온 젊은이를 만났다. 그런 작은 것들이 사람들을 그레인 서프보드 직원들과 매우 사적이면서도 강력한 방식으로 결속시켰다.

라베치아는 "작은 제작 단계들이 많습니다. 처음으로 도구를 사용하기 때문에 실수하는 일도 많이 생깁니다"라고 말한다. "제작이 끝나갈 때쯤이면 모든 도구에 익숙해지죠. 보람 있는 과정입니다. 수강생들은 우리와 함께 작업하는 것을 정말 좋아합니다. 우리가 사용하는 모든 도구를 사용하면서 나흘 동안 우리 팀의 일원이 되는 것입니다. 수강생들은 우리가 판매하는 실제 주문 제작 보드를 만드는 과정도 지켜볼 수 있어 우리 문화에 깊이 빠져들게 되는 거죠."

메인주 요크 공장의 또 다른 장점은 롱 샌드 해변Long Sands Beach 인근에 있다는 것이다. 파도가 높아지면 수강생과 직원들은 모두 함께 파도로 뛰어들 수 있다. 수강생들이 사용할 수 있는 대여용 보드도 준비되어 있는데, 이는 내가 보드를 만들기 위해 두 번째 참여를 결심한 이유이기도 했다. 여기서 사용한 파이포 모델Paipo Model이 무척 마음에 들어서 내 것을 만들고 싶어졌기 때문이다.

라베치아는 이렇게 말한다. "워크숍이 저희에게 매달 한 번씩 작업을 멈추고 청소할 기회를 줘서 너무 좋다는 농담을 던지곤 합니다. 재미있는 이야기죠. 강좌를 통해 사람들을 모이게 할 수 있어서 이 일이 좋고 늘 기다려집니다. 이 일은 새로운 사람들을 여기로 불러들입니다. 강좌를 열 때마다 이 모든 사람을 만날 수 있다는 것이 굉장히 즐겁습니다. 작년에 이곳에 와서 강좌를 들으려고 했던 한 남성에게서 10분 전에 전화를 받았습니다. 그는 소방관인데 그의 삶은 너무나 바빴고 실제로 이곳에 오기까지 한 해가 꼬박 걸린 것이죠. 결국 그는 4월에 보드를 만들러 왔습니다. 우리는 그의 딸이 보스턴에서 학교에 다녔고 이제 집으로 다시 돌아간다는 것도 알고 있습니다. 마치 가족과 같죠. 우리는 이 모든 사람을 진심으로 소중히 여기고 서로를 알아가는 것을 즐깁니다. 계속 규모가 커지는 대가족을 둔 기분입니다."

나는 이 의미를 알 수 있었다. 나 또한 가족의 일원이 된 것 같았기 때문이다. 이 책의 서두에서 노트북에 붙여놓은 스티커에 관해 쓴 부분을 떠올려보라. 그 스티커 중 내가 가장 좋아하는 또 다른 스티커가 바로 그레인 서프보드 스티커이다. 나는 그레인 서프보드의 충성스럽고 열정적인 팬이다.

그레인 서프보드는 목재 보드를 판매하고 이를 고객과 딜러들에게 배송하는 것만으로는 불가능했을 법한 패노크라시를 구축했다. 사람들은 인스타그램 등의 소셜 미디어에 직접 제작하는 보드를 향한 열정을 공유했고 이는 맞춤형 주문 제작 경험에 관한 관심을 불러일으켰다. 그레인 서프보드의 인스타그램@grainsurfboards은 보드, 강좌, 서핑을 통해 5만 명 이상의 팔로워를 갖고 있다.

소비자가 볼 수 없었던 것들을 경험할 수 있게 해주는 것은 좋은 사업이다. 다른 예로, 스타 온 아이스Stars on Ice 쇼는 매 공연 후 피겨스케이팅선수와의 팬 미팅 자리를 마련한다. 팬들은 1인당 100달러를 더 내고 세계 챔피언 네이선 첸Nathan Chen, 올림픽 메달리스트 마이아 시부타니Maia Shibutani와 알렉스 시부타니Alex Shibutani, 미국 챔피언 아담 리폰Adam Rippon을 포함한 쇼의 다른 많은 스타들과 무대 뒤에서 만날 수 있다. 팬들은 선수들에게 사인을 받고 함께 사진도 찍는다. 그들은 이런 경험을 소셜 미디어에 올려 친구들과 공유하고 그들도 같은 경험을 하도록 유도한다.

또는 독일 자동차 회사 아우디가 어떻게 북미 고객들을 초대해 그들이 유럽 공장을 견학하고, 아우디 박물관을 방문하며, 자동차를 제조하는 사람들과 만나고, 자신들의 차량을 배달하는 과정에 참여하게 하는지 생각해보라. 그들은 자신의 차가 집으로 배송되기 전에 유럽에서 새 차를 먼저 운전해 볼 기회를 갖는다. 회사는 공항 픽업, 호텔 숙박, 여행 후 자동차를 집으로 가져갈 수 있도록 하는 서류 및 물류 등 모든 세부 사항을 처리해준다.

팬을 가족의 일원으로 대하는 것은
패노크라시 구축으로 이어진다.

팬들에게 특별한 무언가를 제공하는 힘은 기업을 단순히 판매하는 조직에서 평생 잊지 못할 추억을 만들어주는 조직으로 변모시킬 수 있다.

콜드플레이: 사람들을 모아 더 큰 팬층을 구축하다

지금까지 우리는 주방에 테이블을 두는 레스토랑, 유명한 스케이터들과 팬 미팅을 하는 스타 온 아이스 쇼, 제조 공장에서부터 배달까지 전 과정에 참여하도록 하는 아우디, 나흘 동안 직접 목재 보드를 만드는 체험 등을 살펴보았다. 이들은 기업에 팬을 직접 연결함으로써 그들만의 패노크라시를 구축했다.

그렇다면 수많은 사람에게 서비스를 제공하기 때문에 이런 방법을 사용하는 것이 불가능한 아티스트와 기업은 어떻게 팬들이 제작 과정에 참여하도록 할 수 있을까? 팬들이 아티스트에게 더 가까이 다가가는 데에는 기술이 중요한 역할을 한다. 영국의 록 밴드 콜드플레이Coldplay가 콘서트에서 사용하는 LED 손목 밴드를 생각해보자. 콜드플레이는 공연장에 오는 모든 관객에게 무선 제어 시스템을 장착한 자일로밴드Xylobands 손목 밴드를 준다. 이 손목 밴드에는 여러 불빛 패턴이 입력되어 있어 팬이 조명 쇼의 일부가 된다. 팬은 아티스트와 하나 되어 다채롭게 반짝이는 공연의 빛을 만들어내는 것이다.

미국 전자 음악가 댄 디콘Dan Deacon은 스마트폰 기술을 활용한다. 관객들이 스마트폰을 공중으로 들어 올려 쇼의 일부를 만들어내는 방식이다. 디콘이 사용하는 스마트폰 기술은 콜드플레이가 콘서트마다 사용하는 수만 개의 팔찌보다 저렴하지만 대신 팬들이 이 쇼에 참여하기 위해서는 앱을 다운로드받아야 한다.

레이코와 나는 몇 년 전 시카고에서 개최된 초대형 록 페스티벌 롤라팔루자Lollapalooza에서 공연한 디콘의 쇼에 참석했다. 공연 중간에 거의 모든 관객이 빈 물병을 공중에 집어 던지면서 공연의 퍼포먼스를 완성시켰다. 그해 우리는 수십 건의 공연을 보러 갔지만 가장 기억에 남는 공연 중 하나가 디콘의 공연이었다. 그는 쇼를 보러온 사람들을 공연에 직접 참여시킴으로써 그들이 쇼의 일부가 되게 만들었다.

콜드플레이가 그들의 대표곡인 '옐로우Yellow'를 부르기 시작하자 자일로밴드에서 노란빛이 나왔고, 이후 내내 어두웠던 쇼가 절정에 달하자 자일로밴드는 다시 빛을 밝히기 시작했다. 리드 보컬 크리스 마틴Chris Martin은 팬들에게 이렇게 말했다. "손을 높이 드세요." 그 순간 공연장의 모든 손목이 그의 노래에 맞춰 빛을 내기 시작했다.

몇몇 고객들이 목재 보드를 만들기 위해 나흘 동안 함께 모이는 것처럼 수만 명의 콜드플레이 팬들도 몇 시간 동안 함께 모여 공연의 일부가 되었다. 어떠한 방식이든 사람들을 참여시킴으로써 만들어지는 유대관계는 패노크라시를 형성해준다.

네이트 테퍼Nate Tepper는 이렇게 말했다. "콜드플레이는 팬의 경험이 얼마나 중요한 것인지를 보여줬습니다." 테퍼는 하모니 Harmony의 공동 창립자이자 CEO로 공연에서 듣고 싶은 노래에 팬들이 직접 투표하는 앱을 만들었다. "7만 명의 사람들이 모여든 거대한 인파 속에서 모든 사람이 같은 비트에 맞춰 같은 색의 빛을 내는 겁니다. 저는 그렇게 많은 사람들과 그처럼 강한 유대감을 느껴본 적이 없습니다. 밴드와 음악과 하나가 되는 매우 강렬한 방식이었습니다. 무대에 있는 밴드와 멀리 떨어져 있었지만 함께하고 있음을 느끼게 해주는 순간이었습니다. 연주하는 밴드를 보는 것보다 그 빛을 바라보는 것이 훨씬 더 멋질 정도였습니다. 그 빛 하나하나가 모두 사람이었기 때문이죠."

하모니: 좋아하는 가수의 공연을 직접 기획하다

테퍼는 우리처럼 라이브 음악 애호가다. 그는 그 열정을 사업으로 승화했다. 2015년 테퍼와 그의 친구들은 데이브 매튜스 밴드Dave Matthews Band를 보려고 2시간을 달려 샌프란시스코 근처에 있는 쇼어라인 앰피시어터Shoreline Amphitheater를 방문했다. 테퍼에게는 그 주에만 벌써 세 번째 콘서트였다. 그는 트레버 홀Trevor Hall과 카운팅 크로우즈Counting Crows의 공연도 봤지만 모두 만족스럽지 않았다. "공연을 보기 위해 먼 길을 달려갈 때면 좋아하는 곡을 라이브로 들을 수 있다는 생각에 흥분해있습니다." 그는 이렇게 설명했다. "그런데 듣고 싶었던 곡을 그들이 연주하지 않아서 매우 실망스러웠어요. 공연장에서는 좋아하는 곡을 라이브로 듣는 것보다 더 좋은 경험은 없거든요."

그것이 그가 하모니를 설립한 이유다. 테일러 스위프트Taylor Swift, U2, 에드 시런Ed Sheeran, 비욘세Beyoncé, 뮤즈Muse, 팀 맥그로Tim McGraw, 매치박스 트웬티Matchbox Twenty를 포함한 수백 명의 아티스트가 하모니를 이용하여 팬들과 직접 소통한다. 하모니는 티켓팅 전문업체 티켓마스터Ticketmaster와 제휴를 맺고 티켓을 구매하는 팬에게 선곡 리스트를 작성하는 링크를 이메일로 보낸다. 아티스트도 이 링크를 페이스북이나 인스타그램과 같은 소셜 미디어에 공유한다. 이 링크를 클릭하면 하모니가 제공하는 웹 페이지로 이동해 공연에서 듣고 싶은 곡에 투표할 수 있다.

팬들은 적은 비용으로 좋아하는 노래에 투표할 수 있고 각각의 투표로 얻은 수익은 노숙자, 자폐증, 자살 예방 및 암 연구를 지원하는 자선 단체에 기부된다. 투표수가 많은 곡일수록 아티스트가 이를 공연할 가능성이 커지고 사회적 영향력도 커진다. 어떤 사람들은 수십 또는 수백 번 투표하지만, 아티스트가 선택한 곡을 연주하는 경우에만 비용이 지불되는 방식이다.

하모니의 노래 신청 방식은 팬과 아티스트를 연결하는 작용을 한다. 팬들이 공연 목록에 영향을 미치게 될 때 그들은 공연 기획의 일부가 되고 아티스트와 개인적인 관계를 맺은 것처럼 친밀감을 느낀다. 듣고 싶은 노래를 아티스트가 실제로 무대에서 직접 불러주는 것만큼 강렬한 경험이 있을까. 팬들은 '내가 그 노래를 무대에 올렸구나'라며 마치 자신이 공연을 기획한 것처럼 뿌듯해 한다. 게다가 아티스트가 무대에서 투표해 준 팬들에게 감사를 표한다면 더할 나위 없을 것이다.

테퍼는 "공연 후에 팬들을 대상으로 설문 조사를 합니다. 그들은 아티스트가 자신들이 좋아하는 곡을 연주했을 때 그 무대를 직접 만든 것처럼 느낀다고 대답했습니다"라고 말한다. "공연 목록에 영향을 미쳤다는 건 놀라운 경험입니다. 특히 그 노래가 신청한 연인들에게 특별한 곡이거나 결혼식에서 불렸던 노래였다면 삶의 중요한 순간을 함께한 것처럼 아티스트와 팬이 진정으로 연결되는 거죠."

이 글을 쓰고 있는 지금도 나는 티켓마스터로부터 "잭 화이트Jack White가 당신이 좋아하는 곡을 모두 연주한다면?"이라는 제목의 이메일을 받았다. 이 이메일은 내가 잭 화이트 공연 티켓을 구매한 후에 왔으며 포함된 링크는 하모니 앱으로 연결되는 링크였다.

꿈의 잭 화이트 공연 목록 만들기

다가오는 잭 화이트의 투어 공연에 우리만큼 당신도 흥분되어 있기를 바랍니다. 그의 새 앨범 〈보딩 하우스 리치Boarding House Reach〉의 신곡들을 포함한 당신만의 잭 화이트 공연 목록을 만들어 공연을 즐기세요. 당신이 가장 좋아하는 트랙을 선택하세요. 재생 목록을 다운로드하고 친구들과 공유하세요!

나는 잭 화이트의 '라자레토Lazaretto', '템포러리 그라운드 Temporary Ground', '식스틴 솔틴스Sixteen Saltines'를 포함하여 몇 곡을 선택했다. 일주일이 지난 후 콘서트장에서 그들이 두 번째 노래로 '라자레토'를 부르기 시작했을 때 나는 굉장히 흥분했다. 심지어 다음 곡은 '식스틴 솔틴스'였다. 물론 다른 사람들도 같은 곡을 골랐을 수 있지만 나는 마치 선택받은 사람이 된 것 같았다.

몇몇 유명 아티스트들은 소셜 미디어를 직접 운영하지 않는다. 자신이 운영하는 척하지만, 뒤에서 마케팅 담당자가 운영하는 경우가 간혹 있다. 때문에 올라오는 내용이 진실하지도, 개인적이지도 않다. 이럴 경우 투어 공연 날짜나 티켓 프로모션과 같은 내용들이 주로 올라온다. 물론 오늘날의 대부분의 아티스트, 특히 팔로워가 적은 무명의 아티스트들은 소셜 미디어 활동을 직접 관리할 뿐 아니라 활발하게 활동하며, 많은 수의 '좋아요'를 통해 팬들과 깊은 관계를 맺고 있다.

테퍼는 "진정성이 중요합니다"라고 말한다. "그것이 당신의 진짜 목소리인가요? 당신은 팬들과 관계를 맺고 있습니까? 아니면 계속 티켓을 사라고만 말하고 있나요? 하모니의 장점은 바로 이것입니다. 저와 같은 열혈 팬들이 음악을 요청하면 그 목소리가 아티스트에게 전해지면서 서로 연결되어 있다고 느끼는 진정성 있는 관계 말입니다."

래틀: 음악과 기술의 장벽을 허물다

때때로 패노크라시를 형성하는 비결은 처음부터 실제로 사업을 구축하는 것이다. 이전에는 전혀 고려조차 되지 않았던 방법으로 사람들을 의도적으로 끌어모으는 것이다. 이는 예술, 기술, 문화적 활동을 돕는 스튜디오와 작업 공간, 멘토십 프로그램을 제공하는 글로벌 커뮤니티 래틀Rattle을 설립한 크리스 하워드Chris Howard의 방법이다. 하워드는 음악 프로듀서, 기술 기업 창업에 이르는 자신의 여러 경력을 활용해 최고의 커뮤니티들을 한군데로 모으는 일에 성공했다.

래틀은 전문 음악가와 기술 기업가 간의 매우 다른 두 그룹의 사람들을 모아 각 그룹이 다른 그룹의 작업에 노출되도록 했다. 이러한 아이디어의 교류는 전통적으로 음악가가 일하던 환경이었던 다른 음악가와 함께 쓰는 스튜디오에서는 불가능한 협업을 가능하게 했다.

전형적인 초기 단계의 기술 기업은 기술 육성 기관이나 공유 사무실에서 사업을 시작한다. 래틀은 이들 두 그룹의 매시업Mash-up (다양한 정보와 서비스를 혼합하여 새로운 서비스를 개발하는 것-옮긴이)으로 음악가와 기술 기업 모두에게 작업 환경을 제공했다. 독특한 점은 그들이 함께 일하고 서로를 사업에 이용한다는 것이다. 이는 그레인 서프보드, 아우디, 레스팔리에 레스토랑처럼 회사가 상품을 만드는 방법에 대한 통찰력을 제공한다기보다는 어떻게 고객을 전형적인 영역 밖의 매우 창의적인 사람들에게 노출시키는가를 보여준다. 이들이 서로 섞여서 엄청난 결과를 내는 것이다.

래틀의 월간 멤버십에는 최첨단 음악 스튜디오, 엔지니어, 프로듀서, 메이커 스페이스, 협업 공간, 멘토링, 워크숍, 이벤트, 일대일 코칭 등의 무료 서비스가 포함되어 있으며, 전 세계에 있는 다른 여러 지점에서는 더 많은 서비스가 무료로 제공된다.

래틀은 다양한 배경과 각기 다른 목표를 가졌지만 조화롭게 모여 일하는 사람들의 패노크라시를 구축했다. "기술 기업가들은 아티스트들에게 노래가 돈을 벌 수 있는 유일한 방법이 아니라는 것을 보여주고 있습니다." 하워드는 이렇게 말했다. "기술 스타트업은 돈을 벌 수 있는 여러 방법을 알고 있으며 성공하기 위해서는 다양한 자원을 활용해야 합니다. 그들은 이런 것들을 아티스트에게 알려줍니다. 이곳에서는 이런 협업이 매일 이루어지고 있습니다."

패노크라시는 마음이 맞는 사람들을 모아서
좋아하는 것을 함께 즐기게 한다.

래틀 음악 산업의 회원들은 녹음 시간, 멘토링 및 비즈니스 개발 지원을 필요로 하는 독립 음악가부터 소규모 음반사들과 소수의 음악가를 관리하는 매니지먼트팀에 이르기까지 다양하다. 많은 사람들이 그들만의 공간을 임대할 준비가 되어 있지 않아서 래틀을 이용한다. 기술 기업 회원들은 사업을 시작할 장소와 최고의 멘토들, 그리고 다른 기업가들과의 네트워크를 필요로 하는 스타트업 창업자들이다. 성장세에 있는 기업 중 지적 자극을 위해 아티스트들과 함께 일하고자 하는 기업들도 포함되어 있다.

하워드는 이렇게 말한다. "제작자들은 다른 제작자들을 존중하는 경향이 있습니다. 그래서 음악 아티스트들과 기술 기업들을 한 공간에 둘 수 있었습니다. 기술을 개발하고 이를 확산시키고자 하는 사람들에게는 한 가지 습관적인 사고방식이 있습니다. 우리는 그것을 스타트업 문화라고 부릅니다. 그런 행동은 기술 개발을 하는 사람들에게는 자연스러운 것이지만 아티스트라면 결코 이해할 수 없는 부분이기도 하죠. 따라서 이들이 함께 모여있으면 아티스트는 이런 스타트업의 사고방식에 빠져들게 되는 겁니다. 이런 기업가적 전략은 아티스트의 성공을 도울 수 있기 때문이죠. 동시에 아티스트의 창의적인 영역은 기업가정신을 어떻게 성장시켜야 하는지에 대한 기술 기업들의 철학보다 상당히 앞서 있다고 생각합니다. 양쪽에 다 효과가 있는 것이죠."

아티스트나 밴드, 혹은 인디 음반사가 래틀에 합류하면 하워드는 즉시 그들과 해당 공유 사무실에 거주하는 다른 기업가가 함께하는 자리를 마련한다. 아티스트들은 일반적으로 대형 음반사와 계약하는 전통적인 음악 사업만 생각한다. 그러나 음악으로 돈을 버는 방법은 매우 다양하다. 따라서 멘토링은 그들이 다양한 선택 방안을 고려하도록 돕는다. 이러한 지적인 교류는 아티스트가 전통적인 음악 산업에서 일할 때는 전혀 경험하지 못했던 것들이다. 즉,

래틀은 음악가들의 기업가적 사고방식을 개발해주는 것이다.

"아티스트들은 처음에는 일주일에 약 10시간 정도 음반 녹음 전에 연습하기 위해 이곳을 이용합니다." 하워드는 설명한다. "그들은 이내 자율성과 기업가정신이라는 개념에 매료되어 훨씬 더 규칙적으로 이곳에 오기 시작합니다. 특히 기술 기업가들과 마주 앉아 토론하고 사업에 대해 배우는 것을 매우 좋아합니다. 이런 초근접성 덕분에 유대감을 쉽게 형성하죠. 이는 정말 신기한 일입니다. 그들은 매일 같이 이곳에 오면서도 멤버십이 끝나 이곳을 떠나야 한다면 슬플 것 같다고 말합니다. 이곳을 떠난 사람은 이제까지 단 두 명뿐이었습니다. 사람들 사이에 예상치 못한 유대감이 얼마나 강력하게 형성되는지 정말 놀라울 뿐입니다. 그리고 그들은 서로를 정말 멋지다고 생각합니다."

많은 기술 스타트업의 직원이나 고문으로 일해오면서 창업에 정형화된 접근법을 적용하는 것이 얼마나 위험한 일인지 목격해왔다. 래틀의 아티스트 회원들은 신기술 사업화에 적용하기는 어려운 창의력을 자신들의 작업에 반영한다. 나도 한 번쯤 그런 환경에서 일해보고 싶었다. 만약 그랬다면 이 책을 쓰는 대신 여전히 그곳에 머물고 있을지도 모른다.

하워드는 "창의적인 기업가가 되려면 근본적으로 매우 주목할 만한 일을 해야만 합니다. 그 놀라운 측면이 발견될 때까지는 회사를 키울 수 없습니다"라고 말한다. "기술 기업가들은 자신들의 분야에서 그것이 무엇일지를 찾고 성공시키기 위해 우리를 찾아옵니다. 아티스트와 함께하면서 그들 분야의 전통적인 사무실에서는 할 수 없었던 방법으로 테스트하고 반복하고 바꾸어보고 디자인할 수 있어서 사업이 조금 더 커진 뒤에도 우리와 함께하죠."

하워드와 그의 파트너들은 래틀 지점 근방에 머물며 언제라도 회원들과 미팅을 가질 수 있도록 한다. 회원들 사이의 유대감, 특히 크게 다른 분야의 사람들 사이의 예상치 못한 유대감은 래틀의 활발한 패노크라시를 의미한다. 예를 들어 펑크 밴드의 음악가가 스마트폰 앱을 제작하는 기업가들과 어울릴 때 형성되는 인간적인 측면은 실제로 매우 강력하다. 이런 종류의 협업이 래틀에서는 매일 일어나고 있다.

"우리는 최근 런던 지점에서 오픈 하우스를 열어 회원들이 자신들의 동료나 친구들을 래틀에 초대하게 했습니다." 하워드는 설명했다. "회원들은 자부심을 가지고 그들의 공간을 자랑스럽게 보여줬습니다. 그런 자부심은 새로운 신규 회원을 다수 끌어들이는 결과를 냈죠. 회원들은 자신들이 또 하나의 새로운 사회 운동을 선도한다고 느끼게 됩니다. 그리고 이런 경험은 그들이 나이가 들었을 때 서로 이야기할 추억거리가 될 것입니다. 사회적 운동에 자부심을 불어넣는 것은 커뮤니티를 구축하는 데에 매우 중요한 부분입니다."

• • •

수제 그레인 서프보드 중 하나가 해변이나 파도를 기다리는 줄에 나타나면 다른 서퍼들은 이 독특한 목재 보드를 바로 알아본다. 그리고 내게 말한다. "정말 멋진 목재 보드네요." 내가 서프보드를 직접 만들었다고 하면 사람들은 늘 나와 이야기를 하고 싶어 한다. "당신이 직접 만들었다고요?" 이는 그레인 서프보드의 서프보드 제작 수업에 대한 이야기를 꺼내기 위한 서두인 셈이다. 나무에 찍힌 회사 이름을 가리키면서 말이다. 그들은 보드의 종류를 선택하고 나무를 고르고 도구 사용법을 배우면서 직접 보드를 제작한 이야기를 좋아한다. 서프보드가 주목을 받는 동안 제작 과정을 설명하는 나의 열정 또한 사람들의 관심을 끌곤 한다. "거기가 어디예요?", "그곳에 몇 명이나 있나요?", "얼마나 오래 걸려요?", "배우기 어려워요?", "비싼가요?" 낸터킷에 있는 내가 자주 가는 서핑 장소에서는 사람들이 나보다 내 보드를 더 자주 알아볼 정도다. "저기 목재 보드 타는 친구가 온다."

그레인 서프보드는 그들의 워크숍에 팬들을 초대하면서 엄청난 성공을 거두었다. 팬들을 그레인 서프보드 활동에 들어오게 한 것이 사업에 큰 도움이 된 것이다. 그리고 그들은 수제 서프보드 제작 과정에 소비자를 참여시키는 것이 소비자와 그레인 서프보드 장인들과의 유대감을 강화하는 역할을 한다는 것을 발견했다. 그들은 이렇게 형성된 유대감을 바탕으로 고객을 팬으로 만듦으로써 열정적이고 국제적인 패노크라시를 구축할 수 있었다.

기업이 하는 일에 대한 애착 관계를 형성하는 가장 좋은 방법은 사람들을 그 세계로 들어오게 하는 것이다. 즉, 고객이 자신의 경험을 만들고 기업이 하는 일의 중요한 일부가 되게 하는 것이다. 이를 통해 다른 기업들이 고객에게 판매할 제품과 서비스를 만드는 동안 고객을 팬으로 만드는 기업이 되어야 한다.

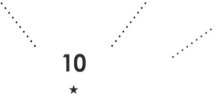

10

★

데이터가 아닌 고객의 말을 들어라

by 레이코

학부 과정에서 나의 멘토인 종양 전문의 라자 박사와 일하는 동안 나는 의사가 해야 할 일에 대한 내 생각을 영원히 바꾸어놓은 환자를 만났다. 여기에서는 그를 헨리Henry라고 하겠다. 그는 골수형성이상증후군MDS 진단을 받았다. 이는 혈액 질환으로 몸속의 에너지를 빼앗아 끊임없이 피곤하게 만드는 병이다. 나는 진료 시간 전에 먼저 그를 만났다. 라자 박사가 들어오기를 기다리면서 그는 내게 여러 색을 덧칠해서 그린 유기적이고 뒤틀린 그림들을 그의 아이패드로 보여주었다.

자신의 작품에 관해 이야기하는 동안에는 그를 쇠약하게 만드는 질병이 마치 그의 정신세계에서 떨어져 나가는 듯했다. 나는 그에게 작업하는 방식에 관해 물었다. "흥미로운 나무 조각들을 찾습니다. 사람들이 남겨 놓은 작은 물건들을 찾아낸 뒤 스튜디오에 와서 정리하죠." 작품에 관해 설명하는 그의 모습은 생기가 넘쳤다. 나는 특히 매혹적인 작품 하나를 오래 바라봤다. 손에 닿지 않는 무언가를 움켜쥐고 있는 한 남자의 형상을 나무, 금속, 동물의 뼈들로 만든 작품이었다. 각 재료를 설명한 후 그는 병에 걸리고 나서는 너무 힘들어서 새로운 재료를 찾으러 밖에 나갈 수도, 재료들을 자르고 조일 수도 없었다고 고백했다. 다행히 이 병원에서 치료를 받은 후 오랫동안 방치되어 있던 스튜디오로 다시 돌아갈 수 있었다고 한다. "저는 인제야 다시 제가 된 기분입니다." 헨리는 큰 목소리로 이렇게 말하며 웃었다. 마른 체구에서 나오는 그의 큰 목소리는 나를 놀라게 했다.

다시 그의 작품을 들여다보며 나 또한 예술 작품 만드는 것을 좋아한다고 말했다. 물론 내가 좋아하는 일은 조각이 아닌 글쓰기다. 나무나 뼛조각을 이용하는 것이 아닌 컴퓨터에서 픽셀로 만들어지는 일이다. 그는 미소를 지으며 말했다. "좋네요. 예술가만이 예술 작품을 만드는 이유를 공감할 수 있죠."

그가 이렇게 자신감을 다시 찾을 수 있었던 것은 종양 전문의에게 자신의 목표와 두려움에 대해 거리낌 없이 이야기할 수 있게 하는 현재의 자유로운 느낌 덕분이라고 했다. 나는 예술가가 된다는 것이 무엇을 의미하는지, 헨리가 자신의 스튜디오에 있다는 것이 무엇을 의미하는지 알 수 있었다. MDS가 급성 골수성 백혈병으로 변형될 위험이 있다고 말했을 때 그는 분명하게 말했다. "저는 죽음을 두려워하지 않습니다. 고통 속에 사는 것보다는 심적으로 편안하고 생산적인 삶을 살고 싶습니다."

그는 계속 작업할 수 있게 도움을 주는 빈혈 약물은 받았지만, 체력을 약화시켜 작품 활동을 어렵게 할 수도 있는 강한 화학 요법은 거부했다. 그의 의학적 결정의 척도는 '충분히 창의력을 유지할 수 있는가'였다.

지금까지의 나는 의학을 공부하는 다른 많은 학생들처럼 인간의 삶은 심장 박동으로 측정되며 의사의 관심은 온전히 생물학적 과정에 있다고 생각했다. 죽음과 질병에 대한 현대의 언어는 의사로 하여금 생명은 행복, 사랑, 창의성, 독립성이 아니라 질병을 고치고자 하는 노력이며 의사가 보호한 것이라고 믿도록 강요한다. 의학에서는 '고칠 수 있다'라는 태도가 중요하기 때문에 신체의 생물학적 기능과 '생존'이라는 표식이 다른 요소들보다 우선한다. 마치 건강한 세포와 혈액과 호흡을 회복하는 것이 목표인 것처럼 말이다.

헨리는 내가 알고 있던 이러한 개념들로는 의사가 될 수 없다는 사실을 깨닫게 해주었다. 헨리가 내린 결정들은 놀라운 것들이었다. 그것은 삶과 죽음, 안락과 고통에 관한 것으로 그는 의사의 책임감에 환자 개인의 요구에 대한 세심함이 포함되어야 한다는 것을 깨닫게 해주었다. 의사의 목표와 환자의 목표가 항상 일치하지는 않기 때문이다. 내가 진료실을 떠나기 전에 헨리는 이렇게 말했다. "의사는 로봇이 아니라 사람이어야 합니다. 의사가 되면 꼭 기억하세요."

오진 그리고 소외

환자로서의 헨리는 종양 전문의에게서 답을 구했다. 그는 라자 박사가 자신의 남은 생애를 바꿀 수 있는 결정을 내리는 데에 도움을 줄 것이라 믿었다. 우리는 병실에서 그의 미래에 대한 이야기를 함께 나누었기 때문에 그와 담당 의사, 심지어 학생 신분이었던 나와의 상호 작용은 그에게 이미 정서적으로 매우 중요하게 작용했다. 그에게 희망을 준 것은 결국 병원과 질병 밖에서의 그의 삶에 대해 궁금해하고 그의 이야기를 들어주는 우리의 모습이었다.

헨리와의 교류가 서사를 갖게 되었을 때, 즉 우리가 서로에게 이야기하는 것이 아닌 함께 이야기하게 되면서 점차 더 효과적인 대화를 하게 되었다. 다른 의사라면 더 강한 화학 요법을 고집했을 수도 있다. "더 오래 살고 싶지 않습니까?"라고 말하면서 말이다. 헨리의 대답을 듣지도 않았을 것이다. 하지만 만약 누군가가 그에게 모든 연구 데이터를 손에 들고 "당신에게는 2년 더 살 수 있는 기회가 30% 정도 있습니다"라고 말한나면 그는 들은 척도, 이해한 척도 하지 않을 것이다.

의대생으로서의 나는 이러한 상황을 여러 번 목격했다. 헨리의 태도와 수많은 의료진이 환자의 치료를 돕기 위해 하는 가혹한 현실의 차이를 말이다. 우리는 진단 결과가 나올 때까지 컴퓨터 뒤에서 기다린다. 핸드폰 앱을 이용해 위험과 이점을 계산한다. 예를 들면 수술 로봇이 환자의 복부에 깊이 파고들거나 사이버 나이프CyberKnife(첨단 레이저 수술법-옮긴이)가 방사선을 환자의 뇌에 집중해서 쏘는 것을 볼 때면 어릴 때 읽던 소설에서 묘사된 공상 과학적 미래에 살고 있는 것처럼 느껴진다. 수술대 위의 의식 없는 인체를 보면 그가 개성이나 좋아하고 싫어하는 것, 개인적 활동이나 관심, 가족, 사랑하는 사람, 집에 있는 갓난아기, 직장과 같은 수술실 밖에서의 온전한 삶을 가지고 있다는 것을 잊기 쉽다.

프랑스의 철학자이자 사회학자인 미셸 푸코Michel Foucault는 1963년 출간한 그의 저서 《임상의학의 탄생The Birth of the Clinic》에서 '의학적 시선', 즉 의사의 마음속에서 일어나는 환자의 몸과 마음의 분리에 관해 이야기했다. 푸코에 따르면 기술이 더욱 정교해짐에 따라 의사들은 고통받는 사람에 대한 실험의 수와 생물학적 징후들에 더 끌리게 된다. 이와 동시에 환자를 사회학적 맥락에서의 복잡한 개체에서 진단을 위한 단일 조건으로 이해의 범위를 좁힌다. 사실 사람들은 모두 때때로 이렇게 행동한다. 처음 만나는 사람을 해부하고 판단하고 표식을 붙인다. 사람들을 각기 다른 조각으로 나누고 이들을 이용해 전체를 표현한다.

'질병 보고서'나 일반적인 진단 발표는 의사가 환자의 상태를 이해하고 치료하는 가장 빠른 방법이다. 이는 매우 강력한 도구이며 일상적 치료에 필수적이지만, 충분한 지식을 갖고 사용해야 하며 각 환자의 개별적 경험을 대체할 수는 없다. 오히려 종종 환자를 치료하면서 '당뇨병' 또는 '외상 사례'라 진단하며 더 쉬운 언어에 빠져들게 만들기도 한다. 그것은 우리가 무신경하기 때문만은 아니다. 우리는 보통 너무 바쁘고 해야 할 일이 너무 많아서 요령과 손쉬운 방법들에 의존해 일을 끝내려 하기 때문이다. 그러나 진단을 내리는 것이 한 사람 전체를 의미하게 되면 환자가 자신의 목소리를 내는 것은 더욱 어려워진다.

문제는 이런 종류의 '정형화된 논리'가 일단 생기면 이를 원상태로 되돌리는 것은 거의 불가능하다는 것이다. 환자의 개성을 배제하고 그 대신 처리해야 할 과제나 대상으로 여긴다면 중요한 데이터의 핵심을 놓치게 된다. 이는 환자를 오진하고 소외시키는 것이며 의사에 대한 신뢰를 떨어뜨린다. 그리고 치료는 어려움을 겪게 된다. 의사는 환자의 항의나 의견을 무시하고 그들이 자신에 대해 알고 있는 것보다 훨씬 더 많이 그들에 대해 알고 있다고 가정한다.

의대 교육 과정에서 나는 하나의 정답을 가진 객관식 문제의 답을 맞히는 데에 익숙해져 갔다. 그러나 헨리는 그 '정답'을 거부했다. 하나의 정답이 그의 개인적 배경에는 들어맞지 않았기 때문이다. 그리고 헨리가 옳았다. 그가 보여준 반응은 나로 하여금 주변을 더 자세히 바라보게 했다. 우리가 로봇이 아님을 기억해야 하는 분야는 어디일까? 자신 외에는 아무도 이해할 수 없는 대담한 결정을 내린 헨리처럼 자기 자신을 명확히 알아야만 하는 분야는 무엇이 있을까?

디지털화 시대에 고객을 팬으로 만드는 법

의료 서비스 분야만 자동화되고 있는 것은 아니다. 대부분의 산업
이 디지털화하고 있다. 오늘날 경영진은 세계에서 행해지는 자동
화가 얼마나 엄청난 사업 기회를 갖고 있는지 잘 알고 있으며 때때
로 자동화가 유일한 옵션인 것처럼 말한다. 은행, 운동용품, 혹은 항
공사에 이르는 수많은 기업이 데이터를 수집한다. 사람들이 웹에서
무언가를 검색하면 그 검색 기록을 바탕으로 알고리즘은 사람들의
과거 행동에 대해 배우고 이를 기반으로 광고가 만들어진다. 페이
스북을 포함한 소셜 네트워크는 최근 검색 기록을 기반으로 콘텐츠
를 제공한다. 또 다른 볼거리를 찾을 때면 넷플릭스 시청 습관과 연
관된 영화나 TV 프로그램을 추천해주는 것처럼 말이다.

> 고객은 자신의 디지털 풋프린트* 위에서 살아간다.
> 기업이 고객에 대해 더 많이 알면 알수록
> 고객의 충성도는 향상된다.

★   사람들이 인터넷을 사용하면서 웹상에 남겨 놓는 디지털 흔적, 즉 디지털 기록을 말한
다. 접속한 웹 사이트나 검색한 제품, SNS 방문 기록 등이 있다.

소비자로서의 우리는 매일 어떤 제품을 사용할 것인지, 어떤 서비스를 구매할 것인지, 어떤 창의적 콘텐츠를 경험할 것인지를 결정해야 한다. 구매하는 의류나 자동차의 종류, 의료 보험, 생명보험, 혹은 주택 담보 대출, 동네 식료품점에서 선택한 음식, 고용한 사람, 관심 갖고 있는 예술, 영화, 연극 및 도서 등 수백 가지를 선택한다. 이는 나와 내 주위 사람들에게 그리 중요하지 않은 것이거나 혹은 매우 중대한 영향을 미치는 것일 수도 있다. 간혹 충동적으로, 단기적 충족을 위해, 즉각적인 욕구 때문에, 혹은 데이터가 예측하는 것에 따라 결정을 내릴 것이다. 아니면 훨씬 더 큰 의미나 중요도에 따라 결정하기도 할 것이다.

우리는 이미 디지털 시대의 혼란에 관해 이야기했다. 이는 많은 소비자들이 완전히 자동화된 프로세스에 의존하는 브랜드로부터 점점 더 멀어지고 있다는 것을 보여줬다. 헨리 같은 사람들, 혹은 나와 같은 사람들은 의사 결정을 할 때 데이터를 넘어 자기 생각과 감정을 바탕으로 중요한 결정을 내린다. 그러므로 고객이 의미 있는 결정을 내리도록 도움으로써 고객을 평생의 팬으로 만들 수 있다. 오늘날 이러한 이상적인 상황을 어떻게 현실로 만들 수 있을까?

비인간화: 데이터가 잘못되었을 때

로봇이나 디지털화된 문제 해결은 고객의 개성을 희생시키곤 한다.

이는 데이터가 잘못되었을 때 더욱 분명하게 드러난다. 예를 들면 다음과 같다.

- **의학**: 만성 기침과 풍토병이 있는 국가에서는 흔한 질병인 폐결핵에 양성 반응을 보인 인도에서 이민 온 여성이 있다. 그녀를 진료한 의사들은 강력한 항생제로 그녀를 치료하지만, 그녀의 가슴속에서 자라나는 폐암을 발견하지 못했다.

- **고객 서비스**: 애용하는 아웃도어 그릴의 부품 교체를 요청하고자 하는 데 실질적 도움 대신 계속 자동 설문 조사 요청과 서비스 챗봇만을 접하고 있는 뉴저지의 한 남성이 있다. 그는 독립기념일 파티에 함께하기 위해 다음 주에 가족들이 도착할 예정이라 어쩔 수 없이 다른 브랜드의 그릴을 새로 사고 자신이 좋아했던 현재의 그릴을 버리기로 했다.

- **영업**: 핸드폰 요금제를 변경해서 해외에서 일할 때는 비용을 줄이고자 하는 해외 출장자가 있다. 그녀가 무엇을 선택하든 이동통신 회사의 사이트는 연간 요금제를 업그레이드하는 웹 페이지나 스마트폰을 업그레이드하는 웹 페이지로만 연결된다. 짜증스러운 그녀는 그냥 포기해버리고 몇 달 후 국제 로밍 요금으로 수백 달러가 청구된 후에야 큰 충격을 받는다.

소비자로서 종종 자동화된 의사소통이 삶을 더 어렵게 만들었다고 느끼는가? 또는 나도 모르는 사이에 수백만 명의 이메일 목록에 내 이메일이 추가된 것 같은가? 제품 만족도 조사를 작성해 제출했지만, 그들이 이를 듣고 있다고 느끼는가? 아니라면 당신은 어떻게 하는가? 앞서 언급한 요리에 자부심을 느끼는 뉴저지 그릴 마니아처럼 아마 새로운 브랜드로 넘어갈 것이다.

데이터는 대체 무엇을 의미하는 것일까? 혹시 회사가 당신과 당신의 가족을 하나의 추상적인 개념으로 만드는 것 같지는 않은가? 그들이 당신의 이야기에서 본질인 당신을 배제하고 있지는 않은가? 이것이 비인간화 과정이다. 스스로 생각하고 느끼는 능력을 빼앗는 것이다.

기술은 평생 자신만의 이야기를 만들며 살아가는 사람이 내린 수많은 의사 결정의 정서적 부분을 결코 재현해낼 수 없다. 이는 디지털이 경험을 지배할 때에는 결코 채울 수 없는 부분이다. 이를 바꾸어놓을 수 있는 유일한 방법은 고객들이 자신의 이야기를 토대로 의사 결정을 할 때 그 정서적인 중요성을 이해할 줄 아는 것이다. 바로 그 지점에서 이야기가 시작된다.

내러티브 의학이 의료 서비스 분야에서 차이를 만드는 법

헨리의 종양 전문의인 라자 박사는 헨리가 자신의 질병에 대한 의학적 결정을 단지 생화학적 현실만이 아닌 그 이상의 것들을 고려해 자기 스스로 결정을 내릴 수 있도록 해 준 의사였다. 그녀는 이 책의 서두에서 언급한 바와 같이 시에 대해 열정이 넘치는 의사이자 내게 과학자이자 동시에 예술가가 될 수 있다는 것을 알려준 사람이다. 내가 그녀와 일하는 동안 그녀는 자신의 환자들 각자의 차이에 맞추어 최신 임상 기법 이상의 치료법들을 제공했다. 그녀는 환자의 두려움과 희망에 귀를 기울였다.

라자 박사는 새로운 방식의 놀라운 현대 의학을 의대생들에게 가르치면서도 기술에 대한 의존도가 높아지는 것을 막고자 했다. 2000년대 초반 컬럼비아 대학에서 문학, 의료, 윤리 등 다양한 학문 분야를 가르치는 임상의와 학자들은 징후와 증상만으로 환자와의 상호 작용을 통제하는 개념에 반박하는 프로그램을 시작했다. 이 프로그램은 환자와의 상호 작용 이해도를 높이는 기술을 가르치기 위해 문학과 구어를 사용하며, 이를 토대로 환자를 각기 다른 개인으로 대하는 것을 궁극적인 목표로 한다. 그들은 의사가 환자의 이야기를 더 능숙하게 받아들이는 훈련을 한다면 더 나은 치료가 가능하다고 믿었다. 그들은 이러한 기법을 '내러티브 의학'이라 불렀다.

컬럼비아 대학에서 그들은 의료 전문가들이 이 치료법을 배우고 업무에 활용할 수 있도록 새로운 석사 과정 프로그램을 개설했고, 2009년 이 프로그램에 첫 학생들이 입학했다. 예를 들어 환자가 정기 검진에서 발견된 갑상선 결절에 관해 주치의와 전통적인 의료 상담을 하게 되면 그들은 초음파 검사와 조직 검사 결과를 판독할 외과 종양 전문의를 만나게 된다. 그러면 의사는 환자에게 치료 과정을 제안할 것이다. 이때 의사가 필요한 절차라고 말했기 때문에 환자가 수긍할 수밖에 없었다면 이 모든 과정은 아무런 의미가 없는 상호 작용이다.

그러나 내러티브 의학에 정통한 의사라면 환자가 자신에 관해 이야기하는 방식에서 말의 숨은 의미와 어감의 미묘한 차이를 알아차릴 것이다. 내러티브 의학을 배운 외과 종양 전문의는 자신의 환자가 상의하기 어려워하는 두려움이나 기대를 이야기하도록 고안된 특수한 질문을 하는 법을 알고 있다. 이 질문들로 환자는 의사에게 가장 중요한 것들을 공유하게 될 것이다. 환자가 치료 과정에서 목소리를 잃게 될 것을 두려워하는 가수라면, 혹은 암으로 자신의 아버지를 잃은 젊은 아버지가 오진을 걱정한다면 어떻게 해야 하는가? 그들은 의사를 신뢰해도 될지, 의사의 계획이 자신의 요구를 충족시킬 수 있는지 확신을 갖고 싶어한다. 의사는 환자가 조용해지면서 초조해하기 시작하면 상담을 멈추고 친한 친구나 가족이 환자 대신 이야기하도록 하고 싶은지 물어볼 것이다. 이러한 방법은 궁극적으로 의사가 환자의 증상이나 징후뿐만 아니라 그들의 이야기를 더욱 깊이 있고 상세히 이해하도록 돕는다.

내러티브 의학은 듣는 것에 대한 간단한 지침 그 이상을 의미한다. 이는 다른 사람에게서 진실을 끌어내고 이면을 들여다보는 방법에 대한 것이다. 의사들이 늘 제공하고 싶어 하던 양질의 진료를 가능하게 하는 목소리, 숨은 의미, 관찰에 대한 깊이 있는 이해 말이다.

주도권을 갖기 위한 10대 청소년의 영향력 강화

임상 전공의들은 수준 이하의 의료 서비스를 유도하는 의사소통의 대표적인 사례로 어른과 청소년 사이의 역학 관계를 꼽는다. 10대 들은 그들의 신체와 관련된 의사 결정에 부모의 동의를 필요로 하지만, 그들은 자신의 행동과 원하지 않는 것 등에 대한 개인적 의견을 갖기에 충분한 나이다. 그러나 그들의 요구는 부모님이나 조부모, 혹은 간병인에 의해 묻혀버린다. 많은 경우 그들의 이야기는 들리지 않거나 관련 없다며 일축된다.

매사추세츠 플랜드 페런트후드 리그Planned Parenthood League of Massachusetts의 청소년 및 전문 교육 관리자인 시라 칸-립맨Shira Cahn-Lipman은 환자 중심 진료라는 목표를 달성하기 위해 설계된 프로그램에서 일하고 있다. GRTCGet Real Teen Council는 보스턴과 센트럴 매사추세츠 고등학생의 또래 교육 단체로 청소년들이 정확하고 선입견 없이 유용한 성교육을 받을 수 있도록 지원한다. 또래와 지역 사회에 건강 관리 방법을 알리는 워크숍을 진행할 수 있도록 학생들을 교육하면 청소년들은 그들의 신체와 관련하여 가장 중요한 부분을 주도하게 되는 것이다. 그들은 심지어 의사, 간호사 및 나와 같은 의대생들과 함께 정보를 수집하고 성인 의료진들이 하는 말을 믿지 못하는 어린 환자들에게 조언할 방법을 찾는다.

"이 프로그램에서 가장 중요하며 변하지 않는 한 가지는 젊은이들이 그들 자신의 삶, 특히 자신의 성 건강에 관해 충분한 정보를 갖는 것, 그리고 이를 바탕으로 의사 결정을 내릴 그들의 권리와 능력을 존중한다는 점입니다." 칸-립맨은 이렇게 말했다. 그들을 지원하기 위한 자원과 방안을 제공하는 것은 GRTC지만 메시지를 전달하는 방법을 결정하는 것은 청소년 자신이다. "중요한 것은 정보들을 어떻게 보다 이해하기 쉽고 뜻깊은 방식으로 보여주느냐는 것입니다."

요컨대, 이 프로그램의 10대 청소년들은 그들의 정체성을 모두 보여주고 싶어 한다. GRTC에서 이는 매우 포괄적인 의미를 갖는데 이 프로그램의 청소년들은 성별, 성적 취향, 사회경제적 지위, 인종 및 민족적 배경에 이르는 매우 다양한 배경을 갖고 있기 때문이다. 칸-립맨은 이렇게 설명한다. "중요한 것은 사람들이 소비하는 제품과 그 세계를 통해 자기 자신을 확인한다는 것입니다." 가령 블록버스터 영화나 대학생들을 대상으로 한 광고 속 주인공으로서의 아프리카계 미국인이나 아시아인 청소년은 주로 여성 과학자의 모습이다. 의사들은 성행위에 대해 10대들에게 이야기할 때 이렇게 묻는다. "남성, 여성 또는 둘 나에 관심이 있습니까?" 질문자의 개인적 평가를 배제한 채 말이다. 이런 질문은 청소년들로 하여금 마음을 열고 자기 자신을 표현하도록 하는 초대장인 것이다. "사람들이 이런 환경에서 자기 자신을 바라볼 때 그들은 자신의 중요성을 강화하게 됩니다."

　의과 대학 2학년 때 나는 운이 좋게도 의료 전문가 교육 과정에서 GRTC를 만날 수 있었다. 워크숍은 우리에게 젊은 사람들의 마음에 무엇이 있는지 분명히 알려주었다. 그들이 소아과 의사들에게 물어보기 두려웠던 질문은 무엇일까? 부모나 친구들에게 밝히길 꺼리는 것은 무엇이었을까? 나는 그들에게 적절한 정보를 주며 행운을 빌어줄 수만은 없다는 것을 깨달았다. 그 대신 10대들이 바라는 것은 우리가 그들에 대해 더 많이 알아가고 그들과 협력하는 방법을 배우는 것이었다. 나는 이 워크숍에 참여한 10대들이 털어놓은 이야기에서 많은 것을 배웠다.

　한 청소년은 친구가 임신한 것을 어떻게 알게 됐는지 이야기를 꺼냈다. "그 친구는 어떻게 해야 할지 전혀 몰랐어요. 아무에게도 말하지 않으려고 했죠. 그러던 그녀는 제가 이 모임의 일원이고 자신을 도울 방법을 알고 있다는 것을 기억해냈어요." GRTC의 구성원이었던 이 청소년은 친구에게 그녀가 앞으로 내릴 의사 결정과 가야 할 곳에 관련된 중요한 연락처들, 그리고 다른 온라인 자료들을 전달해줄 수 있었다. 그녀가 친구에게 조언하고 도움을 주는 것이 어땠는지 설명하는 동안 GRTC로부터 얻은 지식을 갖춘 그녀가 얼마나 평온하고 침착했는지를 확인할 수 있었다. 그러고는 활짝 웃는 그녀의 입에서 치아교정기가 반짝거릴 때 나는 그제야 그녀가 16살이라는 사실을 기억해냈다.

강단에 서서 쉽게 따라 할 수 있는 동작으로 우리를 주목시키던 한 소년은 군중 속에서 손을 든 사람을 가리키며 환한 미소를 지었다. 그는 사지와 관절이 빨리 자라 키가 크고 여윈 체형이었지만 전문가처럼 자신감 있는 모습이었다. 그는 이렇게 고백했다. "이 자리에 서기 전까지는 많은 사람들 앞에서 말하는 것을 두려워했습니다. 하지만 이 모임에 함께한 지 3년째가 되었고 그동안 정말 많은 것을 배웠습니다." 그는 GRTC의 일원이 되면서 어떻게 이런 워크숍을 이끌어갈 자신감을 얻었는지, 학교에서 어떻게 새로운 동아리를 조직했는지, 지역 공동체에서 어떻게 리더가 되었는지에 관해 이야기했다. 이제는 학교의 다른 학생들이 그를 존경한다. "제가 이 모든 것을 할 수 있다는 것을 전에는 전혀 몰랐습니다."

몇 번이고 반복해서 들었던 강연의 핵심은 모든 10대 청소년들이 원하는 것은 그들의 이야기가 전해지고, 신뢰받고, 진지하게 받아들여지는 것이라는 점이다. 그리고 그들은 스스로가 안전하다고 느낄 때 조언과 도움을 얻기 위해 어른들에게 다가올 것이다. 이 청소년들의 이야기는 진료실에서 그들이 너무 어려 자신의 치료를 결정할 수 없으며 자신의 의견을 가질 수 없다는 이유로 침묵해야 하는 환자들에 대한 귀중한 통찰력을 제공했다. 어떤 성인도 나에게 이 같은 것을 가르쳐줄 수 없었다.

칸-립밴은 이렇게 말한다. "자율권이라는 단어는 가끔 많은 고민거리를 주는 단어입니다. 이 단어는 그들에게 권한을 준다는 것을 의미하기 때문입니다. 그들에게는 그들만의 목소리가 있고 말하고 싶은 이야기들이 있습니다. 우리가 할 수 있는 것은 그들에게 무대를 제공하는 것입니다."

스토리텔링은 어떤 특정 영역에만 한정된 것이 아니므로 비즈니스 영역에서의 서술적 접근법은 다양한 산업에서 활용될 수 있다. 고객 각자는 단지 일련번호가 아닌 여러 이야기를 가진 사람들이기 때문에 전문적인 이야기 기법을 실천함으로써 고객을 한 명의 사람으로 대하고 소통해야 한다. 사려 깊고 겸손한 자세로 다양한 분야의 사람들과 솔직하고 신뢰할 수 있는 대화를 나누면 더 정확한 지식을 얻을 수 있을 뿐 아니라 서로를 존중할 수 있게 된다.

고객은 진짜 목소리를 원한다

회사의 웹 사이트나 광고에서 종종 비인간화의 사례를 확인할 수 있다. "비즈니스 프로세스를 향상하는 기술 선도 기업인 이 회사는 차세대를 위한 비용 효율적이며 세계적 수준의 고성능 부가가치를 만들어내는 혁신적 솔루션 제품들을 제공합니다." 이 글에서 그들이 의미하는 것을 분석하기는 매우 어렵다. 이해할 수 없는 기업 전문 용어로 작성된 이런 글은 아무런 의미를 담고 있지 않다. 이런 언어로 쓰인 이메일, 홍보물, 블로그를 보는 사람들은 이를 모두 무시해버릴 것이다. 여기에는 그 어떤 사람의 목소리도 들어 있지 않다. 그저 로봇이 쓴 것 같다.

자동차 사용 설명서와 시의 차이점을 생각해보라. 자동차 사용 설명서는 '회사'라는 단체가 작성한 개성 없는 글이지만 이해하기 쉽게 사용 설명을 제공한다는 목적을 갖고 있다. 반면에 시는 지극히 개인적인 글이다. 누군가가 시를 읽을 때의 리듬과 운율, 즉 고유의 특색있는 목소리까지 들을 수 있다. 사용 설명서는 절대로 흉내 낼 수 없는 방식으로 시에서는 감성이 느껴진다.

문제는 전문 용어로 가득 찬 글이 너무 많이 사용되고 있다는 것이다. 정부 양식, 회사 웹 사이트, 마케팅 자료 등 너무 많은 곳에 쓰인다. 우리가 이런 언어를 사용하는 이유는 더 객관적으로 인식되고자 하기 때문이며 이것이 사용 설명서가 예술 작품과 다른 점이다. 하지만 고객이 원하는 것은 이와는 정반대의 것이다.

고객 입장에서 이런 회사의 언어는 사람이 쓴 것이 아닌 기계가 쓴 것으로 느낄 수 있다. 이는 회사를 비인간화하고 회사가 의도한 것과 정반대로 작용하게 만든다. 자동화된 서비스와 인간미 없는 상품을 사용하는 데에 질려버린 사람들은 자기만의 목소리가 없는 언어를 더는 신뢰하지 않는다.

당신은 종종 소비자로서의 자신이
그저 일련번호인 것처럼 느껴지는가?

'최첨단, 최고급, 매우 중요한' 이러한 언어는 고객을 충분히 이해하지 못한 기업 운영의 결과물이다. 그들은 고객, 고객이 직면한 문제, 그들의 제품으로 이러한 문제를 해결하는 방법에 대해 전혀 이해하지 못하고 있다. 어쩌면 자신에 대해서도 이해하지 못하고 있는지도 모른다. 고객만 이야기를 갖고 있는 것이 아니다. 기업도 이야기가 있으며 고객은 그것을 알고 싶어 한다. 그렇다고 그들이 시를 원하는 것이 아니다. 그들은 그저 당신의 목소리를 원하는 것이다. 인간의 목소리를 말이다.

트라이애슬론 세계 챔피언, 인간 중심의 코치가 되다

"열정이 전부입니다." 트라이애슬론 세계 챔피언인 시리 린들리Siri Lindley는 선수들을 어떻게 지도하는지 설명하면서 이렇게 말한다. "강도 높은 훈련이 필요한 높은 목표를 가지고 있다면 그것이 정말 중요하다는 강력한 이유가 있어야 합니다. 쉽게 포기할 수 있는 순간이 올 때마다 계속 앞으로 나아가도록 열정을 불러일으켜야만 하기 때문입니다."

그녀는 사람들을 챔피언이 되게 하는 것이 경기가 끝날 때 시계가 가리키는 숫자나 반짝거리는 금속은 아니라고 했다. 선수들이 더 높은 위업을 달성하도록 만드는 것은 선수 각자가 가진 내면의 본질적인 욕구인 것이다.

린들리는 은퇴 후 코치가 된 과정을 설명했다. "선수 생활이 주는 선물을 경험하는 것이 얼마나 중요한지에 관해 이야기하고 싶은 마음이 간절합니다. 그 경험이 사람들의 삶을 바꿔놓으리라는 것을 알고 있기 때문이죠. 제게 그랬듯이요. 사람의 내면에서 빛을 발하고 스스로에 대한 믿음이 커지게 되죠." 스포츠에 대한 이런 놀라운 열정이 그녀를 2000년부터 2002년까지 있었던 13번의 월드컵 경기에서 우승을 거머쥐고 국제 트라이애슬론International Triththlon Union의 높은 세계 랭킹을 유지하게 했다. 세계 1위로 은퇴한 후 그녀는 세계 최고가 되면서 배웠던 것들을 바탕으로 선수들을 지도했다. 그녀는 선수들이 스마트 시계의 숫자가 아닌 그 이상의 것, 즉 자신의 인간성을 이해하고 그것을 그저 당연한 것으로 받아들이지 않도록 가르친다. "선수 생활에서 얻은 선물을 깨닫게 되었을 때 저는 오로지 이것을 다른 사람들과 나누고 싶었습니다."

린들리가 2003년 콜로라도주 볼더에서 코치 생활을 시작한 이래로 그녀의 선수들은 세계 선수권 대회 9관왕과 여러 개의 올림픽 메달을 기록했다. 이본 반 블러켄Yvonne van Vlerken은 이들 중 한 명으로 린들리를 만나기 전부터 그녀는 이미 세계 정상의 선수였다. 그러나 그녀가 스포츠에 대한 열정을 잃었다는 것이 문제였다. 힘든 훈련을 하거나 경기에 나가기 위해 침대에서 일어나는 것이 더 이상 즐겁지 않았다. 무엇이 잘못된 것인지 알 수 없었다. 반 블러켄을 처음 만난 자리에서 린들리는 이렇게 말했다. "운동 도구들은 다 치우세요. 당신이 좋아하는 스포츠를 즐기는 것부터 다시 시작하겠습니다."

린들리는 다른 코치들처럼 데이터 분석과 숫자에만 매달리지 않고 선수들에게 그들 내면을 들여다보도록 가르친다. 반 블러켄은 파워미터*나 심박계 측정 결과에 좌절하고 데이터에 의해 지속적으로 평가받으면서 숫자 속에서 자신을 잃어버린 것이었다. 린들리는 말한다. "이런 것들이 정말 싫습니다. 훈련하고 경기를 할 때 진심이어야 합니다. 영혼에서 우러나와야 하고 열정을 표현해야 합니다."

린들리는 반 블러켄이 경쟁에 대해 생각하기 전에 스포츠에 대한 사랑을 되찾도록 도왔다. 그들은 함께 그녀가 첫 경기를 시작했을 때의 열정을 되찾았다. 스포츠에 대한 열정을 회복한 지금 그녀는 다른 선수들보다 훨씬 많은 9시간 미만의 아이언맨(트라이애슬론을 주최하는 브랜드의 이름이며 세계적으로 유명한 철인 3종 경기-옮긴이) 기록을 갖고 있으며, 이 기록은 그녀를 세계에서 가장 성공적인 아이언맨 트라이애슬론 선수로 만들었다.

또 다른 예는 세계 선수권 대회 4회 우승자인 미린다 카프리Mirinda Carfrae다. 그녀는 아이언맨 경기에서 3회 우승했고 아이언맨 70.3(철인 3종 경기의 하프코스 종목-옮긴이)에서 1회 우승한 기록을 보유하고 있다. 카프리는 연습이나 경기 중 산출된 전력량을 측정하는 바이크의 파워미터에 힘들어했다. 원하는 만큼 수치가 나오지 않을 때면 좌절했을 뿐만 아니라 그녀의 역량까지 제한했다. 그

★ 　운동량의 크기를 측정하고 그 효율을 분석하는 기기로 트라이애슬론 선수들의 바이크 훈련에 사용된다.

252

녀는 자신이 최선을 다했음을 알게 해주는 진정한 노력이 무엇인지 느낄 수 없게 된 것이다. 린들리는 이렇게 설명했다. "그런 느낌은 그녀를 정신적으로 피폐해지게 합니다. 선수가 숫자에 너무 집착하게 되면 숫자는 그대로 선수의 상한선이 되어버립니다." 그래서 린들리는 그녀의 훈련에 더 이상 파워미터를 사용하지 않았다. 그녀는 자신의 몸에 대한 자신만의 지식으로 훈련을 했다. 전력을 다했을 때에 비해 80퍼센트 정도의 노력을 기울였을 때의 느낌을 이해하는 것이다. 이후 그녀의 속도는 매우 좋아졌다.

2014년 카프리는 코나에서 열린 아이언맨 세계 선수권 대회에서 그녀의 두 번째 우승을 거머쥐었다. 경기하는 동안 그녀는 자전거의 파워미터를 단 한 번도 보지 않았다. 우승 후 다른 선수들과 코치들은 그녀의 정확한 기록을 물었다. "그들은 그들이 본 것 중 가장 완벽한 기록이라고 썼습니다." 린들리는 말한다. "그들은 카프리가 훈련 때 파워미터를 어떻게 사용했는지 궁금해했지만 사실 우리는 그것을 아예 사용하지 않았죠."

아이언맨 트라이애슬론 시리즈에 참여한 수백 개의 트라이애슬론 클럽 중 현재 시리우스 트라이 클럽Team Sirius Tri Club이 경기에 참여한 선수들의 득점 기준으로 미국 내 1위, 세계 3위를 차지하고 있다. 이러한 성과는 숫자가 아닌 선수들의 개인적 요구와 지식을 토대로 이루어졌다. 그렇다면 이 선수들의 성공이 사업과 무슨 관련이 있을까?

팬덤 비즈니스는 데이터에 집착하는 것이 아니라
인간을 중심에 두는 것이다.

린들리가 중요하게 생각하는 코치와 선수의 관계는 내가 생각하는 의사와 환자의 관계와 유사했다. 숫자가 아닌 자기 자신을 들여다보며 열정을 불러일으키고 앞으로 나아가야 할 자신만의 동기를 찾도록 격려하는 것이다. 각자의 이야기가 다 다르므로 그들의 동기, 즉 조언을 듣고자 하는 이유도 모두 다르다. 의사와 코치 둘 다 그들에게 도움을 청하러 온 사람들의 동기를 발견하고, 환자와 운동선수 모두 승리와 건강으로 이끌기 위해서는그만큼의 깊이 있는 이해가 필요하다. 린들리는 숫자나 기록이 아닌 선수 개인의 깊은 내면을 이해하는 것에서 결정적인 성공의 실마리를 찾은 것이다.

"우리 모두는 내면에 열정을 품고 있습니다. 하지만 그 열정을 바치는 곳은 사람마다 다릅니다." 그녀는 이렇게 설명했다. "따라서 기업은 모든 유형의 고객을 사로잡을 방법을 찾아야 합니다. 사람들은 모두 같은 것에서 동기 부여되거나 영감을 얻는 것이 아니라는 점도 분명히 알아야 하죠. 그렇다고 해서 사업이나 제품이 모든 소비자를 사로잡을 수 없다는 것은 아닙니다. 다양한 욕구가 존재한다는 것을 이해하고 각기 다른 유형의 사람들에게 마케팅할 수 있어야 한다는 것입니다."

• • •

의과 대학 3학년이 절반쯤 지났을 때, 나는 진료팀에 자리를 얻기 위해 고군분투하고 있었고, 여전히 약간 혼란스러웠다. 새로운 환자를 만나면 환자의 이야기를 듣는 간단한 과정이 갖는 영향력에 대해서 다시금 떠올리게 됐다.

성인 입원 환자 진료과에서 일할 때였다. 제레미^{Jeremy}라고 부르는 환자가 한밤중에 들어왔다. 의료진이 그를 만나기 전에 나는 그를 사전 면담해야 했다. 그러나 내가 그를 찾아갔을 때 그는 자리에 없었다. 나는 그의 진료 기록을 보며 그를 기다렸다. 그 기록에 따르면 제레미는 지난 몇 년 동안 노숙자 보호 시설을 들락날락했다. 10년 전 입은 총상으로 하반신 마비를 겪고 있으며 재발한 약물 내성 요로감염증^{UTI}을 이 병원에서 치료받은 바 있다.

다시 그의 방에 가봤지만, 그는 여전히 없었다. 간호사가 다가와서 그가 떠났다고 말했다. 그가 어디로 갔는지는 그녀도 알 수 없었다. 솔직히 말해 나는 그가 돌아올 거라 생각하지 않았다. 응급실에서 온 콜을 받고 돌아가는 길에 병원 밖에는 그를 기다리는 무언가가 있을 것이라 생각했다. 보스턴 메디컬 센터에서 우리가 하는 치료는 생물학적인 동시에 사회적 측면을 중시한다. 따라서 그의 치료를 어렵게 하는 다른 많은 요인이 있을 것이라 생각했다. UTI 치료는 그에게 최우선 순위가 아니었을 것이다.

그런데 제레미가 돌아왔다. 늦은 오후가 되어서야 돌아온 그를 보며 나는 화가 나는 것을 간신히 참아야 했다. 그는 어디로 갔었던 것일까? 치료를 원했다면 대체 왜 마음대로 들락날락한 걸까?

진료하기 전 그에게 몇 가지 짧은 질문을 했다. 열이 나는지, 통증은 어떤지에 관해 묻고 있는데 그는 갑자기 나를 멈춰 세웠다. "말해보세요." 그가 말했다. "하라는 대로 약을 복용했는데, 대체 왜 나아지지 않는 거죠?"

청진기가 손안에서 흔들렸다. 환자의 이야기를 듣겠다고 얼마나 되뇌었던가. 선입견을 피하기 위해 노력했지만 그럼에도 불구하고 여전히 종종 실수를 한다. 나는 그가 어떻게 말하고 있는지, 그가 떠났을 때 무엇을 했는지, 그리고 말하지 않은 것은 무엇이었는지와 같은 것들에 주의를 기울이는 대신 단지 증상만 확인하며 내할 일을 다 했다고 생각했다. 하지만 누구도 내게 이를 지적하지 않았다. 그것은 의사로서 하는 일반적인 행동이기 때문이다. 순간 헨리의 목소리가 들렸다. 로봇처럼 말하지 말라고, 치료의 가장 중요한 부분은 환자의 이야기를 찾아내는 것이라는 그의 목소리 말이다.

나는 제레미가 묻는 이유에 대해 최선을 다해 대답했다. 박테리아와 약물, 그리고 앞으로 다가올 일들에 대해 마치 새로운 것을 이야기하듯이 말했다. 그리고 그가 이 모든 내용을 이해하기를 기다렸다. 그는 천천히 고개를 끄덕이고는 내 눈을 똑바로 바라봤다. 그 순간 전혀 예상치 못한 것을 보았다. 그의 인내심이었다. 진정으로 나를 이해하려는 마음과 그동안 느껴왔던 감정들이 뒤섞인 인내심이었다. "아무도 제게 그런 말을 한 적이 없어요"라고 그는 말했다. "다른 질문을 해도 될까요?" 그 순간 나 자신의 태도가 변한 것을 느낄 수 있었다. "그러세요. 제레미" 나는 대답했다. "알고 싶은 것이 있으면 무엇이든 물어보세요."

고객과의 관계는
고객에 대한 호기심에서 시작된다.

그는 자기 자신과 자기의 불만, 그에게 중요한 것과 그렇지 않은 것에 관해 이야기했다. 그리고 그의 모든 이야기를 털어놓았다. 제레미는 치료 기간 내내 이 병원에 머물렀는데, 이는 훌륭한 진단 장비나 고기능 약품 때문이 아니었다. 그가 자신의 우선순위를 재구성했기 때문이다. 그는 치료하기로 결정한 것이다.

그가 진료받는 동안 약을 세 번 바꿨다. 그의 배양 조직에 처음 생각한 것보다 훨씬 공격적인 박테리아가 나타났기 때문이다. 정맥 주사로 항생제를 투여하고 약이 잘 듣는지를 확인하기 위해서는 조금 더 치료해야 한다며 양해를 구했고 그는 그러기로 했다.

치료가 끝났을 때 그는 나에게 자신의 중심정맥관을 빼달라고 부탁했다. 치료에 쓸 약을 최종 결정한 주치의나 지시서에 서명했던 인턴도 아닌 내게 부탁한 것이다. 그는 내가 시간을 내서 자신의 이야기를 들어줬고, 그에게 중요한 것이 무엇인지 알고 있기 때문에 나에게 부탁을 한 것이다. 제레미는 진동 휠체어를 타고 서둘러 병원을 나가면서도 나에게 작별 인사를 하기 위해 멈춰 섰다. 그는 말했다. "그동안 당신이 내게 해 준 모든 것들에 고마웠습니다.

정말 감사합니다."

　　내가 한 것은 단지 그의 이야기를 진료 기록이나 교과서를 통해서가 아닌 그 자신으로부터 얼굴을 마주하고 들은 것뿐이다. 그것이 제레미에게 모든 것을 변화시킨 계기가 되었다.

11

★

진실을 말하라

by 데이비드

사람들은 보통 하루 동안 12개 정도의 광고성 메일^{Direct Mail}을 받는 다. 그중 관심 없는 제품과 서비스에 대한 메일은 읽어 보지도 않고 바로 휴지통에 버린다. 나와 유카리, 그리고 다른 이웃들이나 지인 들과는 전혀 연관성 없는 사람들의 사진이 포함된 광고도 있다. 미 용실에 막 다녀온 할리우드에나 어울릴 법한 가족의 모습을 고객 사진으로 넣은 치과 광고도 있다. 심지어 말끔하게 단장한 혈통 좋 은 대형견 래브라도 리트리버조차 티 없이 하얀 치아를 가지고 있 다. 퇴직연금 상품을 판매하는 금융 서비스 회사는 새하얀 옷을 입 은 늘씬한 노부부가 야자수가 늘어선 바닷가의 깨끗하고 하얀 모래 사장 위를 평온하게 산책하는 모습이 그려진 광고물을 보낸다. 그럴 때면 나는 이런 생각을 한다. "저런 사람들은 절대로 당신들의 고객이 되지 않아."

메일뿐만 아니라 이런 식의 우편물 광고도 종종 받아본다. 지난주에 도착한 몇 가지 광고를 예로 들어보겠다. 수표가 들어 있는 것처럼 보이는 투명 창이 있는 우편물이었다. 그런데 열어보니 신용카드 광고였다. 공적인 것으로 보이는 서류 봉투에는 '중요 문서 - 즉시 열어볼 것'이라는 도장이 찍혀 있었지만, 그것도 신용카드 광고였다. 심지어 내가 이미 거래하고 있는 회사에서도 나를 마치 지난 20년 동안 한 번도 거래하지 않은 사람처럼 대하는 광고물을 보냈다.

전화를 이용하는 얄팍한 속임수 광고도 있다. 내가 당첨되었던 '카리브해 일주일 무료 크루즈'는 국세청에 미납금이 있다면서 자신들이 그 처리를 돕겠다고 했다. 다행인 것은 이미 우리는 이런 종류의 전화, 이메일, 문자 메시지 광고를 수없이 받아봐서 그들의 거짓말에 웬만해서는 속지 않는다는 것이다. 이제는 본능적으로 그들의 전화를 피하고 문자 메시지나 메일을 바로 삭제한다.

아이홉: 거짓말은 전략이 될 수 없다

광고성 메일과 전화는 많은 기업들이 고객과의 소통에 이용하는 기술이다. 그들은 사람들이 보기에 전혀 사실이 아닐 것 같은 언어를 사용한다. 일반적인 광고성 메일처럼 자주 보고 듣지만, 이제는 우리가 더 이상 믿지 않는 문구들을 몇 가지 소개하고자 한다.

- "고객의 전화 목소리는 저희에게 소중합니다."
  : 그런데 왜 아무도 전화에 응답하지 않는 걸까?
- "예상보다 많은 통화량으로 인해 대기 시간이 길어지고 있습니다."
  : 왜 항상 예상보다 많을까?
- "재고가 바닥나고 있습니다!"
  : 고객에게 팔아 없애야 하는 오래된 재고 중에서요?
- "이것이 제가 제공할 수 있는 최고의 가격입니다."
  : 물론 당신이 우리 제안을 거절하지 않는다면 말이죠.
- "최근 고인이 된 저의 남편은 아프리카 한 국가의 석유 장관이었습니다. 그의 계좌에서 1,500만 달러를 송금할 수 있도록 믿을 만한 사람의 도움이 필요합니다. 그 대가로 큰 비용을 지불하겠습니다."
  : 그런데 당신은 왜 동유럽에 있는 거죠?

이러한 광고성 글보다 사람들이 더 믿지 않는 건 정치인이 하는 말이다. 성지는 연극이 되어버렸다. 정치인들이 공직에 출마하면서 내 거는 공약들은 마치 유권자들이 그 공약들이 지켜지지 않을 것임을 이미 알고 있을 것이라 생각하는 듯하다. 그들은 당선되고 나서야 자신이 진짜 하고 싶었던 말을 한다. 그 어떤 반발도 두려워하지 않는다. 인터뷰할 때면 참모들은 시청자들이 채널을 돌리지 않게만 하라고 조언한다.

대중에게 거짓말하는 것이 만연해지면서 일부 마케팅 담당자들은 관심을 끌기 위한 계책으로 거짓말을 마음껏 사용한다. 2018년 6월 4일 미국의 대표적인 팬케이크 전문점 아이홉International House of Pancakes, IHOP은 브랜드 이름을 'IHOP'에서 'IHOb'으로 변경하겠다고 소셜 미디어에 발표했다. 새로 인증한 트위터 계정@IHOb을 통해 이를 발표하자 소셜 미디어가 난리가 났다.

팬케이크를 만들었던 지난 60년 동안 우리는 'IHOP'이었습니다. 이제 이름을 'IHOb'으로 바꿉니다. 2018년 6월 11일에 'IHOb'을 확인하세요.

아이홉은 브랜드 이름이 교체된다는 사실을 더 확실히 알리기 위해 매장 간판을 'IHOb'으로 교체하고 있는 모습의 사진을 리트윗했다. 수많은 아이홉 팬들은 소셜 미디어를 통해 깊은 우려를 나타냈다. 팬들은 브랜드명을 변경하는 것을 좋아하지 않았고 그들이 사랑하는 브랜드에 무슨 일이 일어난 것인지를 알고 싶어 했다.

"IHOP이 IHOb으로 이름을 바꾸려고 합니다. 사람들은 새로운 이름이 아침 식사Breakfast의 'b'를 의미한다고 생각하지만 저는 제 돈을 배신행위Betrayal에 쏟아붓는 거라고 봅니다."

"IHOP이 IHOb으로 이름을 바꾸려고 한다는 것을 방금 알았습니다. 헌법상의 제 권리가 무수히 침해되고 있는 것 같은 느낌이네요."

"IHOP이 IHOb으로 이름을 바꿨다고요?! 당신들은 팬케이크로 유명해요. 팬케이크라고요!"

일부는 소셜 미디어에 마케팅 담당자들을 비난하는 댓글을 남겼다.

"최악의 마케팅 의사 결정을 내린 국제적 기업International House of Bad marketing decisions (IHOb 4행시로 상황을 풍자—옮긴이)"

"그들이 마케팅 회의를 할 때 벽에 붙어 있는 파리가 되고 싶다."

"친애하는 @IHOb, 이미 입증된 비즈니스 모델을 변경해 새로운 방향으로 전환한 것은 훌륭한 결정입니다. 뉴 코크New Coke 드림"

《워싱턴 포스트》, 플로리다 지역 일간지 《선 센티넬》, 야후, CNN, ABC, CBS 네트워크 제휴 TV 방송국 등 주류 언론 매체들은 일제히 아이홉의 브랜드명 변경 건에 달려들어 기사를 냈다.

어떤 사람들은 'IHOb'이 무엇을 의미하는지 추측하기도 했다. 많은 이들이 이를 '베이컨을 만드는 국제적 기업International House of Bacon'이라 예측했다. 그 외에 '비요크Björk(아이슬란드의 싱어송라이터-옮긴이)의 국제적 기업International House of Björk', '국제적 비트코인 기업International House of Bitcoin' 같은 말들을 만들어냈다. 다양한 종류의 과일과 야채 등을 판매하는 미국의 식품 기업 치키타Chiquita는 '국제적 바나나 기업International House of Bananas'이라고 트윗했으며 음악가 브라이언 에노Brian Eno는 '브라이언 에노의 국제적 기업International House of Brian Eno'이라고 트윗했다.

몇몇 버거 체인점들은 이 뉴스를 이용해 소셜 미디어에 자사 상품을 홍보하기도 했다. 심지어 버거킹Burger King은 소셜 미디어에서 그들의 이름을 일시적으로 '팬케이크 킹Pancake King'으로 변경했다. 와타버거@Whataburger는 "팬케이크를 좋아한다고 해서 우리 이름을 절대로 와타팬케이크Whatapancake로 바꾸지는 않을 것이다"라고 했다.

아이홉은 그들이 말한 2018년 6월 11일이 되어서야 이러한 논란을 잠재웠다. 그들은 브랜드명을 변경하는 일은 없을 것이라고 공식적으로 발표했다. 이 모든 일은 소셜 미디어에서 이목을 끌고 사람들이 아이홉에 가는 이유가 단지 아침 식사 때문만은 아니라는 사실을 이야기하고자 벌인 일이었다. 이와 함께 아이홉은 햄버거 판매를 시작했다. 결국 아이홉의 거짓말은 마케팅 전략이었던 것으로 밝혀졌다.

아이홉의 거짓말을 마케팅 수법 가운데 하나일 뿐이라고 말할 수도 있다. 사실 그들은 그들의 전략대로 이 사건으로 인해 크게 주목받았다. 하지만 기존 팬들을 떠나가게 했다. 그것도 최고의 충성 고객들을 말이다. 회사와 제품에 충성도가 높은 팬들에게 진실을 왜곡하는 것은 마케팅이라 할 수 없다. 이것은 기만이다. 패노크라시를 구축하는 방법은 더욱더 될 수 없다. 이러한 사례는 신뢰의 중요성을 강조하고 신뢰를 바탕으로 구축되는 브랜드와 사람 간의 관계가 얼마나 중요한 지를 보여준다. 이 사례에 대한 내 생각을 소셜 미디어에 공유하자 다음과 같은 의견들이 올라왔다.

> "아이홉은 신뢰를 홍보와 맞바꾼 것이다. 홍보는 하루가 지나면 사라질 것이지만 신뢰는 더 빨리 사라지게 될 것이며 회복하기 어려울 것이다."
>
> "그들이 양치기 소년이라도 된 것 같다. 다시는 그들의 말을 들어주지 않을 것이다."
>
> "왜 만우절에 하지 않았지? 아마 만우절을 기다리기에는 너무 영리한 계획이라고 생각했나 보다."

몇 달 또는 몇 년에 걸쳐 쌓아온 상호 작용을 통해 고객은 브랜드가 무엇을 의미하는지 알게 된다. 식당의 경우, 브랜드는 청결, 직원의 태도, 음식의 품질 등 많은 것들을 의미한다. 수십 번의 방문을 통해 사람들은 그들이 기대하는 경험의 종류를 알아가는 것이다. 신뢰를 구축하는 데에는 그만큼의 시간이 필요하다.

이는 식당, 호텔, 항공사, 소프트웨어 제품, 차량, 배우, 가수, 영업 사원, 컨설턴트, 은행가, 주식 중개인, 평론가, 의사, TV, 영화,

브로드웨이 쇼 등 모든 사업에 해당한다. 우리 모두는 우리와 거래하는 사람들과의 관계에서 평판을 쌓아가는 데에 집중해야 한다.

신뢰를 구축하는 것은 패노크라시를
만들기 위한 필수 요소다.

소비자들이 대안을 찾기 위해 인터넷을 이용하는 것이 쉬워지면서 모든 제품, 서비스, 경험에 대한 시장은 점차 경쟁이 치열해지고 있다. 만약 소비자로부터 얻은 신뢰를 잃는다면 소비자들은 아주 쉽게 다른 브랜드로 옮겨갈 것이다. 또한 불만을 이야기하는 데에도 그리 많은 시간이 걸리지 않는다. 단 몇 초만 투자해 소셜 미디어에 글을 올리면 이는 급속도로 퍼져나간다.

아이홉과 같은 방식으로 소셜 미디어를 이용하는 데에는 많은 문제가 있다. 일단 소셜 미디어를 통해 사업 전략을 거짓말하면 이후에 소셜 미디어를 활용해 위기를 헤쳐나가거나 마케팅할 때 도움이 되지 않을 것이다. 아이홉의 경우, 이 사건으로 사람들이 아이홉에 질려버렸다면 위기가 왔을 때 소셜 미디어를 설득력 있게 활용하기가 어렵게 된다. 누가 아이홉의 소셜 미디어를 믿겠는가?

기업이 진실을 제멋대로 다루면서 동시에 그들의 고객, 특히 충성 고객을 유지하는 일은 불가능하다. 아이홉이 팬들과 소통한 방법과 다음에서 소개하는 유명 식당 체인의 방법을 비교해보자. 이 둘의 차이는 놀랍도록 간단하다. 그 차이는 진실성에 있다.

266

KFC: KFC에 치킨이 없다고?!

2018년 어느 좋은 날, 영국 KFC에 치킨이 바닥났다. KFC는 물류 회사를 바꿨고 이 새로운 업체는 치킨 배달을 하지 못한 것이다. 이 일은 KFC 사상 최악의 위기였다.

KFC는 이 문제를 숨기거나, 이해할 수 없는 복잡한 말로 돌려 말하거나, 물류 회사를 비난할 수 있었다. 보통 기업이 위기에 직면했을 때 사람들은 그런 행동들을 예상한다. 하지만 이러한 일반적인 대응 대신 KFC는 소셜 미디어와 광고에 이를 알렸다. 그것도 사람들의 흥미를 끄는 유머를 사용하면서도 KFC를 자주 찾는 팬들에게 진실을 전달하는 방법으로 말이다. KFC는 치킨 통에 찍힌 KFC 로고를 FCK로 바꾼 사진을 여러 영국 신문에 전면 광고로 내보냈다. 그중 한 광고에는 다음과 같이 적혀있었다.

죄송합니다. 치킨을 파는 식당에 치킨이 없습니다. 고객분들께 진심으로 사과드립니다. 식당이 문을 닫았을 때 식당을 찾아온 분들께는 더욱 사죄의 말씀을 드립니다. 또한 상황을 개선하기 위해 지칠 줄 모르고 애써준 KFC 직원들과 프랜차이즈 파트너들에게 죄송하고 감사합니다. 지옥 같은 일주일이었지만 우리는 상황을 개선했고 매일 더 많은 좋은 치킨이 매장으로 배달되고 있습니다. 우리와 함께 해주셔서 감사합니다.

KFC는 발 빠르게 영국의 모든 매장 목록과 각 매장의 치킨 상태를 알려주는 웹 사이트를 구축했다. 또한 KFC 앱을 이용하는 사람들에게 일정한 보상을 했다. 그들은 소셜 미디어를 통해 정보와 재미있는 광고를 지속적으로 업데이트했고, 이런 대응을 바탕으로 위기를 훌륭하게 넘겼다. 회사는 빠르게 의사소통했고, 고객들에게 무슨 일이 있었는지 투명하게 설명했으며, 무엇보다 이 모든 게 매우 매력적인 방식으로 전달되었다.

팬과 소통할 때는
항상 진실을 말하라.

기업에 무슨 일이 일어나고 있는지 팬들이 알아야 할 때는 진실을 말하는 것 외에 다른 선택은 없다. 부정적인 내용을 감춰서는 안 된다. 문제를 직시하고 이를 명확하고 구체적으로 알려야 한다. KFC가 사용했던 유머를 포함한 다양한 방식이 가능하다.

신뢰의 핵심 요소, 블록체인 기술

투명성을 유지하고 진실을 말하는 것은 팬노크라시를 구축하는 핵심 요소다. 팬들은 기업이 개방적이고 투명하며 진실되게 소비자를 대한다면 간혹 실수하더라도 거래를 계속 이어갈 것이다. 그런 팬들이 열성 팬이 되어 패노크라시가 구축되는 것이다.

슈퍼푸드인 올리브 오일은 깊고 다채로운 역사를 가진다. 기원전 3500년에 고대 크레타Crete에서 식용 올리브가 재배되었고, 로마인들은 기원전 600년경에 과수원에서 올리브를 경작하기 시작했다. 그러나 현대의 올리브 오일 사업은 왜곡된 광고, 혼란스러운 주장, 잘못된 정보, 오일의 원산지와 신선도에 대한 노골적인 거짓말로 가득 차 있다. 심지어 올리브에서 나온 오일이 아닌 제품도 종종 있다. 일부 생산자는 올리브 오일을 대두유나 해바라기유와 섞어 소비자를 속이거나 저품질 올리브유로 고품질 올리브유를 희석하고, 다른 나라의 저급 올리브 오일에 이탈리아산이라고 원산지 표기를 하기도 한다.

베리타트 올리브 오일Veritat Olive Oil의 설립자이자 CEO인 줄리 하니쉬Julie Harnish에게 이런 냉정한 현실은 매우 중요한 일이었다. 베리타트는 카탈로니아어로 '진실'을 의미한다. 그녀의 오일은 스페인의 프리오라트Priorat 지역에서 직수입된다. 몇 년 전 가족과 함께 바르셀로나에 살 때 그녀는 현지 올리브 오일 브랜드의 팬이었고 그 맛에 빠져들었다. 그러다 보니 자연스럽게 오일의 원산지에 대해 알아보고 생산자들을 만났으며 생산 과정에 대해서도 배웠다.

올리브 오일에 대한 자신의 열정을 깨닫게 된 그녀는 친구들을 불러 올리브 오일 시음회를 열곤 했다. 시음회를 통해 사람들이 좋아하는 종류와 싫어하는 종류를 알게 된 그녀는 올리브 오일을 직접 병에 담아 팔기 시작했고, 초기 고객과 개인적인 관계를 구축하면서 회사까지 설립하게 된 것이다. 미국으로 이사한 후에는 스페인산 올리브 오일을 수입하는 회사를 설립하고 소매점과 온라인을 통해 판매할 브랜드를 개발했다.

하니쉬는 이렇게 말했다. "올리브 오일의 신선도는 매우 중요합니다. 올리브 오일은 산패하기 때문이죠. 유통기한은 보관 방법에 따라 18개월에서 2년 정도입니다. 하지만 산패한 오일이 사람을 죽음에 이르게 하거나 건강을 상하게 하지는 않습니다. 그저 맛이 안 좋아지는 거죠. 그래서 이를 이용한 부도덕한 올리브 오일 생산자들 때문에 신선한 오일을 살 이유가 없어지게 되는 것이 문제입니다. 하지만 저는 사람들의 몸에 끼치는 영향에 주의를 기울입니다. 엄마여서 더 그런지도 모르겠습니다. 저는 올리브 오일 병에 적힌 것들에 대한 책임이 제게 있다고 느낍니다. 그 내용을 믿을 수 있고 그 내용이 무엇을 의미하는지 고객들이 정확히 알 수 있도록 합니다."

베리타트는 단일 품종의 올리브 오일을 판매하기 때문에 신뢰를 쌓는 것은 하니쉬에게 매우 중요한 일이다. 여러 종류의 포도를 혼합해 만든 와인처럼 대부분의 상업용 올리브 오일은 혼합유다. 포도 종류가 와인의 특정한 풍미를 만들어내는 것처럼 올리브의 재배 품종은 올리브 오일의 특정한 특성을 만들어낸다. 그녀는 "단일 품종이 훨씬 흥미롭고 다채롭고 풍부한 맛을 낸다는 것을 알게 되었습니다"라고 말한다. 그래서 그녀의 고객들은 그녀의 브랜드를 신뢰한다. 이는 단일 품종 생산자와 요리사, 가공업자 간의 지속적인 거래와 돈독한 동료애, 그리고 상호 지원을 가능하게 한다. 그렇다고 고품질의 오일을 싸게 들여올 수 있는 것은 아니다. "10달러짜리 올리브 오일과 경쟁하는 것은 무척 어려운 일입니다. 단일 품종 오일을 미국으로 수입하는 비용이 그 세 배에 달하기 때문이죠."

하니쉬는 현재 올리브 나무에서부터 소비자 식탁에 이르는 오일의 경로를 추적하는 데에 블록체인 기술을 활용하는 일에 전념하고 있다. 완벽함을 추구하기 위해서다. 각각의 병에는 고객이 스캔할 수 있는 QR 코드가 포함되어 있는데, 이 QR 코드는 각 제품의 모든 세부 사항을 확인할 수 있는 웹 페이지로 연결된다. 이 웹 페이지에서 소비자는 올리브를 채취한 날짜와 시간, 올리브 나무의 위치, 올리브를 담은 바구니, 공장에서 반죽으로 만들어진 시점, 오일이 분리된 때, 병에 넣어진 때, 바르셀로나 항구에 도착한 시점, 미국 항구에 도착한 시점 등을 모두 확인할 수 있다.

또한 소매 배송 추적 시스템을 통해 올리브 오일 패키지가 소비자의 집에 배달된 정확한 날짜와 시간을 알 수 있다. 올리브 오일 산업에 블록체인 기술을 사용하는 건 하니쉬가 처음이다. 다른 올리브 오일 브랜드보다 높은 가격임에도 불구하고 하니쉬의 올리브 오일은 날로 번창하고 있다.

그녀의 성공 핵심 요소는 무엇일까? 회사의 이름에 부합하는 정직함을 보여주기 위해 그녀가 한 것은 무엇일까? 바로 투명성이다. 이것이 블록체인 기술과 그녀의 비즈니스 모델이 고객에게 궁극적으로 보장하고자 하는 것이다. 소비자는 자신이 구매하는 제품에 대한 모든 것을 알 수 있다. 하니쉬는 고객에게 개방적이고 정직한 것이 사업에 도움이 된다는 것을 발견했고, 투명성을 시장에서의 차별화 요소로 활용한 것이다. 부정행위가 너무나 만연해져버린 시장에서 투명성은 팬을 구축하기에 가장 좋은 방법이 된 것이다.

하니쉬가 베리타트를 운영하는 방법은 진실을 말하는 것이 얼마나 놀라운 힘을 갖는지를 보여준다. 그녀의 회사는 품질이 떨어지거나 라벨이 잘못 표기된 오일을 파는 다른 많은 기업들처럼 단기적 성과를 추구하는 것이 아닌 팬층을 구축하기 위해 할 수 있는 방법들에 초점을 맞추고 있다. 물론 모든 제품과 서비스가 이동 경로를 공유하며 투명성을 극대화하는 기술 기반 솔루션에 적합한 것은 아니다. 그러나 투명성을 중시하는 것은 분명 기업에 큰 도움이 된다. 앞서 언급한 바와 같이 팬들의 신뢰를 얻으면 그들은 기업이 어려움에 처했을 때 곁에 있어 줄 것이다.

티켓팅: 불공정 거래를 막기 위한 노력

사람들은 기업을 평가할 때 (또는 자신이 다닐 학교, 기부할 비영리 단체, 즐길만한 오락거리, 투표할 정치인을 결정할 때) 신뢰할 수 있는 기업인지 반드시 확인한다. 제품을 구매하거나 투자, 참여, 또는 취업을 위

해 기업의 웹 사이트나 소셜 미디어, 온라인 리뷰, 실제 매장 상태뿐
만 아니라 회사를 대표하는 사람이 어떤 사람인지에 관해서도 확인
한다.

일관성 있게 행동하면
고객의 신뢰를 얻을 수 있다.

그렇다면 기업과 브랜드는 어떻게 고객과 신뢰를 구축할까?
이는 간단하다. 브랜드를 사랑해주는 팬을 최우선으로 하면서 정직
하고 진실되게 운영하면 된다.

혹시 레이코와 나처럼 라이브 음악 팬인가? 보고 싶은 콘서
트 좌석을 구매하는 게 어려운가? 일부 인기 많은 콘서트들은 광팬
들이 좋은 자리를 차지하기 위해 웃돈을 들여서까지 티켓을 구매하
려 하기 때문에 이를 악용하는 사례들이 많다. 그러므로 팬이 합리
적인 가격에 티켓을 구매할 수 있도록 한다면 그들은 매년 공연장
을 찾을 것이다. 이를 위해 티켓팅이 어떤 방식으로 이루어지는지
살펴보고 패노크라시를 구축하기 위해 아티스트들이 어떤 방식으
로 티켓팅 과정을 이용하는지 알아볼 필요가 있다.

대부분의 밴드는 티켓마스터나 다른 온라인 티켓 판매 채널
을 통해 티켓을 판매한다. 가장 좋은 좌석은 티켓 중개인들이 자동
으로 티켓을 구매하는 봇*을 이용해 먼저 확보한 후 스텁허브Stub-
Hub를 포함한 다른 업체 사이트에 되판다고 알려져 있다. 이는 일반

적인 산업 관행이다. 그러나 티켓 서비스에 로그인했음에도 티켓팅을 시작하자마자 두 번째 발코니나 콘서트장 맨 위층의 좌석 표만 남아 있다면 팬으로서 이 얼마나 짜증 나는 일이겠는가? 더 짜증 나는 것은 스텁허브나 다른 티켓 중개 사이트에 들어가서 전에 사지 못했던 수백 또는 수천 장의 좋은 좌석 표가 값이 두 배 또는 세 배 혹은 그 이상으로 비싸게 팔리고 있는 것이다.

안타깝게도 많은 밴드들이 이러한 관행에 연관되어 있고, 2차 시장에서 재판매할 표를 직접 보유하기도 한다. 콘서트가 인기를 얻지 못하면 중개업자가 위험을 감수해야 하므로 수천 명의 좌석을 확보해두는 것이 훨씬 쉽고 덜 위험한 방법인 셈이다. 이렇듯 그들은 종종 단기 지향적이며 쉬운 방법을 선택한다. 그들의 열렬한 팬들이 짜증과 혼란을 겪는 동안 그들은 이익을 얻는 것이다. 그러다 보니 표가 많이 팔리지 않은 콘서트의 공연일이 다가오면 중개인들이 손해를 보고 표를 떠넘기는 일 또한 매우 흔하다. 이러한 관행은 충성도 높은 팬을 구축할 수 없게 한다.

일부 밴드들이 이를 비난하기도 했지만, 관행이 되어버린 시스템에 자신들의 손발이 묶여 맞서 싸우기 어렵다고 말한다. 그러나 그들에게도 선택권은 있다. 책임을 다해 팬들을 정직한 태도로 대한다면 수년, 심지어 수십 년간 지속되는 패노크라시를 구축할

★   우리나라도 매크로를 돌려 티켓을 구매한 다음 이를 다시 비싸게 재판매하는 게 문제시되고 있다.

수 있다.

그래도 긍정적인 것은 이 문제를 해결하려는 많은 밴드, 경영진, 티켓팅 업체가 있다는 것이다. 2016년 티켓마스터는 소비자 중에서 실제 팬과 재판매를 위해 티켓을 구매하는 봇(혹은 사람)을 구분하는 알고리즘 서비스인 베러파이드 팬^{Verified Fan}을 출시했다. 이는 매우 효과적이었다. 이 플랫폼은 지난 몇 년간의 구매 기록을 통해 내가 음악 팬이라는 것을 알고 특별 코드를 통해 티켓을 구매할 수 있게 했다. 나는 연일 매진행렬을 찍던 브로드웨이 쇼 〈해밀턴〉이 보스턴에서 공연했을 때 티켓마스터 베러파이드 팬을 이용해 좋은 좌석을 구매할 수 있었다. 이 시스템을 이용해 티켓을 파는 건 아티스트가 결정할 일이다. 록 가수 부르스 스프링스틴^{Bruce Springsteen}은 콘서트 티켓 판매를 베러파이드 팬으로 했는데, 《롤링스톤》에 따르면 해당 티켓의 3%만이 2차 시장에서 재판매되었다. 이는 부르스 스프링스틴의 팬들이 직접 구매한 티켓으로 공연을 보러 왔다는 것을 의미한다. 수십억 달러 규모의 암표 산업을 피하기 위해 베러파이드 팬을 이용하는 아티스트들로는 펄잼^{Pearl Jam}, 톰 웨이츠^{Tom Waits}, 잭 화이트, 에드 시런, 해리 스타일스 등이 있다.

다른 많은 아티스트들도 여러 방법을 통해 티켓팅 문제를 해결하기 위해 노력하고 있다. 몇몇 아티스트들은 공연장 입장 시 신분증(일반적으로 티켓 구매에 사용된 신분증이나 신용카드)을 제시해야 하는 종이 없는 티켓팅 방법을 이용하고 있다. 이는 올바른 방법으로 티켓을 구매한 팬(티켓 구매자와 함께 입장하는 사람은 포함)만 입장할

수 있긴 하지만, 일일이 관객들을 확인하느라 입장 시간이 너무 길어진다는 불편이 있다.★

어떤 아티스트들은 팬클럽 회원들에게 먼저 공연 티켓을 판매하기도 한다. 더 내셔널의 팬클럽 체리 트리The National's Cherry Tree, 데이브 매튜스 밴드의 웨어하우스Dave Matthews Band's Warehouse, 잭 화이트의 볼트Jack White's Vault 팬클럽은 연간 멤버십 요금을 지불한 팬들에게 우선권을 주고 그들이 선호하는 방식으로 티켓을 제시하도록 한다.★★

또 다른 방식으로는 가변적 가격 책정Dynamic Pricing이 있다. 이는 항공사가 좌석 가격을 책정하는 방식과 유사하다. 구매 날짜별로 비행기표 가격이 다르듯 예매 날짜에 따라 티켓 가격이 바뀌기 때문에 팬들은 지불 시기를 선택할 수 있다. 이런 방식으로 티켓을 구매하면 팬들은 1차 시장에서 티켓을 구매하고 수익은 아티스트가 갖게 된다. 롤링 스톤스The Rolling Stones는 최근 가변적 가격을 사용했으며 공개적이고 투명하게 가격 책정 방식을 운영했다. 공연 일정이 발표되면 팬클럽 회원들이 가장 먼저 티켓팅을 시작하고 다음으로 일반인이 참여한다. 그러나 팬들에게도 가장 좋은 좌석은

★   우리나라도 현장에서 티켓을 찾을 때 신분증 확인을 꼭 하는 경우가 있다. 주로 인기 많은 공연들이 그렇다.

★★   '팬클럽 선예매'라 불리는 이 방식은 우리나라에서는 주로 아이돌 콘서트 예매에서 활용된다.

매우 비싸다. 가장 좋은 좌석을 확보하고 싶다면 비용을 더 지불해야 한다. 롤링 스톤스는 무대에서 가까운 좌석에 대해서는 2차 시장이 부담할 만한 가격으로 가격을 책정하며 일부 가장 좋은 좌석은 1천 달러 이상의 가격을 책정한다. 그 후 항공 운임 할인처럼 팔리지 않은 티켓은 공연 몇 주 전에 팬들에게 제공된다. 지난 투어에서 밴드는 사람들이 저렴한 가격에 두 장의 티켓을 구매할 수 있는 '선물 뽑기Lucky Dip' 티켓팅 시스템을 제공했다. 그러나 그들은 공연장에 도착할 때까지 자신들이 앉을 자리를 알 수 없다. 두 사람이 함께 와야 하고 구매자가 신분증을 제시하면 그 자리에서 무작위로 두 장의 티켓이 제공된다. 그리고 티켓이 외부에서 재판매되지 않도록 티켓 소지자는 공연장으로 즉시 입장해야 한다.

티켓팅 산업이 팬들에게 다시 존중받을 수 있는 방법은 여러 가지다. 다른 많은 아티스트들도 자신들을 좋아하는 팬들이 가장 좋은 자리를 차지하면 모두에게 좋은 일이라는 것을 곧 알게 될 것이다. 팬과 진정으로 협력하고 그들의 불만을 이해하며 기업에게 그들이 얼마나 중요한지를 보여줌으로써 패노크라시를 구축하는 것은 사업에 매우 효과적이다.

정직함만이 답이다

진실을 무책임하게 다루는 기업들과 점차 증가하는 '가짜 뉴스' 속에서 수십 년 동안 쌓아 올린 신뢰를 유지하기 위한 기업들의 전략은 놀랍도록 간단한 방식이다. 그것은 발 빠르게 오해를 풀고 사과하며 인정하는 것이다. 대응을 미루고, 설득력 없는 핑곗거리를 찾고, 고객 관점에서 애매한 타협을 시도하는 대신 투명성을 확보하면 된다.

최근에는 소셜 미디어를 통해 다양한 방식으로 기업의 입장을 표명하고 있는 기업이 많다. 이는 일이 잘못되었을 때 확인하고 바로 잡는 과정에서 팔로워들과의 지속적인 소통을 가능하게 하는 매우 이상적인 매체다.

· · ·

최근 메일을 분류하다가 우연히 카탈로그를 발견했다. 이 카탈로그는 재활용 쓰레기통에 버리지 않았다. 내게 늘 진실을 말하는 회사에서 온 것이었기 때문이다.

도이치 옵틱Deutsche Optik은 전 세계 군대로부터 온 잉여 장비를 판매한다. 도이치 옵틱의 카탈로그는 설립자인 유스투스 바우싱거Justus Bauschinger가 작성했고 첫 페이지에 그의 사진과 이메일 주소를 넣어 사람들이 그에게 연락할 수 있도록 했다. 나는 그가 이야기하는 방식을 좋아한다. 2018년 겨울 카탈로그 첫 페이지에 실린 그의 편지에는 이렇게 적혀 있었다.

저는 이 카탈로그에 담을 훨씬 더 멋진 물건들을 발견했습니다. 스위스, 체코, 유고슬라비아, 심지어 미국에서 발견한 물건들이죠. 그리고 빈티지 현미경과 타자기의 재고가 바닥나고 있습니다. 그 물건들은 다 팔리고 나면 더 들여올 생각이 없습니다. 공급처를 찾기가 정말 어렵습니다. 그렇지만 늘 더 멋진 것들이 발견되곤 합니다. 1월 말에 유럽으로 가서 여러분을 위해 진지하게 약탈을 강행하겠습니다.

도이치 옵틱이 정직하다는 것은 경험을 통해 알고 있다. 바우싱거가 재고가 부족하다고 하면 진짜 그런 것이다. 그는 물건을 사게 하려고 그런 얄팍한 거짓말을 하지 않는다.

카탈로그에 바우싱거가 쓴 제품 설명은 종종 나를 큰소리로 웃게 만든다. 너무 정직해서 어떤 사람들에게는 읽으면서 조금 민망할 수도 있다. 예를 들면 이탈리아 해군의 피 코트(길이가 짧고 스포트한 선원용 코트-옮긴이)에 대한 설명은 아래와 같다(길이가 길어 내용을 편집했다).

아시다시피 사이즈 문제로 우리는 카탈로그에 옷은 잘 넣지 않지만, 가끔 너무 멋진 물건이 있으면 어쩔 수 없는 거죠. 몇 년 전 프랑스 알파인 군대의 양모 망토와 마찬가지로 이탈리아 해군 피 코트는 우리를 '지리게' 만들었습니다. 마치 조르지오 아르마니나 에르메네질도 제냐 같은 유명한 디자이너가 이탈리아 군대의 군복을 디자인한 것 같습니다. 우리의 해군 피 코트는 이런 화려한 코트들과는 비교도 안 됩니다.

주의: 이 피 코트는 날씬한 사람을 위한 옷입니다. 당신이 배불뚝이

라면 이 코트가 맞지 않습니다.

놀랍지 않은가. 바우싱거는 카탈로그에 코트를 묘사하면서

'지린다Priapic'라는 단어를 사용했을 뿐 아니라 배가 나왔으면 입지

못할 것이라고 경고한다. 그는 완벽하게 (어쩌면 잔인할 정도로) 정직

하고 투명하게 정보를 전달한다. 대체 누가 이렇게 하겠는가. 이런

신선하고 매력적인 방식 때문에 나는 수십 년 동안 도이치 옵틱의

팬이 되었다.

12

★

직원들을 팬으로 만들어라

by 데이비드

2018년 초, 강연하기 위해 로마에 잠시 머물렀을 때 잠깐 짬을 내어 점심 먹을 만한 곳을 찾아다닌 적 있다. 길을 걸어가다가 괜찮은 식당을 발견하면 창문을 통해 식당 안을 들여다보거나 메뉴를 읽어보는 등 아날로그 방식으로 12곳 정도의 식당을 알아봤다. 그중 트라스테베레^{Trastevere}(로마 중심부에 있는 구區 −옮긴이) 인근 산칼리스토 광장^{Piazza di San Calisto}에 있는 '카조 앤 가조^{Cajo&Gajo}'를 선택했다. 포근하고 따뜻해 보였으며 가격도 적당했기 때문이다.

식당은 관광객들로 붐비는 위치에 있었고 표지판도 영어로 되어 있었다. 제대로 된 식사를 하기 위해 식당을 찾아 헤맸지만, 현지 사람들을 대상으로 단골 장사를 기대하지 않는 식당에서 특별할 것 없는 식사를 하게 된 것이다. 그래서인지 서비스도 그저 그럴 것이라 생각했다.

처음 내 눈길을 사로잡은 것은 식당 앞에 있는 커다란 빈티지 나무 액자로 된 칠판에 여러 색의 분필을 이용해서 손으로 직접 쓴 글이었다. 칠판에는 음표, 유리병, 웃는 얼굴과 함께 해피 아워, 무료 와이파이 등을 표현하는 그림들이 가득했다. 이 재미있는 그림들에 이끌려 미소를 지으며 식당 입구를 향해 다가간 것이다.

식당에 들어서자마자 "안녕하세요. 저는 가에타노입니다. 안쪽에 앉으시겠어요? 바깥에 앉으시겠어요?"라는 인사를 받았다. "여기는 날씨가 무척 좋네요. 제가 사는 보스턴은 춥거든요. 바깥에 앉을게요." 나는 대답했다. "로마는 항상 아름답죠." 가에타노는 손을 내밀어 자갈로 포장된 인도에 놓인 몇 개의 테이블을 가리키며 웃었다. 그곳은 화분, 우산, 빈 와인병이 든 나무 상자들로 장식되어 있었다. 30대 정도로 보이는 가에타노는 일주일 정도 면도를 하지 않은 듯한 얼굴로 검은색 바지에 카조 앤 가조 로고가 있는 검은색 터틀넥 셔츠를 입고 와인 회사의 이름이 새겨진 빨간색 앞치마를 두르고 있었다. 그는 "마음에 드는 자리에 앉으세요. 모두 광장이 보이는 바깥 자리를 좋아하죠"라고 말하면서 식당 문 쪽을 가리켰다. "마음이 바뀌면 안쪽에도 테이블이 있어요. 이쪽은 마리아예요. 식사하시는 동안 저희가 챙기도록 할게요."

카조 앤 가조에서의 경험은 기대 이상이었다. 가에타노, 마리아, 그리고 그들의 다른 동료들은 내게 흥미롭고 기억에 남는 추억을 남겨주었다. 그들은 일하는 내내 미소를 지으며 즐겁게 일하고 있었고, 잠깐 시간이 나면 음악에 맞춰 노래를 흥얼거리거나 조금씩 춤을 추기도 했다. 내 옆자리에 앉은 세 커플과는 함께 웃으며 농담을 주고받았고 그들의 열정에 손님들은 와인을 한 병 더 주문했다. 그들의 재잘거림은 결코 강요되거나 외워서 말하는 것 같지 않았다. 마치 자신의 집에서 식사하는 동안 친구들과 즐거운 시간을 보내는 것처럼 보였다.

점심 식사 후 리몬첼로Limoncello(레몬으로 만든 이탈리아 전통 술-옮긴이) 한 잔과 쿠키가 무료로 제공되었다. 나는 그들에게 같이 사진을 찍을 수 있는지 물었고, 그들은 자연스럽게 포즈를 취했다. 세 사람은 레스토랑 내부로 이어지는 계단에 서서 손가락으로 하트 모양을 만들며 미소지었다. 그들이야말로 살아 숨 쉬는 패노크라시의 전형이라는 생각이 들었다. 로마에는 훌륭한 식당이 수없이 많다. 하지만 이곳에서 나는 내가 앉아 있던 자리에서 보이는 그림같이 아름다운 광장보다 더 흥미롭고 아름다운 것을 봤다. 진정으로 열정적이었던 그들과의 경험은 나를 카조 앤 가조의 팬으로 만들었다.

그날 저녁 호텔로 돌아와서 카조 앤 가조에 대해 찾아봤다. 그곳은 로마에 있는 10,578개 레스토랑 중 52위에 선정된 상위 1% 식낭이었다(트립어드바이저). 그곳을 다녀 온 뒤라 그 사실이 그리 놀랍지 않았다. 흥미로운 것은 1만 개가 넘는 후기 대부분이 '다정한', '친절한'과 같은 단어들로 카조 앤 가조의 서비스와 직원을 표현하고 있었다. 심지어 그들이 먹은 음식에 관해 설명하기도 전에 말이다.

트립어드바이저 데이터에 따르면 열정적인 사람들이 브랜드를 대표하는 것은 기업에 매우 좋은 결과를 가져온다. 카조 앤 가조는 직원들이 고객과 상호 작용하는 방식으로 패노크라시를 구축했다. 열정적인 직원은 레스토랑의 한 요소일 뿐 아니라 충성도 높은 팬층을 구축하는 강력한 방법이다. 유명한 셰프가 있는 것도 아니고, 사람들이 붐비거나 값비싼 동네에 위치한 것도 아니지만, 고객에게 기분 좋은 경험을 제공하는 직원들은 있다는 것이 기업이 팬을 구축하기에 얼마나 좋은 방법인지를 보여준다.

조직 문화를 구축하는 법

조직 문화 개발에 투자하는 것은 기업에 굉장히 중요한 전략이다. 기업은 직원들이 회사의 열성적인 팬이 되어 팬덤을 구축하고 이를 외부 세계와 공유하기를 원한다. 그러나 그러한 투자가 때때로 직원들에게 '보여주기식'이라는 인상을 준다. 직원 참여에 대한 동기부여를 위해 인센티브를 제공하거나, 회사 로고가 찍힌 셔츠를 입게 하거나, 회식하는 등의 조직 문화는 카조 앤 가조 직원들과 같은 진정한 열정을 만들어내기에 부족하다. 이런 인위적인 방식은 장기적으로 봤을 때 효과가 없을 뿐 아니라 역효과를 초래할 수도 있다.

직원들에게 열정을 꾸며내도록 강요한다면 그들은 반발할 것이다.

　　카조 앤 가조의 직원들은 결코 패노크라시를 구축하기 위해 그런 행동을 한 것이 아니다. 그들은 고객들이 식사하는 동안 메뉴판을 직접 그리고, 노래하고 춤을 추며 그 시간을 즐겼고, 사진을 찍으면서 손가락으로 하트 표시를 하거나, 실없는 농담을 주고받으며 자연스럽게 손님들과 어울렸다. 그들은 고객에게 가족처럼 편안하고 따뜻한 경험을 제공했다. 나 역시 식당의 음식이나 전망 때문이 아니라 직원들이 고객과 관계 맺는 방식 때문에 카조 앤 가조의 팬이 된 것이다.

　　조직 내부로부터의 진정한 지지는
　　직원들의 열의와 기쁨 그리고 열정을 불러일으킬 것이다.

　　한 직원이 자기 일에 강한 열정을 보이면 이는 다른 직원들에게까지 옮겨진다. 그렇게 되면 이들과 관련된 업무와 사람들 모두 자연스럽게 이러한 열정에 동참하게 된다. 이것이 패노크라시를 구축하는 필수 요소다.

팀을 우승으로 이끄는 말

2004년 아테네 올림픽 조정 미국 남자 8인조 경기에서 금메달을 획

득한 세계 기록 보유 조타수인 피트 치폴론Pet Cipollone은 이렇게 말했다. "경기에서 속도가 느려지면 몸이 소리를 지릅니다. '이봐, 왜 이래?'라면서요." 그는 2000년 시드니 올림픽에 출전했고, 1996년 애틀랜타 올림픽에서는 코치로 활동했으며 세계 조정 선수권에서 네 번 우승했다. "그러면 이내 탄력을 받기 시작합니다. 한쪽에서는 통증이 내게 그만 멈추라고 말하고 다른 한쪽에서는 '아니야. 더 가고 싶어. 죽을 때까지 해보고 싶어. 한계가 어디까지인지 알고 싶어'라고 말합니다. 그것은 조정 경기에서 매우 황홀한 순간입니다. 모든 것이 최고치까지 올라가는 순간이죠. 몸은 멈추라고 소리치고 정신은 아니라고 말하는 순간순간마다 저의 잠재의식은 묻습니다. '대체 어디까지 밀어붙여야 해?' 그렇게 노를 저을 때마다 결승선에 점점 더 가까워지죠. 그렇게 계속 앞으로 나아가고 있으면 정말 이상한 느낌이 듭니다."

치폴론에게 가장 기억에 남는 경기는 1997년 헤드오브더찰스Head Of The Charles★다. 한 조정 관련 기자는 당시 치폴론의 보트에 녹음기를 설치해 치폴론이 경기 중 외치는 구호를 녹음할 수 있는지 물었고 치폴론은 이에 동의했다(유튜브에서 'Pete Cipollone 1997 HOCR'을 검색하면 오디오 파일을 들을 수 있다).

★　매년 10월의 마지막 주말에 보스턴과 케임브리지를 가르는 찰스강에서 열리는 조정 경기다.

오늘 우리가 기록을 깰 수 있을 것 같아. 자, 준비하자.

지금이야, 출발!

다리! 다리! 다리! 그래 바로 그거야!

다리 보내고! 다리 보내고! 다리 보내고! 저 선까지 가자.

지금이야, 밀어, 차! 밀어, 차! 밀어, 차!

가자, 그래 그거야.

치폴론은 "우리는 늘 큰 차이로 이겼습니다. 코스 기록을 세웠고 처음으로 14분 기록을 깬 팀이죠"라고 말한다. "제 구호를 녹음한 그 오디오는 그레이트풀 데드 해적판(원작자의 동의 없이 공개된 비공식 오디오 및 비디오 기록-옮긴이) 같았습니다. 모든 조타수가 사본을 갖고 싶어 했죠. 순식간에 인터넷에 퍼졌고 입소문이 나기 시작하면서 사람들은 제게 이렇게 말했습니다. '운동할 때 이 오디오를 들으면 힘이 나요', '당신이 말했던 것들, 그리고 당신이 조타에 관해 쓴 글을 전부 공부했어요. 정말 팬이에요.'"

열정은 습관이다

팀의 일원이 될 직원을 고용하는 것은 조직을 구축하는 데에 있어 가장 중요한 부분이다. 하지만 안타깝게도 대부분의 인사과 관리자는 자신의 업무에 대해 충분한 창의성과 명확한 관심을 두고 있지 않다. 그래서 그들 대부분은 조직에 새로운 사람을 들이기 위해 매우 전통적인 방식을 따른다. 즉, '책에서 배운 대로' 한다. 쉽게 말해 이력서에 적힌 지원자의 학력, 근무한 회사와 근무 기간, 이전 급여에 집착한다. 또한 면접에서 질문하는 "당신의 강점과 약점은 무엇입니까?" 혹은 "향후 5년간의 계획은 무엇입니까?"와 같은 질문은 누구도 듣고 싶어 하지 않고 누구에게도 도움 될 것 없으며 장래성 없는 대답만 끌어낼 뿐이다.

기업에서 직원을 고용하는 치폴론식 접근법은 이와는 매우 다르다. 치폴론은 공동체를 지원하는 온라인 플랫폼을 만드는 기술 회사 인스타바이저InstaViser의 설립자이자 CEO다. 조정 스포츠에 대한 그의 열정은 그를 기술 기업의 리더가 되도록 도왔다. 이 두 가지는 관련이 없는 것처럼 보이지만 실제로는 그렇지 않다.

치폴론은 자신과 같은 올림픽 출전 선수들을 포함한 엘리트 선수들을 인스타바이저에 고용한다. 일부는 선수 생활을 은퇴했지만, 일부는 선수로서 여전히 맹훈련하면서 동시에 인스타바이저에서 시간제로 근무한다. 그가 그들을 고용하는 이유는 매우 간단하면서도 강력한 '열정은 습관이라는 것'을 믿기 때문이다. 치폴론은 직원을 채용할 때 이를 매우 중요시한다. 그래서 인스타바이저의 이상적인 직원상은 '채용 전부터 열정을 갖고 시작하는 사람'이다. 그들은 문을 열고 들어서면서부터 열정과 열의가 넘치는 사람들이다.

열정적인 직원들은 회사와 일에 열의가 넘치며
이를 다른 사람들에게 이야기하고 싶어 한다.

치폴로의 채용 방식은 열정을 가진 직원을 양성하는 것이 얼마나 중요한지를 보여준다. 지원자가 열정을 가지고 자신의 삶을 살아가고 무언가에 대한 열렬한 팬이라면 그 열정이 무엇인지는 중요하지 않다. 인생의 한 부분에 대한 열정은 다른 측면에 대한 열정을 가늠하게 하므로 그 열정이 이상적인 직원을 만든다.

마케팅과 고객 성공을 담당하는 인스타바이저의 부사장 메간 오리어리Meghan O'Leary도 올림픽 조정 선수다. 그리고 2018년 평창 동계 올림픽에서 미디어 기업 컴캐스트Comcast 광고에 등장하며 유명해진 인스타바이저의 고객 성공 관리자 엘라나 메이어스 테일러Elana Meyers Taylor도 랭킹 1위의 미국 봅슬레이 드라이버다. 그녀는 2010년 밴쿠버 올림픽에서 동메달, 2014년 소치 올림픽, 2018년 평창 올림픽에서 은메달을 포함하여 네 개의 세계 선수권 대회에서 우승했다. 이 회사의 수석 개발자인 카일 트레스Kyle Tress는 미국 스켈레톤 올림픽 출전 선수였다.

치폴론은 이렇게 말한다. "우리는 우리의 운동 경험과 일치하는 매우 구체적인 조직 문화를 구축하고 있습니다. 우리가 고용한 선수들은 세 가지 공통점을 가지고 있는데, 그들은 최고의 목표를 지향하며, 유능한 전문가이자 뛰어난 팀원으로, 결승선이 어디인지 목표 달성에 도움이 되는 이정표가 무엇인지 알고 있습니다. 우리는 그들이 '맡은 일'에 매우 능숙하기를 원하지만 가장 중요한 것은 사무실에 있을 때 주변 사람들이 더 잘하도록 돕는 것입니다. 이는 성과에 상당히 효과가 있습니다. 고객에게 물어보면 그들이 거래하는 모든 회사에 관해 이야기할 것입니다. 그들이 말하는 수많은 회사 가운데 우리는 가장 우수한 회사 중 하나일 겁니다. 우리는 고객이 무엇을 달성하고자 하는지 잘 알고 있기 때문이죠."

치폴론의 엘리트 선수 고용은 성공적인 전략임이 증명되었다. 그는 이렇게 설명했다. "사업 초기에 고객 성공 서비스의 높은 품질에 투자한 것이 고객의 계약이 100% 갱신되고 고객 계정이 점차 확대되는 데에 기여했다는 것은 의심의 여지가 없는 사실입니다. 소비자는 전문성, 결과, 그리고 그들의 기대에 부응한 것들에 대한 대가를 지불합니다."

다른 CEO들도 신규 채용을 할 때 다양한 종류의 열정을 찾는다. '열정'이라는 단어를 사용하지 않을 수도 있지만, 면접 중 지원자의 가슴속에서 끓어오르는 흥미를 감지하고자 한다. 그런데 나는 생각보다 많은 사람들이 자신이 지원한 회사에 대한 호기심이나 지식 없이 면접을 본다는 말에 놀라움을 금치 못했다. 심지어 대부분의 회사가 웹 사이트를 구축해 기업의 역사, 담당자 이름, 담당 업무 등을 공개하고 있는데도 말이다.

면접장 문을 열고 당당히 걸어들어와 회사와 시장 그리고 역사에 대해 알고 있다는 것을 보여줘라. 지원자가 이에 대해 알고 있으면 자신의 경력과 개인적인 가치에 대해 솔직히 이야기하고 회사에 어떠한 기여를 할 수 있는지 설명할 수 있으므로 면접이 훨씬 쉬워진다. 지원자가 면접을 좋은 흐름으로 이끌어가면 채용될 가능성이 크다. 그러므로 첫 번째 면접에서 조직의 패노크라시 구축에 자신이 어떻게 기여할 수 있는지 보여준다면 기회를 얻을 수 있을 것이다.

기업과 기업의 리더는 사려 깊고 회사를 대표할 수 있는 사람을 찾는다. 샌프란시스코에 본사를 둔 금융 기술 회사인 서클업 CircleUp의 공동 설립자이자 CEO인 라이언 칼드백Ryan Caldbeck 또한 그러한 리더 중 하나다. 서클업은 소비자 브랜드가 사업 초기에 투자자를 찾고 협력할 수 있도록 돕는다. 벤처 캐피털 세계에서는 '투자자와 회사 경영진이 유대를 맺을 것인지', '직원들은 이러한 관계를 어떻게 촉진하는지' 등 관계를 중요시 여긴다. 팬덤이야말로 사람들 사이의 유대를 강화하는 흥미로운 방법 중 하나다.

칼드백은 이렇게 말한다. "새로운 팀원이나 투자자를 찾을 때 가장 많이 고려하는 것은 열정입니다. 저는 열정이 성공의 가장 중요한 요소라고 생각합니다." 그는 면접을 볼 때 세 가지 평가 요소를 사용한다.

1. 열정을 가지고 있는가?
2. 자신이 무엇에 열정을 갖고 있는지 알고 있는가?
3. 열정이 특정한 대의에 기여하는가?

만약 이 세 가지를 모두 충족한다면 성공하는 방법을 택한 셈이다. 그는 이렇게 덧붙였다. "저만 그런 것은 아닙니다. 물론 모든 CEO가 이런 식으로 설명하지는 않겠지만 당신이 열정적이고, 무엇에 열정적인지를 스스로 잘 알고 있으며, 그 열정이 회사의 목표와 부합한다는 사실을 CEO에게 보여준다면 당신을 채용할 것입니다."

　　칼드백은 벤처 캐피털에서 일하면서 회사에 진짜 필요한 것이 무엇인지 명확히 알게 되었다. "저는 자격이 부족한 사람들이 최고의 회사에 채용되고 새로운 산업에 진입하고 번창하는 경우를 종종 봤습니다. 능력이 조금 부족할지는 몰라도 자신의 열정을 명확하게 보여주고 그것이 또한 회사가 필요로 하는 것과 부합하기 때문이죠." 서클업 역시 회사에 적합한 사람들을 고용한 것이 매우 효과적이었다. 서클업은 투자자들로부터 250여 개의 기업에 대한 4억 달러 규모의 투자를 받았다.

　　칼드백에게는 그가 최고의 팀을 구축하는 방법을 모든 사람이 이해하는 것이 중요하다. 그래야 고용할 직원들에게 이를 자세히 설명하고 그들이 더 즐거운 삶을 살 수 있도록 도울 수 있다. "열정을 발견하고 다른 사람들에게 표현하는 능력은 성공과 행복으로 이어집니다." 그는 이렇게 말한다. "시간이 지나면서 제 열정이 스포츠, 투자, 기술 같은 것에 대한 것이 아님을 깨달았습니다. 제가 하는 일이 주는 것이죠. 다른 사람들과의 깊은 유대감, 사람들을 도울 수 있는 기회, 세상에 영향을 끼칠 수 있는 기회 같은 것들 말입니다."

　실제로 수십 명의 CEO가 열정이 채용에 필수적인 요소라는 데에 동의했다. "지원자를 평가할 때면 저는 그들이 얼마나 열정적인지 판단하고자 합니다." 지식 경제에서 학생들과 졸업생들의 지속적인 학습과 성공을 돕는 서비스를 제공하는 님블리와이즈NimblyWise의 CEO 마이크 스위트Mike Sweet는 이렇게 말한다. "지원자의 열정은 회사를 성장시킬 새로운 것들을 그들이 적극적으로 배울 것이라는 사실을 의미합니다. 만약 직원들의 열정이 없다면 회사를 성장시키는 것은 훨씬 더 어려울 것입니다. 오늘날의 비즈니스 변화 속도를 감안한다면 이러한 어려움은 큰 약점이 되죠." 칼드백과 마찬가지로 스위트는 성공 구조를 잘 알고 있는 것이다.

　스위트는 이렇게 말한다. "저의 경험에 비추어 보면 자신이 하는 일에 호기심이 타고난 직원들은 항상 새로운 발상과 가능성을 제안하고 어려움을 겪을 때 회복이 빠릅니다. 자기 일에 모든 것을 쏟아붓기 때문에 그들은 어떤 일이든 계속 추진해나가죠. 그들의 열정은 고객과 비즈니스 파트너들까지도 님블리와이즈와 협력하는 것에 흥분을 느끼게 합니다. 이렇게 외부 관계를 구축해감에 따라 그들은 종종 제품 혁신에 대한 새로운 아이디어를 만들어내고, 무언가 잘못되는 불상사가 벌어졌을 때도 그들이 구축한 돈독한 외부 관계가 큰 도움이 됩니다. 어려운 대화를 훨씬 수월하게 만들어주기 때문이죠."

열정은 습관이 될 수 있다.

대부분의 직장인은 그들의 직장에 적극적으로 관여하지 않는다. 그저 월급을 받기 위해 마지못해 직장에 있는 것이다. 직장과 잘 맞지 않는 직원은 최소한의 노력을 기울일 뿐이며 기업의 패노크라시를 구축하는 데에 전혀 도움이 되지 않는다.

리더와 조직에 기업의 가장 시급한 문제를 해결할 수 있도록 분석과 조언을 제공하는 기업인 갤럽Gallup은 최근 '글로벌 기업 업무 현장 상황State of the Global Workplace'에 대한 보고서를 발표했다. 이에 따르면 상근직으로 일하는 성인의 15%만이 그들의 일과 직장에 대해 높은 관심과 열정을 갖는 것으로 나타났다. 미국의 경우 수치면에서는 약간 나은 33%의 직장인이 조직에 관여도가 높은 것으로 나타났지만 여전히 낮은 수치다.

갤럽은 어느 나라에서나 조직 관여도가 낮은 직원들은 성과가 높은 기업 문화를 만드는 데에 장애물이 된다는 것을 발견했다. 이 보고서에 따르면 그들은 놀라울 정도로 잠재력을 낭비한다. 갤럽의 글로벌 직원 참여 데이터베이스에서 상위 4분위 기업들은 하위 4분위 기업에 비해 생산성은 17%, 수익성은 21% 더 높았다.

지난 5년간 님블리와이즈는 익명으로 운영되는 직원 참여 소프트웨어 퀀텀 워크플레이스Quantum Workplace를 이용하여 직원들을 측정했다. 님블리와이즈의 결과는 갤럽의 수치를 훨씬 상회했다. 2017년 설문 조사에서 님블리와이즈 직원의 97%가 높거나 중간

정도의 관여도를 갖는 것으로 나타났다. 단 3%의 직원들만이 관여도가 낮은 것으로 나타났으며 관여도가 없는 직원은 없었다.

님블리와이즈의 경우 열정적인 직원을 고용함으로써 조직 전체의 업무에 대한 직원들의 높은 관여도를 확보할 수 있었으며 이는 성과에 직접적인 영향을 미쳤다. "우리 회사의 높은 직원 관여도는 고객 만족도를 높이는 역할을 했습니다." 스위트는 말한다. "이는 또한 지속적으로 90% 이상을 기록하는 높은 고객 계약 갱신율에도 크게 기여했습니다." 스위트를 비롯해 성공한 기업의 많은 CEO가 직원을 채용하면서 열의에 넘치는 사람들이 브랜드에 대해서도 열의에 넘친다는 것을 알게 되었다.

허브스팟: 조직은 투명하게, 직원에게는 자율성을

우리는 기업이 만족스러운 삶을 살고 있는 사람을 고용하는 방식에 대해 살펴보았다. 많은 기업의 CEO들이 열정적인 사람을 고용하면 성공 가능성이 커진다는 것을 알게 되었다. 그러나 고용은 직원과의 장기적 관계의 첫 단계일 뿐이다. 어떻게 하면 직원이 팬이 되는 회사를 만들 수 있을까?

> 회사에서 신뢰받고 있고, 의사 결정권을 가지고 있는
> 사람들은 회사에 열정을 갖게 된다.

핵심은 자신을 드러내고 기여하는 방식에 대한 직원의 의사 결정을 존중하는 조직 문화를 구축하는 데에 있다. 직원들이 스스로 발견한 가장 생산적인 방식으로 일하도록 허용한다면 그들은 자기 일을 더 즐기게 되고 회사의 가장 든든한 지지자가 될 것이다.

문제는 이러한 방법이 직원 수가 많지 않은 로마의 한 식당에서는 쉬운 일이지만, 전 세계에 수천 명의 직원을 둔 기업에는 매우 어려운 일이라는 점이다. 1장에서 언급한 허브스팟은 모든 측면에서 성공적이었다. 마케팅, 영업, 및 고객 서비스 플랫폼 업체인 허브스팟은 소수의 직원을 둔 회사에서 2천 명 이상의 직원을 둔 기업으로 성장했다. 현재 6만 명 이상의 고객이 매년 허브스팟 서비스에 평균 1만 달러를 지불한다.

이러한 성공을 위해 허브스팟은 기업 문화에 가장 중점을 두었다. 실제로 허브스팟이 일하는 방식과 그들이 믿고 따르는 허브스팟 컬쳐 코드HubSpot Culture Code는 콘텐츠 공유 커뮤니티 슬라이드쉐어SlideShare를 통해 전 세계에 공개되었고, 400만 조회 수를 기록했다. 128장에 달하는 매우 세부적인 내용을 요약하면 다음과 같다.

1. 문화는 제품을 마케팅하듯이 직원을 고용하는 것이다.
2. 좋든 싫든 우리는 문화를 가지게 된다. 그렇다면 좋아하는 문화를 만들어라.
3. 고객의 행복뿐만 아니라 그들의 성공까지 살펴야 한다.
4. 힘은 지식을 축적하는 것이 아니라 공유함으로써 얻을

수 있다.

5. '햇빛은 최고의 소독제다', 즉 모든 일은 투명해야 한다.

6. 소수의 실수로 인해 다수에게 불이익을 가하는 일이 없어야 한다.

7. 결과는 언제 어디에서 만들어졌는지보다 그 자체로 더 중요해야 한다.

8. 영향력은 직급과는 무관해야 한다.

9. 위대한 사람들은 '어떻게 가는지'에 대한 방법이 아닌 '어디로 가야 하는지' 방향을 원한다.

10. '흠집 없는 조약돌보다 흠집 있는 다이아몬드가 낫다', 즉 부서질수록 나약해지는 돌이 아닌 부서질수록 더 단단해지는 다이아몬드 같은 사람이 되어라.

11. 아무것도 시도하지 않는 것보다 자주 실패를 경험하는 것이 낫다.

허브스팟의 최고 인사 책임자인 케이티 버크Katie Burke는 이렇게 말했다. "우리는 직원들이 진정으로 사랑하는 회사를 만들고 있습니다. 직원들이 자신의 업무를 사랑할 수 있고 또 사랑해야 한다는 믿음에서 시작하죠. 고객을 위해 일하는 만큼 직원들에게도 주목할 만한 가치를 제안할 수 있도록 최선을 다하고 있습니다."

허브스팟 문화의 두 가지 중요한 요소는 자율성과 투명성이다. 버크는 "허브스팟 직원들에게 희망하는 것은 그들이 단지 더 나은 기술자나 마케팅 담당자가 되는 것이 아닙니다. 저희는 그들이 더 나은 사람, 더 나은 전문가, 더 좋은 기업가가 되기를 희망합니다. 그러기 위해서는 업무와 관련된 정보가 아니어도 직원들이 접근할 수 있어야 합니다. 그래서 이제 일을 막 시작한 각 팀의 인턴들이 회사의 공동 창업자인 브라이언과 다매시Dharmesh가 생각하는 사업 전략을 게시물을 통해 읽을 수 있다는 것에 저희는 큰 자부심을 느낍니다"라고 말한다.

공개성과 투명성은 전통적인 위계 구조와 지휘 및 통제 관리 형태에 익숙한 경영자들에게는 어려운 일이기도 하다. 이에 대해 버크는 이렇게 말한다. "익숙하지 않을수록 투명하려고 노력해야 합니다. 어렵거나 곤란함을 느낄 때도 투명해야 합니다. 이는 우리 모두가 서로 책임져야 하는 것입니다."

허브스팟 문화에서 가장 놀라운 것은 무제한 휴가 정책이다. 직원들은 필요한 만큼 휴가를 쓸 수 있다. 버크는 이렇게 설명한다. "우리는 훌륭한 직원을 고용합니다. 그리고 그들에게 요청하는 원칙 중 하나는 자율성이죠. 그런 우리가 왜 직원들에게 휴가를 가려면 허락을 받으라고 해야 하죠? 그들은 성인이고, 이는 말이 안 됩니다. 회사의 공동 창업자는 무의미한 정책을 매우 싫어합니다. 우리는 직원들이 자신의 인생을 주도적으로 살기를 바랍니다. 궁극적으로는 자신의 삶을 중심으로 자기 일을 구축해나가기를 바랍니다. 이 모든 게 회사 문화에 반영되어 있죠."

이러한 방식이 매우 성공적이라는 것은 이미 입증되었다. 허브스팟은 2018년 글래스도어의 직원들이 뽑은 상Glassdoor Employees' Choice Award 대기업 부문에서 가장 일하기 좋은 10대 기업 중 하나로 선정되었다. 이는 세계 최대 규모의 채용 사이트 글래스도어에서 직원들의 후기와 피드백을 바탕으로 최고의 직장과 기업 문화에 주는 상이다. 최고의 직장으로 뽑힌 10개 회사에는 페이스북, 구글, 넷플릭스가 포함되어 있다. 발표 당시 허브스팟은 547명의 직원이 쓴 후기 전체 평점 5점 만점에 4.7점이었다.

전 세계 기업의 전·현직 직원들은 글래스도어에 자신들의 회사에 대한 후기를 써서 근무 환경에 대한 정보를 공유한다. 글래스도어 웹 사이트에 올라오는 후기들은 특정 직업과 기업에서 일하는 것이 어떤지에 대한 내부인의 시각을 전달하도록 설계되었다. 허브스팟에서 일하고자 하는 사람뿐만 아니라 소비자와 투자자도 이를 검토한다. 허브스팟 직원들이 글래스도어에 올린 회사에 대한 후기를 몇 개 소개하고자 한다.

> 저는 하루 종일 똑똑하고 사려 깊으며 야심 찬 사람들에 둘러싸여 지냅니다. 맨 아래 직급과 협력하고 그들의 의견을 수용하는 것은 회사가 적극 장려하는 일 중 하나입니다. 그래서 회사가 제 의견을 구하고 소중히 여긴다는 느낌을 받습니다. 매일 새로운 기술을 배우고 회사와 함께 성상해나가고 있습니다.
>
> – 고객 성공팀 직원

허브스팟에서 일을 시작했을 때 약간의 영업 경력만 가지고 있었습니다. 하지만 인바운드 업무를 사랑했고 기여하고자 하는 열망이 컸습니다. 동료들은 제게 많은 것을 가르쳐주었고 제가 더 성장할 수 있도록 도와줬습니다. 5년이 지난 지금, 영업부에서 핵심 업무를 맡고 있으며, 경력은 꿈꿔왔던 것 이상으로 성장했습니다. 저는 허브스팟을 사랑합니다. 회사 규모가 커지면서 스타트업 문화 또한 계속 성장하고 있고, 매일매일 이 엄청난 사람들에게서 배우고 자극을 받습니다.

- 영업팀 직원

굉장히 멋진 문화를 가진 회사입니다. 사내 바리스타, 사내 체육관, 무료 스낵, 무제한 PTO 등 혜택 또한 다양합니다. 사람들이 이곳에서 근무하는 것을 좋아하는 이유를 몇 가지만 들어보자면 사람, 투명성, 직원의 가치와 팀워크 구축, 직원의 성공을 돕기 위해 제공되는 많은 것들일 것입니다. 지금까지 저는 여러 회사에서 근무해봤지만 저 자신과 제가 기여한 것의 가치를 이처럼 진정으로 인정하는 회사는 처음입니다.

- 익명의 직원

위와 유사한 내용의 다른 수백 개의 후기를 보면 허브스팟은 자신의 열정을 전 세계 사람들과 공유하고자 하는 직원들 사이에서 이미 패노크라시를 구축한 것이 분명하다. 버크는 "다른 회사의 CEO들이 글래스도어의 평가에 대해 제게 물을 때면 그들은 잘못된 질문을 합니다"라고 말을 꺼냈다. "그들은 어떻게 그런 평가를 얻었는지 궁금해하죠. 그런데 그들은 우리가 직원들에게 마케팅하고 후기를 쓰도록 부탁한 방식 덕분에 이 모든 것이 가능했다고 생각합니다. 그럴 때마다 저는 직원의 경험을 제품 그 자체로 생각하는 데에서부터 시작하라고 말해줍니다. 평가 순위는 우리가 하는 일에 대한 지행 지표(경제 지표 중 경기의 움직임에 늦게 변화를 보이는 지표-옮긴이)이지 선행 지표(경기의 변동에 앞서 움직이는 경향이 있는 지표-옮긴이)가 아닙니다. 순위와 후기에 집착하는 건 쓸데없는 짓이죠. 온종일 제가 생각하는 것은 직원들이 회사에 기대하는 바에 부합하기 위해 어떻게 혁신해야 하는지에 대한 것입니다. 그들의 피드백에 어떻게 대응하고 있는지, 매년 한 단계 더 발전하고 있다는 것을 어떻게 확신할 수 있는지, 상을 받은 다음 날 아침에도 일어나 내년에 무엇을 해야 할지 생각했습니다. 멋진 상품을 만드는 것과 마찬가지로 안일함은 궁극적인 적입니다."

허브스팟은 좋은 후기를 작성해줄 만큼 열정적인 직원들을 데리고 있다. 그런 직원들이 상을 받게 해준 것이다. 그렇다면 회사의 팬이 된 직원들은 회사의 성공을 위해 어떻게 일할까? 이것이 어떻게 패노크라시를 구축했을까?

버크는 이렇게 말한다. "문화 코드 가운데 일정 부분은 고객의 문제를 해결하는 데에 있습니다. 고객들도 그것을 기대하죠. 개발에 별 관심이 없거나 단지 개발을 위한 개발을 하고자 한다면 허브스팟을 이용하지 않았을 겁니다. 만약 당신이 허브스팟에 가입했다면 고객의 피드백에 큰 관심을 갖고 있으며 무엇이 효과가 있고 없는지에 대한 고객과 파트너의 의견에 귀를 기울이는 제품 개발팀에서 일하기 시작한 것입니다. 그리고 스스로 문제를 해결할 수 있는 자율성을 원할 것입니다. 우리는 이런 고객들을 위해 제품 관련 조직 내에서 소규모의 자치 조직들을 운영합니다. 고객 문제에 관한 정기적인 의사 결정에 유연성을 제공하기 위해서죠.”

열악한 고객 서비스와 공격적인 영업 전략을 예상해야 하는 세상에서 허브스팟은 단지 더 빠르고 비용을 절약하는 것이 아닌 고객에게 최고의 서비스를 제공하는 것에 중점을 둔다. 버크는 “회사의 고객 지원팀은 누군가가 직면한 문제를 해결하기 위해 완전 자율권을 보장받습니다. 문제가 되는 사안을 최대한 오래 보류해서 해결을 막거나 지연시켜 고객이 도움을 받지 못하는 일이 없도록 하기 위해서죠”라고 말한다.

허브스팟의 ‘인바운드INBOUND’ 연례 콘퍼런스는 효과적인 마케팅, 영업, 고객 지원 전략에 대해 배우고자 하는 전 세계 수천 명의 팬을 매년 보스턴으로 모이게 한다. 이들 대부분은 허브스팟의 임직원들과 소통하고 그들의 오랜 고객들을 만나고자 이곳에 모인다. 미셸 오바마Michelle Obama, 존 시나John Cena, 세스 고딘Seth Godin, 브레네 브라운Brené Brown, 마사 스튜어트Martha Stewart 등의 연사들이 기조연설을 해왔고, 일주일 동안 진행되며, 약 300개의 소규모 회의들로 이루어져 있다.

사람들이 기꺼이 콘퍼런스의 입장권, 항공권, 호텔 숙박에 투자하고, 일주일이라는 긴 시간을 할애하는 것은 그만큼 콘퍼런스에서 많은 것을 얻어가기 때문이다. 그들은 허브스팟의 직원들과 교류할 수 있는 기회를 갖는다는 면에서 이 행사의 가치를 높게 평가한다. 버크는 이렇게 말한다. "허브스팟 직원을 만난 후 제품을 구매할 것 같지 않다거나 허브스팟 사용자 모임에 참석할 것 같지 않다거나, 혹은 다음 인바운드 콘퍼런스에 참여하지 않을 것 같다는 사람을 만나본 적이 없습니다. 이는 우리가 잘하고 있다는 의미일 것입니다. 사람들이 우리 회사를 선택하는 이유 중 하나가 직원들이라는 것을 늘 듣고 있습니다. 고객들은 자신들이 만난 전문가들이 상담을 매우 잘하고 도움이 된다고 생각합니다. 어떤 고객은 허브스팟에 대해 '담당 영업 사원이 너무 좋습니다. 계속 그와 연락하고 싶습니다'라고 하더군요. 이것이 우리의 자부심입니다."

• • •

앞서 언급한 치플론은 운동선수이자 최고 경영자로 조직에 열정을 보여주는 지도자다. 1997년 헤드오브더찰스에서 경기 기록을 경신한 그가 경기 마지막 순간에 외친 구호는 다음과 같다.

350미터 남았어. 자, 가자!
다리, 제자리, 힘을 더 내!
똑바로 앉고, 다시 간다. 거의 다 왔어.

직원들을 팬으로 만들어라

250미터 더 간다. 밀어, 차!

마지막 20번, 가자, 지금이야!

다리, 다리, 다리! 좋아, 힘내!

(결승선에서 환호 소리)

지금 밀어, 차!

마지막 다섯 번, 가자!

하나 둘 셋 넷, 잘했어. 계속 저어!

3부

팬덤을 즐겨라

13

★

열정적으로 산다는 것

by 레이코

오전 6시, 나와 클레어, 제니는 뉴욕의 한 호스텔에 모였다. 우리 셋은 검은색 치마, 망사 셔츠, 헤어 고데기, 보석들을 침대에 흩트려 놓고 거울 주위에 모여 서서 번갈아 가며 서로의 화장을 고쳐주느라 분주했다. 클레어가 내 눈꺼풀과 볼에 검은색 줄무늬를 그리는 동안 나는 눈을 감고 있었고, 간지러워 코를 긁는데 피부에 페인트가 주름져 있는 것 같은 낯선 느낌이 들었다.

"클레어, 어때 보여?" 나는 물었다. 그녀가 해준 메이크업을 만져보고 싶어 손가락이 근질거렸다. 얼굴 전체를 덮은 짙은 줄무늬 메이크업 위로 나를 보는 클레어의 눈이 밝게 빛났다. "좋아." 참지 못하고 얼굴을 만지고 있는 내 오른손을 찰싹 치며 그녀가 대답했다. "그만 좀 만져. 화장 다 망가지겠어." 나는 얼굴에서 손을 떼고 웃으며 대답했다. "그 말 계속해줘야 할 거야."

거울에 비친 내 모습을 슬쩍 들여다보고는 핸드폰을 꺼내 들었다. 키에론 길렌Kieron Gillen과 제이미 맥켈비Jamie McKelvie의 만화 시리즈인 〈위키드+디바인The Wicked+The Divine〉의 패널 스케치를 보기 위해서였다. 클레어는 내가 묘사하려는 등장인물의 이마부터 코에 이르는 날카로운 선을 완벽하게 그려냈다. 만화에서 나오는 표정과 똑같이 얼굴을 찡그려보니 나조차 내 얼굴이 낯설 정도로 비슷했다. "감탄은 그만하면 됐어." 우리 셋 중 한 명인 제니가 말했다.

제니, 클레어, 나는 책이나 만화를 읽는 취향이 같아서 서로 추천해주거나 서로의 책장에서 책을 빌려 가곤 한다. 그래서 함께 저녁을 먹을 때면 읽었던 책들에 관해 이야기하느라 시간 가는 줄 모른다. 〈위키드+디바인〉은 셋이 돌려보던 책 가운데 하나로, 우리는 현대에 환생해 팝 가수로 명성을 얻은 고대 신들의 이야기를 그려낸 이 시리즈물의 아름다운 그림과 다양한 줄거리를 좋아한다. 그날 우리는 켈트 신화에 나오는 전쟁의 여신 모리안Morrigan으로 분장했다. 그녀는 세 가지 다른 모습을 가지고 있는데, 클레어는 마하Macha(검은 머리와 검은 옷, 셋 중 가장 한결같다), 제니는 젠틀 애니Gentle Annie(대머리에 친절하고 엉뚱하다), 그리고 나는 바이브Badb(불타오르는 듯한 야성적인 머리는 모리안의 분노를 표현한다)를 선택했다.

캐릭터로 변신한 우리 셋의 어깨 위로 검은 깃털을 걸쳐 놓자 서로에게 공포심이 들 정도였다. 팔을 감고 있는 정성껏 색칠한

새들, 마녀 같은 검은 드레스, 등에서 엉덩이까지 늘어지는 붉은 가발 아래에 숨겨져 있는 머리카락을 보면서 말이다. 준비를 마친 우리가 호텔 방을 나와 택시를 잡아탔을 때는 여행객이나 쇼핑객이 아직 움직이지 않는 이른 시간이었지만, 지나가는 몇몇 사람들로부터 호기심 어린 시선을 받았다.

택시에 올라타자 택시기사는 한쪽 눈썹을 치켜올리며 "코스튬 파티?"라고 물었다. 코스튬 파티? 그저 코스튬 파티였다면 바쁜 의과 대학 일정 속에서 몇 달씩 준비하며 다른 도시로까지 오지 않았을 것이다.

코믹 콘: 팬덤은 자부심이다

나는 5년째 재비츠 센터에서 열리는 뉴욕시 '코믹 콘'에 참여하고 있다. 이번 콘은 몇 년 전에 유카츠와 내가 좋아하는 다수의 작가들과 아티스트들, 그리고 배우들을 만났던 콘과 같은 장소다. 강의를 듣고, 직장에서 오랜 시간을 보내며 몇 달 동안 기다려왔던 10월의 첫 주말이었다.

우리 셋은 뉴욕에서 함께 대학에 다녔고 졸업 후에는 모두 보스턴으로 이사했다. 책과 만화에 비슷한 취향을 가지고 있는 우리는 학교에 다녔을 때보다 졸업 후에 더 자주 연락하면서 지낸다. 보스턴으로 이사했지만, 이사 후에도 여전히 뉴욕과 팬 커뮤니티,

그리고 우리의 관계는 변함없었고, 매년 코믹 콘에 참여하고 있다.

재비츠 센터에 가까워지자 분장한 사람들이 하나둘 보이기 시작했고, 길거리는 강렬한 총천연색으로 가득 찼다. 우리는 코스프레와 크리에이터와의 만남을 위해 전국 각지에서 모여든 20만 명의 참가자 중 한 명일뿐이었다. "행운을 빕니다." 택시기사는 우리를 내려 주면서 말했다. 긴 치마를 주섬주섬 잡은 채 차에서 내리면서 나는 대답했다. "네, 오늘 이곳에서 압도되지 않으려면 행운이 필요할 것 같네요."

택시가 멀어지는 것을 보면서 우리가 이 경험을 위해 준비해 온 지난 몇 달의 시간과 그 과정을 얼마나 좋아했는지 돌아봤다. 행사 당일 아침에만 해도 몇 시간을 들여 콘에 갈 준비를 했고, 뉴욕으로 가는 버스를 타기까지 정말 오랫동안 많은 준비를 해야 했다. 몇 날 며칠 동안 천이나 재봉 기술에 관한 링크를 주고받으며 옷을 만드는 과정을 사진 찍어 공유하고 피드백했지만 수많은 인파 속으로 들어서자 우리의 코스튬은 너무 부족해 보였다. 눈에 잘 띄지 않는 것 같았다. 물을 마실 때마다 공들여 한 화장도 곧 엉망이 될 것임을 알았다. 순간 '가상의 세계에 빠져 소중한 시간을 낭비하고 있는 것은 아닐까?'라는 생각이 들었다.

군중 속에 파묻힌 우리는 2미터 정도 되는 가짜 검, 뾰족한 모자, 번쩍이는 갑옷들에 빠르게 뒤섞였다. "망토 멋지네요. 어떻게 만들었어요?", "오늘 무료로 나눠준 이미지 봤어요?", "지금 다크호스 전시장으로 먼저 가보려고요. 그들의 포스터가 다 떨어지지 않아야 할 텐데 말이에요." 여기저기서 사람들의 대화 소리가 들렸고 그제야 나는 다른 사람들의 코스튬을 둘러봤다. 보는 것만으로도 신기하고 즐거운 의상도 있었고 그렇지 않은 의상도 있었다. 사람들은 로키Loki, 코라Korra, 젤다Zelda(만화나 게임 속 캐릭터들-옮긴이)로 분장한 사람들을 향해 손을 흔들고 환호를 보냈지만, 우리를 보고 그러는 사람은 없었다.

재비츠 센터 지하로 향할 때는 속이 다 울렁거릴 지경이었다. 그곳에는 그토록 만나고 싶어 했던 〈위키드+디바인〉의 작가들이 자리하고 있었다. 울렁거리는 속을 부여잡은 채 작가들의 사인을 받기 위해 만화책을 손에 들고 줄 서서 기다렸다. 마침내 그들 앞에 섰을 때 그들은 크게 박수치면서 웃으며 말했다. "놀랍군요!" 그러더니 우리가 묻기도 전에 먼저 함께 사진을 찍자고 했다. 제이미 맥켈비는 환호하며 말했다. "이 사진은 제 인스타그램에 올릴 거예요. 당신의 코스튬은 정말 멋져요." 나는 활짝 웃었다. 작가들이 우리를 보고 흥분할 줄은 전혀 예상치 못했다. 내가 콘을 사랑할 수밖에 없는 이유를 상기시키는 순간이었다.

그 순간 우리는 다시 열렬하고 들뜨고 시끄러운 10대가 되어 있었다. 그리고 그러한 우리의 열정은 그들에게 환영받았다. 팬들의 열정이 그들의 작품에 얼마나 큰 힘이 되는지 알게 된 시간이었다. 그렇게 우리의 불타오르는 흥분은 모두에게 빠르게 번져나갔고, 나는 같은 것을 좋아하는 창의적인 사람들과 교류하며 생애 최고의 날을 보냈다. 결코 시간을 낭비한 것이 아니었다.

서로를 연결하는 공통 언어 만들기

친구들과 '진짜' 대화 없이 컴퓨터 앞에서 몇 시간, 혹은 며칠씩 보내는 것이 점차 쉬워지고 있다는 것을 느낀 적 없는가? SNS에 새로운 소식이 있는지를 보는 것으로 사랑하는 사람들과 연락하고 지내고 있다고 자신을 속이고 있지는 않은가? SNS에 댓글을 다는 것이 친구와 커피 한잔하며 수다를 떠는 것과 같다고 생각하는가? "폴이 결혼했대"라고 말했지만 사실 당신은 실제로 이 소식을 전해 들은 적 없을 것이다. 그저 폴이 인스타그램에 올린 코스타리카에서의 신혼여행 사진을 봤을 뿐이다.

단 한 번의 터치로 메시지를 보내는 것에 너무 익숙해지면서 사람들은 점점 깊이 있는 우정을 영위하지 못하고 있다. 친구들과 함께하게 된 이유가 무엇이었는지조차 잊어버린 것이다. 이는 자신을 고립감과 외로움이라는 구멍 속으로 더 깊이 파고들게 할 뿐이다. 우리는 소셜 미디어에 의존해 가상의 대체물을 만들고 친구들에게 메시지를 전하지만, 얼마나 강박적으로 답장을 받았는지 확인하는 것에서 우리가 이보다 더 많은 것을 원하고 있다는 것을 알 수 있다.

옛 친구들에게 연락할 때 무슨 말을 해야 할지 몰라 쓸데없이 이 말 저 말 떠드는 것보다 더 많은 것을 원하지 않는가? '능숙'하게 대화하는 것을 걱정하며 나누는 얄팍한 사무적인 대화보다 더 많은 이야깃거리가 우리의 삶에 있지 않을까? 우리는 이렇게 인사를 건넬 이유를 찾으려 애쓰는 대신 매주 좋아하는 드라마를 보고 드라마에 대해 서로 이야기하는 사이가 되어야 한다. 동료가 같은 야구팀을 응원한다는 사실을 알게 되거나 상대 팀을 응원한다는 사실을 알고 놀리기 시작하는 그때가 진정한 관계를 맺는 첫 번째 단계인 것이다. 이제부터 이렇게 말하도록 하자. "이게 제가 좋아하는 것입니다. 이 즐거움을 함께 누립시다."

팬덤은 서로를 연결할 수 있는 공통의 언어를 만드는 것에서부터 시작된다.

많은 사람들이 자신이 좋아하는 활동에 정성을 쏟을 때 다른 사람들의 시선을 우려한다. 그런 우려가 우리의 판단을 흐리게 하고 우리를 방안에 갇힌 게임광이나 미친 듯 괴성을 지르는 스포츠 팬들과 같은 무지한 광팬으로 만든다. 어떤 사람들에게 팬덤은 현실 도피로 치부되거나 혹은 유치한 행위나 시간 낭비로 여겨진다. 나 역시 오랫동안 남들의 시선을 의식했기에 좋아하는 것을 공유하기를 매우 주저했었다.

때문에 모리안처럼 분장하는 데에는 큰 노력과 용기가 필요했다. 하지만 막상 분장하고 나니 다른 사람으로 분장하지 않았다는 것을 *깨달았다*. 오히려 다른 방법으로는 보여줄 수 없었던 진짜 내 모습의 일부를 반영하고 있었다. 이것이야말로 온라인에 게시하는 고르고 고른 엄선된 사진 속 모습이 아닌 진정한 나를 보여주는 방법이었다. 나는 나 자신을 더 즐길 수 있게 되었을 뿐 아니라 다른 사람들의 열정까지 불러일으켰다. 제이미 맥켈비는 우리의 코스프레를 본 후 그 흥분을 소셜 미디어의 팔로워들에게 나누고 싶어 했다. 터져 나오는 팬들의 열정을 놓칠 수 없었던 것이다.

그리고 또 한 가지, 이보다 훨씬 더 중요한 것은 이전에도 코스프레를 했었지만, 친구들과 단체로 코스튬을 입은 건 이번이 처음이었다는 것이다. 이는 팬덤이 나와 친구들을 하나로 묶어주듯 팬으로서의 삶에 대한 열정이 자신들만의 캐릭터로 분장한 모든 참가자의 관계를 더 단단하게 만들었다. 이 모든 것은 패노크라시라는 공통의 언어를 설명한다. 즉, 한 개인으로서 그리고 한 집단의 일원으로서의 나에 대한 이해를 의미한다. 내가 사랑하고 온전히 즐거움을 느낄 수 있는 것들을 감추어둔다면 아무도 진정한 나를 볼 수 없을 것이다. 하지만 팬덤에 완전히 빠져든다면 이는 우리 내면에 활력을 주고 다른 이들에게도 그 활기가 전해질 것이다.

팬덤은 소원 성취나 현실 도피를 의미하는 것이 아니다. 일과 삶의 균형에 대한 것도 아니고 정신적 휴식을 위한 것도 아니다. 더욱 근본적인 문제인 사람들의 고립을 해결하는 방법이다. 몰입감과 성취감이 높은 사람들이 삶의 질을 향상시키는 방법이다. 그들의 행동에서 우리는 그들이 더 많이 웃고, 실수에도 유머를 발휘하며, 인생을 즐긴다는 것을 알 수 있다.

성공한 사람들은 다른 사람에게 열정을 불러일으키려면

자기 자신의 내면에서 먼저 열정을 일으켜야 한다는

사실을 알고 있다.

스키, 철인 3종 경기, 뜨개질, 그림, 플라멩코 기타, 아카펠라 노래, 클래식 자동차와 RV 등 다양한 활동에 열정을 쏟는 수백 명의 팬과의 인터뷰에서 우리는 자신의 삶에 대한 열정이 넘치는 사람들은 다른 시각으로 세상을 본다는 것을 확인했다. 그들은 팬덤을 통해 자기 자신을 표현하며 진정한 삶을 살아가고 있었다. 마음이 맞는 사람들에게서 에너지와 새로운 아이디어, 그리고 깊이 있는 관계를 얻고 이를 다시 나눠줬다. 그들은 유머, 공감, 창의성과 같은 다른 곳에서는 배울 수 없는 소중한 것들을 팬덤에서 배우고 있었다.

패노크라시는 고객이나 사업을 위한 것이 아니다. 이는 우리 자신을 소중히 여기는 마음 상태를 의미한다. 한 젊은 고고학자가 사업가가 되고 음악을 좋아하는 사람이 운동가가 되는 이야기들을 통해 우리는 자신이 사랑하는 것으로 정체성을 재정립하는 것이 우리의 이상향으로 사람들을 결집시킬 수 있는 비결이라는 것을 알았다.

플라멩코 기타로 지미 헨드릭스 팬들을 사로잡다

음악은 부모님이 좋아하는 음악을 함께 듣거나 라디오나 TV에서 스스로 분위기를 즐길 수 있는 음악가와 장르를 찾아가며 나를 표현하는 하나의 방법이다. 이러한 이유로 음악은 내게 시간, 장소, 사람들에 대한 향수를 느끼게 하는 강력한 매개체가 된다.

플라멩코 기타리스트이자 작곡가, 음악가인 후아니토 파스칼Juanito Pascual은 이를 잘 알고 있었다. 그가 정식으로 기타 수업을 배우기 시작한 때는 우리가 정체성을 정립해가는 나이인 12살이었다. 그는 그때부터 밴드 음악을 들었다. 파스칼은 자신의 음악을 듣는 사람들과 관계를 맺기 위해서는 그들이 어떠한 방식으로든 개인적인 투자를 하도록 만들어야 한다는 것을 알고 있었다. 그는 이렇게 말했다. "제 팬덤이 광범위하면서도 매우 특별하다는 것을 20대 초반에 알게 되었습니다. 그래서 그레이트풀 데드부터 플라멩코, 재즈 및 라틴 음악까지 모든 걸 하고 있죠. 제가 그중 한 가지만 했다면 다른 팬들은 저를 알지 못했을 겁니다. 플라멩코만 연주했다면 그레이트풀 데드 팬들은 전혀 모를 거예요." 파스칼은 그의 팬덤이 자신의 음악에 얼마나 큰 영향을 미치는지 매우 잘 인지하고 있었다. 그의 핵심 장르는 플라멩코지만 전 세계 청중들과의 커뮤니케이션에 있어 필수 요소가 음악적 경계를 넘나드는 능력임을 알고, 어렸을 때부터 듣고 자란 음악가들부터 기타리스트로서의 정체성을 찾아가던 시절에 듣던 음악가들까지, 그가 가장 사랑하는 가수들의 음악을 공연에서 연주했다.

공연에서 그가 세계 최고의 일렉트릭 기타리스트인 지미 헨드릭스Jimi Hendrix의 곡을 플라멩코 스타일로 연주하면 새로운 팬을 얻게 될 것이다. 그가 무대 위에서 플라멩코 공연 문화에서는 드문 일인 즉흥 연주를 할 때면 자신이 자라면서 들어왔던 재즈와 잼 밴드 장르에 고마움을 느낀다. 그는 비틀스의 '내 기타가 조용히 우는 동안While My Guitar Gently Weeps'의 첫 몇 소절을 연주할 수도 있다. 파스칼은 팬과 아티스트라는 음악 공동체에서 자신 또한 적극적인 참여 자임을 이렇게 설명했다. "팬들이 제가 플라멩코 음악가라는 것을 알고 있기 때문에 이러한 즉흥 연주에 더 열광하며 저와의 유대감을 확인하게 될 것입니다."

플라멩코 음악가들을 포함한 많은 음악가들이 다양한 영향력을 나타내고 있지만, 그 누구도 파스칼이 보여주는 다양한 연주 리스트를 가지고 있지는 않다. 파스칼에게는 어렸을 때 들었던 음악과 그가 연주할 때 영감을 주는 다양한 장르의 음악들로 이루어진 곡 목록이 있다. 다른 장르에 대한 그의 열정은 그의 음악을 발전시키고 독창적인 방식으로 창의력을 발휘하게 한다. 그의 음악은 자신의 인생을 반영하고 있고, 그가 이를 공유하는 방식은 청중들과 관계를 구축할 수 있게 했다.

이 글을 읽는 모든 사람은 아마도 12살이 지났겠지만, 여전히 팬덤이라고 부를 수 있는 것이 없을지도 모른다. 아직 특정한 무엇인가를 분명하게 좋아한 적도 없을 것이다. 그렇다고 팬덤이 당신과 무관한 것은 아니다. 대부분은 사춘기 때 평생 함께할 팬덤을 갖게 되지만 우리가 만난 사람 중 많은 이들이 그 후에 자신만의 열정을 발견했다. 어떤 사람들은 은퇴 즈음에야 열정을 발견하기도 했다.

아직 관심을 불러일으키는 활동을 발견하지 못한 것일 수도 있고, 아니면 기술이나 취미 또는 깨닫지 못한 집착이 삶에 실제보다 더 큰 부분을 차지하고 있다는 것을 모르고 있는 것일 수도 있다. 그것도 아니면 자신을 무언가의 '팬'이라고 생각해본 적 없거나 같은 것에 빠져있는 사람들을 아직 못 만난 것일 수도 있다.

청소년기는 팬덤이라는 여정의
끝이 아니라 시작이다.

대부분의 경우 어릴 때 이미 소진되어버린 작은 불씨가 재점화된다고 한다. 10대 시절에 수다를 멈출 수 없었던 것들을 떠올려 보라. 부모님이 말릴 수 없었던 것은 무엇이었나? 아르바이트로 일해서 번 돈으로 사고자 했던 것은 무엇이었을까? 그때의 흥분으로 다시 돌아갈 방법이 있는가? 현재의 삶에서 그때와 똑같은 기쁨을 줄 수 있는 것이 무엇일까? 같은 관심사를 가진 사람들에게 가까이 다가가려면 어떻게 해야 할까? 시간이 나면 해야지라고 미루어 둔 일은 무엇인가?

언제 팬덤을 갖게 되든 혹은 그것을 찾아가는 과정에 있든 정체성을 의식적으로 구축하는 방법은 많다. 오랫동안 좋아하며 경력이 된 활동부터 사라지지 않을 취미 생활에 이르기까지, 우리가 하는 일에서 더 성공적이고 더 행복해지기 위해 삶에 열정을 불러일으키는 데에는 무한한 방법이 있다.

당신이 하는 일에 팬이 될 때

제니는 소설에서 전기, 안내 책자에 이르는 모든 책을 출판하는 대형 출판사에서 편집자로 일한다. 그녀는 시집을 담당하고 있으며 작가들이 자신의 작품을 세상에 내놓을 수 있도록 지원하고 새로운 시인을 발굴한다. 제니에게 있어 직업은 책에 대한 그녀의 개인적인 애정에 부합한다.

"출판사 내에서는 편집자가 작가의 최고의 '팬'이지." 제니는 시장에서의 작가의 성과를 평가하는 지표로서 그리고 그녀 자신의 업무 원동력으로서 자신의 기대와 흥분을 이용하는 방법을 이렇게 설명했다. "나는 회사 안의 모든 사람이 내가 선택한 책을 기대하도록 만들어. 작품이 회사를 넘어 대중에게 전달되는 기회가 될 테니까. 그래서 많은 사람들이 작품에 흥분하면 '내가 좋은 작품을 가져왔구나'라는 생각이 들어."

제니는 어렸을 때부터 문학을 좋아했다. 책에 대한 애정이 그녀를 출판업계로 이끌었다. 오랫동안 자신이 구축한 정체성이 직업으로까지 이어진 것이다. 그녀가 좋아하는 작품에 관해 이야기할 때면 그녀의 열정이 그녀의 직업에 활력을 불어넣는 것 같다. 마찬가지로 그녀의 직업이 그녀의 삶에 활력을 불어넣고 있구나라는 생각이 든다. 그것이 회사에서 그녀가 인정받고 있는 이유다.

좋아하는 일을 직업으로 삼으면서 이에 대한 그녀의 애정은 더 강해져 일로서 읽는 책이 집에서 취미로 읽는 책에까지 영향을 미쳤다. "일하면서 그래픽 소설을 알게 됐어. 상사가 앨리슨 베델 Alison Bachdel 작품을 편집하고 있는 것을 보고 그녀에 대해 알아봤는데, 곧 그녀의 작품에 빠져버렸고 매료된 거야. 그 일을 계기로 그래픽 소설과 만화에 관심을 갖기 시작했어. 내가 이 분야의 팬이 될 줄은 전혀 몰랐어. 그전까지는 사실 읽어본 적이 없었거든."

평소에 개인적으로 책을 읽으면서 그녀는 늘 그 책의 시장성을 예측해본다. "K 드라마(한국 드라마)를 보기 시작한 이후로 내 직업과 연관 지어 생각해보고 있어. K 드라마는 미국에 있는 사람들에게 인기가 너무 많아. 그래서 문학적 관점에서 내가 할 수 있는 일이 분명히 있을 거야." 그녀의 팬덤은 오래된 것이기는 하지만 그녀는 여전히 열정을 발휘할 새로운 분야를 찾고 있다. 새로운 아이디어는 그녀의 커리어를 발전시키는 것은 물론 그녀의 삶에 또 다른 기쁨이 되어줄 것이다.

어떤 직업에서든 가장 훌륭한 사람은
그 일을 가장 사랑하는 사람이다.

편집자로서 그녀는 문학 작품의 성공 가능성을 판별하는 자신의 능력을 믿는다. 어떤 작품이 자신을 얼마나 흥분시키는지에 대한 믿음이 있다. 그녀를 팬이자 훌륭한 편집자로 만드는 것은 그 흥분을 다른 사람들과 공유하는 그녀의 능력이다. 그녀는 이렇게 말했다. "나는 내가 좋아하는 것들이 좋아. 하지만 늘 깜짝 놀랄 준비가 되어 있기도 하지. 새로운 무언가의 팬이 될 준비가 되어 있어. 다른 사람들을 팬으로 만들 팬덤을 이용할 준비도 되어 있지."

그녀의 열정은 자신을 이끄는 원동력이며 친구로서 내가 그녀에게 끌리는 부분이기도 하다. 나는 그녀가 저녁 식사 자리에서 새로운 작품들을 소개하고 함께 토론할 때 하는 말을 신뢰한다. 그녀는 단지 수동적으로 무언가를 좋아하는 것이 아니다. 그녀를 만족시키고 성과를 만들어내는 작품이기에 전적으로 관심을 기울이는 것이다. 실제로 정체성과 직업이 서로 잘 부합하게 하는 가장 간단한 방법은 이 둘을 서로 같은 것으로 만드는 것이다. 열정을 쏟아부어 팬덤을 활성화시킬 수 있을 때 주변의 모든 사람에게 직장이나 집이 더 나은 곳이 되게 만들 수 있다.

공룡을 발견한 소녀

우리의 모든 관심사와 팬덤이 제니처럼 어린 시절부터 흔들리지 않고 꾸준한 것은 아니다. 때때로 집착의 여정을 떠나 앞으로 나아가거나 새로운 취미를 발견하기도 한다. 그렇다고 해서 이것이 과거의 경험으로부터 더 이상 무언가를 배울 수 없다는 것을 의미하지는 않는다. 이는 우리를 하나의 주제에 온전히 빠져들게 하고, 다음에 하고 싶은 것이 무엇인지 이해하게 만드는 여정 그 자체인 것이다. 우리의 열정이 가장 잘 활용될 수 있는 것이 무엇인지 찾기 위함이다.

인디아 우드India Wood는 12살 때 가장 완벽한 알로사우루스Allosaurus 공룡을 발견했지만, 고생물학자가 되지 않았다. 그녀는 자수, 뜨개질, 그림, 소묘, 조각 등 다양한 창조적인 시장을 분석하는 하트 비즈니스 리서치Hart Business Research를 설립했다.

1970년대 후반 콜로라도의 한 시골 마을에서 보낸 어린 시절에 대해 우드는 이렇게 말한다. "12살 때였습니다. 언니와 밖에 나갔었는데 목장 직원이 화석을 찾고 있었죠. 그런데 그들이 워낙 빠르게 걸어가서 저는 뒤에 홀로 남겨졌습니다. 그때 언덕 경사면에 작은 뼛조각이 보였고 혼자 그곳을 파기 시작했습니다. 한두 시간이 지나니 언니가 목장 직원과 나타났고 저와 함께 그곳을 파냈습니다. 저에게는 그저 재미있는 일이었죠. 그 일이 있고 난 뒤 작은 뼛조각을 발견하면 1센트를 줬고, 뼛조각이 크면 25센트를 줬습니다. 저는 언덕 전체를 다 파내서 뼈 전체를 발견했고, 이때 1천 달러를 벌었습니다."

12살 때 처음 뼈를 발견한 우드는 이 일을 계기로 찰스 다윈과 여성 과학자들에 매료되었다. 하지만《내셔널 지오그래픽》에서 그녀가 본 사진 속 공룡 사냥꾼들은 장비를 갖춘 훈련된 성인들이었다. 키 150센티미터에 몸무게 30킬로그램 정도인 자신이 낡은 망치와 드라이버를 사용해 공룡을 발굴한다는 것이 역부족으로 느껴졌다. 그런데도 발견의 스릴, 더 많은 것을 찾으려는 집착, 찾고 나면 느껴지는 성취감이 그녀의 원동력이 되었다. 3년 동안 그녀는 수십 개의 뼈를 찾았고, 시간이 날 때면 고생물학에 대해 읽었다. 그리고 중학교 선생님으로부터 빌린 책에서 그녀가 발견한 뼈 중 하나가 1억 5천만 년 된 알로사우루스 골반의 일부라는 것을 알아냈다.

그러던 중 그녀의 침실에 어질러져 있던 수많은 뼈에 질려버린 그녀의 어머니가 그 뼈들을 덴버 자연과학 박물관에 가져갔다. 박물관의 고생물학자는 놀라워했고 이를 발견을 한 그녀를 고용했다. 그녀는 전문 고생물학자들과 함께 이후 1년간 지금까지 발굴된 것 중 가장 완벽한 알로사우루스를 발굴하기 위해 일했다. 우드가 '앨리스'라 부르는 그녀의 공룡은 우드와 함께 TV, 라디오, 잡지 및 신문에 소개되었고 앨리스를 보기 위해 매년 170만 명이 덴버 자연과학 박물관에 방문한다. 인디아 우드는 '공룡을 발견한 소녀'로 불리게 되었다.

그러나 공룡을 발견한 소녀가 성인이 되고 나서 전혀 다른 길을 걷고 있다는 사실에 많은 이들을 놀라게 했다. 우드가 그녀의 어린 시절로부터 얻은 것은 열성의 대상이 아니라 열정이 작동하는 방식에 대한 깨달음이었다. 그녀에게 공룡이 그랬던 것처럼 무엇이 사람들을 더 열광하게 만들고 더 많은 것을 성취하기 위해 노력하게 하는지에 대한 것들 말이다. 그래서 그녀는 하트 비즈니스 리서치를 설립했다. 사람들이 예술을 사랑하게 만드는 것은 무엇일지 연구하기 위해서였다. 미국 국립예술협회National Arts Association가 후원하는 우드의 회사는 수만 명의 예술가를 대상으로 뜨개질을 할 때 경험하는 감정에서 화가가 특정 브랜드의 물감을 구매하는 이유에 이르기까지 그들의 열정에 대한 세부 사항을 설문 조사한다. 그렇게 수집한 데이터를 토대로 독립 소매점과 중소기업에 소비자에게 접근하는 방법을 알려줌으로써 아마존이나 코스트코와 경쟁하는 것을 돕는다.

우드는 그녀의 데이터에 관해 이야기하며 이렇게 말한다. "한마디로 말하자면 창의적인 사람들은 창조하는 것을 좋아한다는 것입니다. 그것이 그들을 행복하고 편안하게 하며 성취감을 느끼게 하기 때문이죠." 이는 창조 산업 안팎의 모든 사람에게 적용된다.

"저는 알로사우루스를 발굴했습니다. 그 작업이 제게 성취감을 느끼게 해주었기 때문이죠"라고 그녀는 말했다. "지금은 창조 산업에 대한 연구를 수행하는 데 열정적으로 일하고 있습니다. 그것이 제게 성취감을 주기 때문이죠." 그녀가 좋아하는 일을 할 때 경험한 감정은 침대 밑에 공룡 뼈를 쌓아두며 느꼈던 기쁨과 같은 것이었다. 더 나아가 이 감정은 다른 사람이 언제 이러한 감정을 느끼는지 연구하는 기업을 설립하게 했다. 그리고 그녀가 수집한 데이터를 이용해 다른 많은 중소기업의 성공을 도울 수 있었다.

타인의 열정에서 느끼는 기쁨

팬덤은 모든 종류의 열정을 훈련시키는 기능을 한다. 인디아 우드처럼 경력을 발전시키는 방법을 알려줄 뿐 아니라 업무 외 활동에 대한 지속적인 관심이 업무에까지 기쁨과 영감을 주도록 한다. 한 사람이 업무 외의 활동에서 경험하는 열정은 주제가 전혀 다를 수는 있지만 결국 직장에서의 열정으로 이어진다.

레베카 콜리스Rebecca Corliss는 이 점을 잘 이해하고 있었다. 그녀는 아울 랩스Owl Labs의 마케팅 부사장이며 이 회사는 원격 근무자들이 그들의 위치와 관계없이 회사의 회의에 더 효과적으로 참여할 수 있도록 돕는 화상 회의 기술을 개발하는 신생 기업이다. 그렇다면 콜리스는 무엇에 열정을 가지고 있을까? 그녀는 이렇게 말한다. "저는 아카펠라 그룹에 들어가려고 대학에 갔다고 말하곤 합니다. 학업은 그다음이었죠. 아카펠라는 제가 정체성을 형성하는 데에 매우 중요한 역할을 했습니다."

그녀는 어릴 때부터 노래를 불렀다. 성인이 되고 대학을 졸업한 후에는 자칭 '아카프레너Acapreneur(아카펠라와 엔터테이너의 합성어-옮긴이)'로서 두 개의 아카펠라 그룹에서 활동했다. 대학교 2학년 때부터 30대인 지금까지 아카펠라 그룹의 일원으로 꾸준히 대회에 참가했고 공연도 했다. 콜리스는 웃으면서 이렇게 덧붙였다. "많은 일을 하려면 그 일을 정말로 사랑해야 합니다. 노래하지 않는 세상은 상상할 수 없죠. 노래하지 않는다면 저는 온전하지 않거나 행복하지 않을 겁니다. 좋아하는 것으로 인해 행복한 사람이 되면 더 많은 일을 더 효과적으로 할 수 있게 되죠."

콜리스는 그녀가 이제껏 함께 일해온 모든 성공한 사람들이 이런 느낌을 가지고 있었음을 이해했다. 그래서 그녀는 채용할 때 업무 외에 좋아하는 것이 있는 사람을 찾는다. 예를 들면 구직자 면접을 볼 때 이런 질문을 한다. "만약 당신이 2천 명의 사람들로 가득 찬 경기장에 있다면 거기에 있는 사람들보다 특별히 잘한다고 자신하는 것이 있나요?" 답은 다양할 수 있지만, 그녀가 가장 관심을 갖는 것은 특정한 주제가 아니라 그 사람의 집착을 자연스럽게 끌어내는 것이다. 답 중에는 루빅 큐브Rubik's Cube가 있었다. 지원자는 45초 이내에 어떠한 루빅 큐브도 풀 수 있는 조합을 어떻게 배웠는지를 신나게 이야기했다. "이런 사람들에게서는 빛이 납니다." 콜리스는 말한다. "이는 면접을 보는 그 직업에 고무되어 있음을 의미합니다. 자신을 빛이 나게 해줄 무언가를 가지고 있다면 분명 놀라운 일을 하게 될 겁니다."

콜리스가 가장 진취적이라고 생각하는 사람은 그들이 열정을 가진 것들에 관해 이야기하는 사람이다. 이런 사람들은 성취한 것에 절대 만족하지 않으며 다음에 이룰 것들에 의해 동기 부여가 되는 사람들이다. 콜리스는 열정적인 사람들은 다가올 미래에 대해 기대감을 갖는다고 말한다. 그리고 그것은 모든 기업에 가장 필요한 부분이다. "어떤 분야에 대한 것이든 열정을 가진 사람을 찾는 것이 기업에 유리합니다. 당신이 매우 강렬한 영감을 받을 수 있는 사람이라면 당신은 무언가를 이루는 것 그 이상을 해낼 사람입니다."

헤드카운트: 민주주의를 외치다

팬이 만드는 에너지는 방대하고 강력하다. 공연에서 조명이 켜질 때 관객의 함성은 점차 더 커지고 번져 나간다. 이런 종류의 에너지는 이타주의, 박애주의, 행동주의의 원천이 될 수 있다. 음악 팬덤의 거대한 에너지를 이용해 사람들을 선거에서 투표하도록 하는 기업을 떠올려보자. 헤드카운트HeadCount는 음악가들과 협력해 팬들의 민주주의 참여를 독려한다. 세인트 빈센트, 마룬5Maroon5, 해리 스타일스Harry Styles, 드레이크Drake 등의 공연에 따로 공간을 만들어 유권자 등록 운동을 한다. 이들은 음악가들의 팬덤 소셜 미디어를 이용해 음악가들이 간단히 '투표하세요'나 '나는 ____를 이유로 투표합니다'라고 적힌 종이를 들고 사진을 찍도록 요청한다. 음악가는 그 사진을 소셜 미디어에 올려 팬들과 공유한다. 잭 존슨Jack Johnson, 위어드 알 얀코빅'Weird Al' Yankovic, 킬러 마이크Killer Mike, 아니 디프랑코Ani DiFranco, 퀘스트러브Questlove, 릴 디키Lil Dicky, 아만다 파머Amanda Palmer, 킹스 오브 리온Kings of Leon, 디스코 비스킷츠Disco Biscuits, 디스패치Dispatch 등의 밴드 멤버들을 포함한 500명 이상의 음악가들이 이 소셜 미디어 운동에 참여했다.

헤드카운트는 공연과 온라인을 통해 많은 음악 팬들과 소통하면서 2004년부터 미국에서 50만 명 이상의 유권자를 등록했으며 전국적으로 20만 명의 자원봉사자들로 구성된 거대한 네트워크를 구축했다. 헤드카운트의 성공 비결은 집단 에너지가 높은 음악 팬을 이용하는 것이다. "헤드카운트의 아이디어는 매우 간단합니다. 음악가들이 리더라는 것이죠. 그들은 사람들에게 다가갈 수 있는 공연이라는 플랫폼을 통해 선거 과정과 시민 참여에 많은 사람들을 참여시킬 수 있습니다." 헤드카운트의 앤디 번스테인Andy Bernstein 이사는 이렇게 말했다. "그러나 진정한 비결은 공동체라고 말할 수 있습니다. 진정한 팬덤이 될 때 얻게 되는 것이죠. 사람들이 공동체에 참여하는 이유는 음악에 대한 사랑과 음악 공동체에 대한 사랑이 더해진 것입니다. 그리고 음악에 대해 같은 생각을 가진 사람들을 만나는 것에 대한 즐거움 때문이죠. 헤드카운트는 사람들이 공동체에 더 깊이 관여하고, 공동체에 환원하고, 참여할 수 있는 통로가 되어줍니다. 유권자이자 다른 사람들의 투표를 장려하는 실제 리더가 되는 것이죠. 이것이 우리가 활용하는 역학 관계입니다. 팬덤의 공동체 요소가 우리를 이끌고 있는 것입니다."

팬덤이 창출하는 강력하고 선한 영향력의 다른 예는 코미디언 앤드류 슬랙Andrew Slack이 2005년에 설립한 비영리 단체 해리 포터 알리앙스Harry Potter Alliance, HPA다. 슬랙과 그의 밴드인 '해리와 포터스'는 코미디, 음악, 그리고 해리 포터 팬덤을 결합한 록 그룹으로 인권 침해에 관한 관심을 끌어내기 위해 세계 최대 인권단체인 국제앰네스티Amnesty International 공연에서 기부금을 모으기 시작했다. 그 이후 HPA는 점차 규모가 커져 문맹 퇴치, 정신 건강, 경제 정의, 미국 이민개혁 등을 포함한 캠페인에 수백만 명의 팬을 참여시켰다. 그들의 성공 사례로는 비영리 의료단체 파트너스 인 헬스Partners In Health에서 12만 3천 달러 이상을 모금해 다섯 대의 인명 구조 물자 수송기를 아이티로 보내고, 아시오 북스Accio Books 캠페인을 통해 전 세계에 39만 권 이상의 책을 기증한 것을 들 수 있다. HPA는 팬덤의 젊은 목소리를 하나로 모아 책 속의 도덕적 교훈을 현실 세계의 변화로 변모시켰다.

수백 명의 음악가로 구축된 패노크라시를 이용하는 것은 사람들을 시민 활동에 참여하도록 장려하는 좋은 방법임이 입증되었다. 이는 이미 존재하는 열정을 다른 형태로 변모시키고 대의명분을 지향하게 한다. 열정은 전염성이 있다. 작은 불꽃이 커다란 불길로 타오르게 만든다.

열정적인 사람들의 만남

뉴욕시 코믹 콘에서 반나절 내내 모리안 복장을 하고 있던 나와 친구들은 상품이 잔뜩 들어 있어 점점 더 커져가는 가방을 질질 끌면서 출판업계에 뛰어든 유색 인종 여성 토론을 찾아갔다. 이 토론의 참석자들은 만화 작가부터 마케팅 담당자에 이르는 다양한 여성들로 구성되어 있었으며 엑스맨의 등장인물인 중국계 미국인 슈퍼히어로 주빌리Jubilee의 복장을 한 멋진 여성이 사회를 보고 있었다.

토론이 끝난 후 내가 다음에 어디로 갈지 보기 위해 가방을 뒤적거리며 일정을 찾고 있을 때 제니는 무대 위로 올라가 자신과 같은 일을 하는 사람들과 함께 자신들이 좋아하는 작가와 악수를 하거나 토론 중에 답을 듣지 못한 질문들을 다시 물었다.

제니는 검은 망사 옷을 입고 사회자는 주빌리 특유의 노란색 재킷을 입고 있었다. 만화책의 등장인물로 분장한 두 사람이 자신들의 직업에 관해 이야기를 나누는 모습은 생각했던 것만큼 이상하지 않았다. 그들은 웃으며 이야기를 나눴고 그곳을 지나치는 다른 많은 팬들처럼 보였다. 출판업계 관계자들이었지만 다른 팬들과 동등한 입장에서 전문적이면서 동시에 개인적인 이 세계에 완전히 몰입해 팬덤에 그들 자신의 연결고리를 어떻게 표현하고 싶은지에 전념하고 있었다. 그들은 그 자리에 참석한 사람들의 관점에서 콘을 경험하며 만화 애호가들을 자랑스러워했다. 또한 같은 산업 분야에서 자신들의 경력을 향상시키는 것뿐만 아니라 출판업계를 팬들이 집처럼 편안하게 느낄 수 있는 곳으로 만들기 위해 서로 연대하고자 했다. 코스프레를 한 채 많은 광팬들에 둘러싸인 두 명의 문학 전문가들은 이날 칸막이로 가득 찬 사무실에 갇혀 있을 때보다 자신들의 직업적 열정에 훨씬 더 가까이 다가갔다.

이것이 팬덤이 하는 일이다. 팬덤은 사람들을 서로에게 더 가까이 다가가게 하고 이를 통해 다른 사람들과 즐거움을 나눌 수 있게 해준다. 즉, 서로를 알아가는 소통 방법이다. 가장 중요한 것은 팬덤이 사람들을 행복하게 만든다는 것이다. 그 행복감으로 사람들은 대단한 일을 할 수 있는 에너지를 얻는다.

14
★
당신의 열정을 공유하세요

by 데이비드와 레이코

많은 사람들이 우리가 이 책을 함께 썼다는 사실에 놀란다. 사람들은 "아버지와 딸이 함께 책을 쓴다고요? 그게 무슨 말이에요?"라고 묻곤 했다. 우리가 팬덤에 대해서 얼마나 같은 생각을 가졌는지, 그러면서도 얼마나 다른 사람인지를 깨달은 순간 이 책의 아이디어가 떠올랐다. 우리가 사랑하는 것들은 우리의 삶에 큰 영향을 미쳤고, 사랑하는 사람들과 이에 대한 열정을 공유하게 만들었다. 팬덤이 인간의 삶 속에서 갖는 중요성을 알고 있었기 때문에 함께 탐구할 가치 있고 중요한 무언가를 발견했다는 사실을 깨달았다.

우리가 팬덤에 속해 있다는 것은 약점도 아니고 단순한 오락거리도 아니다. 일 외에 다른 무언가에 빠져 있다는 것은 뜻이 맞는 다른 많은 사람들과 유대감을 쌓는다는 것을 의미한다. 이런 관계는 우리에게 더 풍요롭고 만족스러운 삶을 제공한다. 우리의 경우, 라이브 음악에 대한 열정이 콘서트를 함께 즐기며 아버지와 딸의 유대를 강력하게 만들어주었다. 이와 마찬가지로 데이비드와 유카리는 여행과 음식에 대한 애정을 나누었다. 레이코와 벤은 '매직: 더 개더링'과 같은 게임으로 함께한다. 팬덤을 나누는 것은 직장에서와 마찬가지로 집에서도 패노크라시를 구축하게 만든다.

이 책의 마지막을 편집하는 과정에서 우리는 한 통의 이메일을 받았다. 데이비드는 회의를 마치고 집으로 돌아오는 기차 안이었고, 레이코는 병원에서 환자를 진료하던 중이었다. '2019 참석자 발표일'이라는 제목의 이메일은 보스턴 콜링 뮤직 페스티벌Calling Music Festival에서 온 것이었다. 페스티벌 라인업에는 우리가 좋아하는 오래된 밴드뿐만 아니라 라이브를 들어본 적은 없지만, 꼭 한번 들어보고 싶었던 밴드(데이비드에게는 그레타 반 플릿Greta Van Fleet, 레이코에게는 자넬 모네Janelle Monáe)도 있었다. 이메일을 확인한 우리는 서로에게 문자를 보내 서로가 기대하는 밴드에 관해 이야기했다. 보스턴 콜링 뮤직 페스티벌은 이미 세 번이나 함께 갔지만 우리는 라이브 음악에 대한 서로의 애정을 공유하며 따스한 햇볕을 즐길 기대감에 벅차했다.

패노크라시는 열정에서 시작된다.

앞서 언급했듯이, 패노크라시는 친구들과 가족이 함께 모여 서로가 사랑하는 것을 공유하고 함께 즐기기 위해 설계된다. 우리에게 라이브 음악은 굉장히 강력한 관계를 구축하게 된 계기였다. 멀리 떨어져 있어도 늘 함께하도록 만드는 공용어였다. 서로의 열정을 공유하는 것은 가족, 친구, 동료 그리고 고객과 강력한 관계를 구축하게 하는 힘이 된다.

. . .

패노크라시에 대해 연구하고 이 책을 쓰는 시간은 우리 삶의 결정적인 부분이었고 우리를 훨씬 더 가까워지게 만들었다. 이러한 열정을 불러일으키는 것은 이 책을 읽고 있는 당신의 삶에도 같은 효과를 낼 것이라 확신한다. 팬덤을 공유하는 것은 개인적인 삶뿐만 아니라 직장에서의 삶에 있어서도 지속적인 관계를 만들어주므로 가족, 친구, 동료 그리고 고객과 더 가까워지게 만들 것이다. 마지막으로 우리와 이 여정을 함께 해준 독자 여러분에게 깊은 감사를 드린다.

옮긴이 **정나영**

소매업과 상품기획을 연구하고 강의하는 학자이다. 국제상사, 나이키, 엄브로 등의 회사에서 십여 년간 근무하며 의류 상품기획과 소매기획 업무를 했다. 이후 학계에서 소매업 및 상품기획 관련 강의와 연구를 해왔다. 서울대학교 의류학과에서 의류학 학사와 패션 마케팅 석사를 마치고 미국의 조지아 주립대학에서 유통 및 상품기획으로 박사학위를 받았다. 이후 센트럴 워싱턴 대학교와 미주리 주립대학에서 연구하고 강의했다. 유통서비스 마케팅 및 유통혁신에 대한 연구를 해오고 있다. 미국에서 경험한 것들을 토대로 우리나라의 중소 소매업 분야의 발전에 기여하고자 《오래된 작은 가게 이야기》를 저술하였다. 현재 인하대학교 소비자학과 겸임교수로 있으며 학자로서 연구를 지속하고 있다. 유통업 전반과 중소 소매업의 마케팅을 돕기 위해 란타나 비즈니스 리서치를 설립해 운영 중이다.

팬덤 경제학

팬을 무기로 강력한 브랜드를 만드는 9단계 브랜딩 전략

초판 1쇄 발행 2021년 2월 19일
초판 4쇄 발행 2022년 5월 6일

지은이 데이비드 미어먼 스콧·레이코 스콧
옮긴이 정나영
펴낸이 성의현
펴낸곳 (주)미래의창

편집주간 김성옥
책임편집 김효선
디자인 공미향
홍보 및 마케팅 연상희·김지훈·이희영·이보경

출판 신고 2019년 10월 28일 제2019-000291호
주소 서울시 마포구 잔다리로 62-1 미래의창빌딩(서교동 376-15, 5층)
전화 070-8693-1719 **팩스** 0507-1301-1585
홈페이지 miraebook.co.kr
ISBN 979-11-972934-7-4 03320

※ 책값은 뒤표지에 있습니다. 잘못된 책은 바꿔 드립니다.

생각이 글이 되고, 글이 책이 되는 놀라운 경험. 미래의창과 함께라면 가능합니다. 책을 통해 여러분의 생각과 아이디어를 더 많은 사람들과 공유하시기 바랍니다.
투고메일 togo@miraebook.co.kr (홈페이지와 블로그에서 양식을 다운로드하세요)
제휴 및 기타 문의 ask@miraebook.co.kr